Wege der Hoffnung

Entwicklungen und Herausforderungen
in der Bolivienpartnerschaft

Herausgeber: Diözesanstelle Weltkirche Trier

Liebe Frau Schwarzenbarth!

Mit herzlichem Dank für das Engagement im Jubiläumsjahr "50 Jahre Bolivienpartnerschaft"

Ludwig Ceuten

Viele haben ihres zu diesem Geschichten- und Lebensbuch der Partnerschaft beigetragen. Prof. Dr. Joachim Schmiedl hat die geschichtliche Entwicklungen beleuchtet. Die Initiatoren und Mitwirkenden der Schreibwerkstatt im Jubiläumsjahr haben Erfahrungsschätze gehoben. Mit ihren Reflexionen geben die Autoren Ermutigung und Impulse. Die Fotografen lassen an herausfordernden und frohen Szenen und Ereignissen teilhaben. Mit dem Layout von Eugen Reiter und der Redaktion durch Ingrid Fusenig ist daraus ein lebendiges und anregendes Partnerschaftsbuch geworden. Herzlichen Dank! Muchas gracias!

Die Deutsche Bibliothek – CIP –Einheitsaufnahme
Die Deutsche Bibliothek verzeichnet diese Publikation in der Deutschen Nationalbibliografie; detaillierte bibliografische Daten unter
Http://dnb.de abrufbar

1. Auflage 2010
Alle Rechte vorbehalten
Trier-Verlag, Butzweiler

Herausgeber: Diözesanstelle Weltkirche Trier

Redaktion: Ingrid Fusenig
Gestaltung: Eugen Reiter, Ute Koenen
Umschlag: Digital Layout Schmitz, Besslich

ISBN: 978-3-9810587-7-2

Wege der Hoffnung

Entwicklungen und Herausforderungen in der Bolivienpartnerschaft

Herausgeber: Diözesanstelle Weltkirche Trier

Inhaltsverzeichnis

Wege der Hoffnung

Entwicklungen und Herausforderungen	7
Herausragendes Ereignis für die Partnerkirchen	8

Partnerschaft aus fünf Blickwinkeln

Die Flamme der Freundschaft brennt auch in Zukunft	12
Gerechtigkeit an die „große Glocke" hängen	17
„Amistad heißt Freundschaft"	19
Lernen in der Partnerschaft	25
Unsere Mission: Miteinander Zukunft gestalten	29

Partnerschaft im Wandel der Zeit

Eine Brücke nach Bolivien	38

Partnerschaft auf Augenhöhe

50 Jahre gemeinsam unterwegs	62
Feste der Freundschaft	69

Akzente setzen

Bildung schaffen	72
Wirtschaft fair gestalten	75
Dialog und gesellschaftliche Beteiligung	78
Christliche Spiritualität leben	81
Bewahrung der Schöpfung	85

Menschen der Partnerschaft

„Für Kinder müssen wir einfach was tun"	90
„Padre Leon" wandelt zwischen zwei Welten	92
Handeln aus christlicher Überzeugung	95
Mit knurrendem Magen im Seminar	99
Kontinuität ohne Stillstand	101
„Die Beziehungen waren reifer geworden"	103
Gemeinsam für eine bessere Welt	105
Diese Form von Partnerschaft hat mein Leben verändert	107
Verantwortung und Vertrauen im Gepäck	109
„Das macht einfach Spaß und hat einen sozialen Mehrwert"	112
Der mit den Menschen lebt	114
Ein Stück meines Herzens ist in Bolivien geblieben	117
Neugier der Kinder wecken und sie sensibilisieren	119
Begegnung verändert Leben	121

Von außen betrachtet

Wo Bolivien ein Begriff ist	126
In unseren Herzen eingeprägt	131

Bolivien schreibt Geschichte(n)

Die Kinder von Chipaya	136
Begegnung in Bolivien	139
Ein Priester in Bolivien muss fast alles können	141
Ein brenzliger Tag im Chapare	143
Der Redemptoristenpater Albert Maisant aus Neuforweiler	145
Mein Bolivien	147

Ein Fest in Bolivien

Segen über ganz Bolivien	152

Feiern mit Perspektive

Nur das Mobil war nicht immer mobil	158

Die Zukunft

Dokumentation der Partnerschaftsvereinbarung	ii

Entwicklungen und Herausforderungen

Ein Vorwort

Die Partnerschaft des Bistums Trier mit der Kirche Boliviens ist 50 Jahre – jung. Das ist Grund genug, um auf die Geschichte zu schauen und die Verknüpfung mit der Entwicklung der Kirche insbesondere seit dem Zweiten Vatikanischen Konzil zu bedenken. Entwicklungen werden greifbar, wenn Personen ins Gespräch kommen, die in der Partnerschaft gewirkt haben, ob im öffentlichen Blickfeld oder in den alltäglichen Aktionen. Das Wachstum in der Partnerschaft hat von den aktuellen Aufgabenstellungen und den Herausforderungen der jeweiligen Phase Impulse erhalten. Und es ist gut, die Wahrnehmung des eigenen Weges durch die Blickrichtung der bolivianischen Freunde und die Sicht der Partner in der Diözese Hildesheim zu weiten.

Unsere Mission: Miteinander Zukunft gestalten!

Das Jubiläumsjahr „50 Jahre Partnerschaft" wurde durch fünf Themenakzente geprägt. Dies ist wie ein Webmuster, das einerseits schon von früheren Initiativen begonnen wurde, etwa in der Aufgabe ‚Bildung schaffen' und Fäden der Zukunftsverantwortung aufnimmt wie die der Schöpfungsverantwortung. Die Sendung, am Reich Gottes mit zu arbeiten und in Geschwisterlichkeit und Solidarität die Botschaft Jesu heute zu leben, steht im Zentrum – das Jubiläumszeichen Pilgerstab legt diesen Auftrag gleichsam immer wieder in die Hand. Die Bilder von den Jubiläumsfeiern in Trier und Sucre wie von den vielen Aktionen zeigen, die Mission Partnerschaft lebt und zieht Kreise.

Unsere Partnerschaft: Wege der Hoffnung

Das Jubiläumsjahr 2009/2010 hat Orientierungen für die Fortschreibung der Zusammenarbeit gegeben. Die Partnerschaftsvereinbarung ist ein Meilenstein in der Geschichte und für die zukünftigen Wege. Mögen daraus Wege der Hoffnung werden.

Ludwig Kuhn,
Diözesanstelle Weltkirche

Herausragendes Ereignis für die Partnerkirchen

Geleitwort Bischof Dr. Stephan Ackermann

Das 50jährige Jubiläum der Partnerschaft des Bistums Trier mit der Kirche Boliviens war ein herausragendes Ereignis für beide Partnerkirchen. Es hat dazu eingeladen, den Blick auf die Anfänge und die Entwicklungsschritte dieser in der deutschen Kirche einmaligen weltkirchlichen Partnerschaft zu richten und eine Bestimmung der zukünftigen Aufgaben zu suchen.

Weltkirchliche Partnerschaften „lassen die Communio der Kirche unmittelbar erfahrbar werden und stellen angesichts der weltweiten Strukturen der Ungerechtigkeit eine Kontrasterfahrung dar". So kennzeichnet der Bericht zur Zukunft der weltkirchlichen Arbeit von 2009 das Profil von diözesanen und gemeindlichen Partnerschaften. In diesem Dokument wird deutlich, dass in den vergangenen Jahren gerade die Ausgestaltung der weltkirchlichen Partnerschaftsarbeit eine dynamische Entwicklung erfahren hat. Für das Bistum Trier kann ohne Frage gesagt werden, dass die Bolivienpartnerschaft nicht nur die weltkirchliche Arbeit in der Diözese prägt, sondern dass die Partnerschaft zu einem Profilelement des Bistums in den vergangenen Jahrzehnten geworden ist.

Als Bischof Dr. Matthias Wehr auf die Anfrage des aus Püttlingen stammenden Mitbruders, Erzbischof José Clemente Maurer eine positive Antwort gab und die Unterstützung der Erzdiözese Sucre durch die Trierer Diözese zusagte, war das damals Neuland. Mission wurde verstanden als Auftrag an die missionierenden Orden und an die Päpstlichen Missionswerke. Zwar hatten alle deutschen Diözesen gerade Misereor als Hilfswerk „gegen Hunger und Krankheit in der Welt" auf den Weg gebracht, aber Initiativen einzelner Diözesen gab es kaum. Für den Mut, die Anfrage als Zeichen der Zeit aufzugreifen, gilt den Gründern Dank und jedem meiner Vorgänger, die je auf ihre Art Akzente und Entwicklungsschritte in der Zusammenarbeit gefördert haben, Anerkennung.

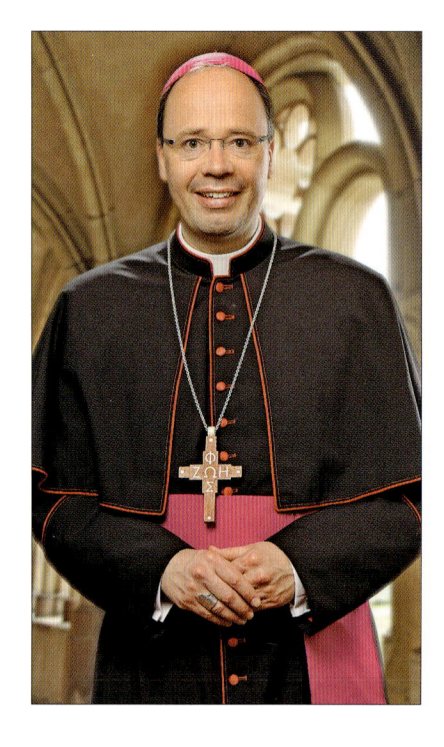

Die Trierer Priester, die Schwestern des Instituto Mariano und die Josefsschwestern haben Pionierarbeit im Aufbau der Partnerschaft geleistet. Sie wurden unterstützt durch die Pfarreien und bald durch die eigene Bolivieninitiative der Katholischen Jugend in Verantwortung des BDKJ. Für viele Männer und Frauen aus dem Bistum ist seitdem die Bolivienpartnerschaft zu einem Herzensanliegen geworden. Wie selbstverständlich bin ich selbst mit der Kleidersammlung und durch Berichte im „Paulinus", später in Gesprächen mit Mitbrüdern und Begegnungen mit Gästen aus der bolivianischen Partnerkirche mit der Partnerschaft bekannt geworden und konnte meine erste Bolivienreise im Juli 2010 so in ein fremdes und doch vertrautes Land machen.

Ein besonderer Zeuge und Anwalt der Bolivienpartnerschaft wie der weltkirchlichen Mitverantwortung insgesamt ist auch mir Weihbischof Leo Schwarz geworden. In der ersten Gruppe von Trierer Priestern hat er Aufbauarbeit in der Zone Frontera der Erzdiözese Sucre geleistet. Durch seine Berichte wurde das ferne Bolivien erfahrbar. Als Hauptgeschäftsführer von Misereor und später als Weihbischof in Trier war er Motor und Anwalt weltweiter Geschwisterlichkeit und Solidarität. Im Jubiläumsjahr der Bolivienpartnerschaft gilt ihm ein besonderer Dank.

Heute, nach 50 Jahren gemeinsamer Weggemeinschaft, ist die Partnerschaft mit der Kirche Boliviens weiter hochaktuell. Das Engagement vieler Gruppen, Schulen und Gemeinden wird als glaubwürdiges Zeugnis für menschenwürdige Entwicklung und globale Gerechtigkeit auch in der Öffentlichkeit geschätzt. Die Blickweise der Partnerschaft öffnet Menschen für gemeinsame Zukunftsaufgaben und für einen nachhaltigen Lebensstil. Gerade als Christen sind wir in einem Prozess wachsender sozialer und kultureller Distanzen gefordert. Die bolivianische Kirche, so konnte ich es erfahren, bringt sich mit ihrem Zeugnis für eine Kultur des Friedens und der Versöhnung in die gesellschaftlichen und sozialen Spannungen ein. Wo wir, orientiert am Wort Gottes, im diakonischen Dienst und im geschwisterlichen Miteinander in unserer Welt und Zeit wirken, da wächst das Reich Gottes.

Im Zugehen auf das Jubiläum ist für die Bistumspartnerschaft erstmalig eine Partnerschaftsvereinbarung erarbeitet und unterzeichnet worden. Die Diözese Hildesheim mit ihrer über 20jährigen Partnerschaft ist Teil des Dreierbündnisses. Jugend, direkte Partnerschaften und Verantwortung für die Schöpfung sind die Themen der prioritären Ziele für die kommenden Jahre, die wir mit Zuversicht angehen. Wie das bisherige Engagement und Zeugnis werden auch die zukünftigen Initiativen und Prozesse im Miteinander fruchtbar. Darum gilt im Jubiläumsjahr der Partnerschaft der besondere Dank den Schwestern und Brüdern in Bolivien. Ihre Initiativen und Projekte, ihr Teilhaben-Lassen an den sozialen Herausforderungen und an ihrem spirituellen Reichtum, ihr Mut und ihre Freundschaft haben den gemeinsamen Weg in der Partnerschaft geprägt. Zusammen mit ihnen sagen wir auch für die kommenden Jahre: Unsere Mission: Miteinander Zukunft gestalten!

Trier, im September 2010

Dr. Stephan Ackermann,
Bischof von Trier

Bischof Dr. Stephan Ackermann und Kardinal Julio Terrazas beim Jubiläumsgottesdienst in Sucre.

Partnerschaft aus fünf Blickwinkeln

Das kleine Senfkorn der Partnerschaft, das 1960 gelegt wurde, hat sich inzwischen zu einem Baum mit zahlreichen Verästelungen entwickelt. So kann die Partnerschaft aus verschiedenen Richtungen betrachtet und bewertet werden.

Die Flamme der Freundschaft brennt auch in Zukunft

Die Partnerschaft mit Bolivien und ihr Stellenwert im Bistum Trier

Von Werner Rössel

50 Jahre Bolivienpartnerschaft: Stolz können wir sagen, dass wir als Bistum Trier in dieser Partnerschaft mit Bolivien ein – wie man heute zu sagen pflegt – Alleinstellungsmerkmal haben. Denn die Trierische Kirche zählte mit zu den Impulsgebern, den Blick über den Schatten ihrer Domkirchentürme hinaus in die universale Kirche, hier vor allem erstmals nach Lateinamerika zu lenken. Das Symbol für die lange Weggemeinschaft von der Paten- zur Partnerschaft ist der Pilgerstab. Viele haben in diesen 50 Jahren das Staffelholz weitergegeben, haben den Weg geprägt und gestaltet. Zum Beispiel der aus Trier stammende Erzbischof von Sucre, José Clemente Maurer, und der Trierer Bischof Matthias Wehr, die sich bei der Heilig-Rock-Wallfahrt 1959 brüderlich begegneten und sich die Hände reichten. Es konnte das erwachsen, was wir im Jubiläumsjahr 2010 bedacht und gefeiert haben und dem wir auch zukünftig verpflichtet bleiben. Aus dem Handschlag der Bischöfe entfaltete sich 1961 die „Gemeinschaft brüderlicher Hilfe der Diözese Trier mit der Erzdiözese Sucre – Bolivien" – wie es damals hieß.

So lautete auch die Überschrift des Hirtenbriefes von Bischof Wehr, den er am Sonntag vom Guten Hirten an seine Diözesanen richtete. Der Bischof sprach vom großen Verantwortungsbewusstsein, das neu erwacht sei, und ging auf die Millionen und Millionen von Menschen ein, die Hungers starben und schlimmsten Krankheiten ausgeliefert waren. Die Kirche segne alle Unternehmungen, „von woher sie auch immer kommen mögen", den Armen zu helfen.

Hier ist also ausdrücklich festgehalten, was wir Kooperation mit allen Menschen guten Willens gegen Hunger und Krankheit in der Welt nennen können. Die Kirche selbst setzte tatkräftige Hilfe ins Werk, als Beleg dafür führte Bischof Matthias die „reichliche Fastenspende" an. Er fügte aber auch hinzu, dass nicht nur materielle Hilfe benötigt werde: „Noch dringender brauchen sie die Frohbotschaft unseres heiligen Glaubens und die Gnadengaben der Erlösung." Deshalb müsse die Entwicklung der jungen Missionskirchen in Afrika und Asien und auch der schon älteren Kirche in Südamerika hinzukommen.

Der Bischof wörtlich: „Aus der Verantwortung heraus, die auf eurem Bischof, den Seelsorgern und auch auf euch allen, liebe Diözesanen, für das Gottesreich auf Erden ruht, habe ich mich entschlossen, einer Diözese in

Der Pilgerstab – ein Symbol der Weggemeinschaft.

Blick auf die Stadt Sucre, die Wiege der Partnerschaft.

Im Stadtzentrum von Sucre: die Kathedrale.

besonderer Weise und besonders tatkräftig Hilfe zu leisten. Es ist die Erzdiözese Sucre in Bolivien (Südamerika). Dorthin soll auf einige Jahre unsere Hilfe zusammengefasst hingelenkt werden, damit sie tatsächlich wirksam werde."

Die Unterschiede zwischen der Erzdiözese Sucre und der Diözese Trier hätten größer nicht sein können: Sucre ist viermal so groß wie Trier; Sucre hatte damals 39 Pfarreien, Trier 937; Sucre hatte 400 000 Katholiken mit 40 Priestern, Trier 1,75 Millionen Katholiken mit 1290 Priestern; in Sucre gab es für 10 000 Katholiken einen Priester, in Trier betreute ein Priester gerade einmal 1350 Katholiken; in Sucre gab es 108 Ordensschwestern, in Trier 5500.

Bischof Matthias Wehr teilte einen folgenhaften Entschluss mit, der für Jahre eine Grundfeste in der Beziehung zwischen Trier und Sucre und später ausgeweitet auf die gesamte Kirche Boliviens sein sollte: „Priestern, Priesterkandidaten und Schwestern aus unserer Diözese soll es ermöglicht werden, in der fernen Diözese dem Aufbau des Reiches Gottes zu dienen." Und so kam es auch. Auch ein weiterer Gedanke des Bischofs hat sich in den fünf Jahrzehnten mehr als bestätigt: „Ich habe das feste Vertrauen, dass wir nicht einseitig die Geber sein werden, sondern dass vielmehr, wie der Heilige Paulus sagt, ein Ausgleich stattfindet. (…) Vielleicht werden wir dann sogar die reichlicher Beschenkten sein." Sodann erfolgte der Aufruf zur ersten Pfingstkollekte für Bolivien mit der Bitte um eine hochherzige Spende „für unsere rothäutigen Glaubensbrüder im fernen Südamerika". Dieser Hirtenbrief datiert vom 7. April 1961.

Die Worte wurden im fernen Bolivien vernommen und „bewertet". Erzbischof José Clemente Maurer in seinem Grußwort: „Endlich, nach langem Suchen und Beten, scheint der

Tag angebrochen, wo wir durch eure Großherzigkeit, aus der Tiefe des Elends herauskommen werden und wo ich den Bettlerstab beiseite stellen

„Ich habe das feste Vertrauen, dass wir nicht einseitig die Geber sein werden, sondern dass vielmehr, wie der Heilige Paulus sagt, ein Ausgleich stattfindet. (...) Vielleicht werden wir dann sogar die reichlicher Beschenkten sein."

kann, weil durch Gottes barmherzige Fügung meines Volkes große Not ein weites Verständnis gefunden hat und eine christliche Hilfe, die entscheidend sein wird." Er beschrieb sein dürftiges Priesterseminar; weite, leer stehende Pfarreien; armselige Dorfkirchlein; zerrissene Paramente; eingestürzte Pfarrhäuser; angefangene, nicht vollendete Schulen und Krankenhäuser; mehr als 300 000 hungrige Indianerseelen, „die auf euch warten". Die Beziehung hatte nicht nur einen langen Atem – sie veränderte sich auch.

1993, 32 Jahre nach dem Start der Bolivienhilfe, schrieb Bischof Hermann Josef Spital dem Bischof von Potosí, Edmundo Abastoflor. In dem Brief ist ausdrücklich die Rede von Partnerschaft, die Gründung einer Partnerschaftskommission ist bereits vorausgesetzt. In den vergangenen Jahrzehnten war der Begriff „Paternalismus" immer wieder ein Stachel im Fleisch. Es gab Gespräche und Reflexionen, einen Weg zu finden, den Paternalismus zu Gunsten von Eigenverantwortung zu überwinden. Wir sind heute mit der Ausrichtung „Partnerschaft" auf einem guten Weg. Ob wir es gänzlich ablegen konnten, zu wissen, was für die Bolivianer gut ist, sei dahingestellt, bedarf aber einer kontinuierlichen Überprüfung. In dem Brief von Bischof Spital ging es um einen weiteren Aspekt. Da ist die Rede davon, dass es neben den nationalen Programmen Aufgaben der bolivianischen Kirche gibt, die als aktuelle Herausforderungen eine besondere Antwort verlangen. Es gibt regionale Brennpunkte zentraler pastoraler und sozialer Aufgaben, es kann exemplarische Initiativen auf diözesaner und regionaler Ebene geben, die sich auf die Kirche ganz Boliviens positiv auswirken können.

Und deshalb schreibt der Bischof von Trier, dass ein Anliegen darin besteht, einen weiteren Schritt in der Partnerschaft auf die ganze Kirche Boliviens zu gehen und sich deren Anliegen zu Eigen zu machen. Man sei sich in Trier bewusst, dass ein solcher neuer Schritt nicht einfach umzusetzen ist und die Hauptverantwortung dafür bei der Partnerschaftskommission liegt. Der Bischof bittet darum, bei den Beratungen der Bischofskonferenz in Bolivien in aller Offenheit die Chancen und Grenzen dieser weiteren Förderung im Blick auf die Zielsetzung zu diskutieren.

Im Protokoll der Beratung der Kommission für Partnerschaft der Bolivianischen Bischofskonferenz, der Bistumsleitung der Erzdiözese Sucre und der Bistumsleitung der Diözese Trier vom 2. Juni 1993 heißt es zum Beispiel: „Bischof Spital stellt eine Überlegung der Bistumsleitung vor, über das Bisherige hinaus die bolivianischen Partner auf diözesaner Ebene oder auf überdiözesaner regionaler Ebene finanziell zu unterstützen. Diese Unterstützung sollte über die Bischofskonferenz durchgeführt werden und so die entstandene Partnerstruktur zur Bischofskonferenz bestätigt werden. Das Bistum Trier kann sich vorstellen, eine solche Unterstützung zunächst über drei Jahre zu leisten in einer jeweiligen Höhe von 500 000 DM."

Diese Überlegungen tragen heute reiche Früchte. So gab es fünf Themenakzente, die im Jubiläumsjahr im Blickpunkt standen, weil sie Tag für Tag aufs Neue mit Leben erfüllt werden.

Kindern und Jugendlichen die Chance auf gute Ausbildung geben.

Die Schönheit der Schöpfung Boliviens bewahren.

1. „Bildung schaffen":

Die bolivianischen Bischöfe legten in ihrem Hirtenbrief schon 1971 dar, dass „die Bildung kreativ und befreiend und auf keinen Fall ein Instrument zur Beibehaltung der Situation und der kulturellen Marginalisierung der großen Mehrheiten im Land sein dürfe". Sie soll dem Menschen die Fähigkeit zur Selbsterkenntnis geben und einen dialogischen Prozess darstellen, der „seine Kreativität, Kommunikationsfähigkeit und Teilhabe der Wirklichkeit" entwickeln und verändern hilft. Ruth Riskowski, Professorin der katholischen Universität Cochabamba: „Unser reiches Land kann sich nur weiterentwickeln, wenn Bildung und Ausbildung verbessert werden durch gute Planung, mit guten Lehrern, mit finanzieller Absicherung und langfristig ansetzenden, nachhaltigen Bildungskonzepten."

2. „Bewahrung der Schöpfung":

Seit den 80er Jahren prägen die Begriffe des konziliaren Prozesses für Gerechtigkeit, Frieden und Bewahrung der Schöpfung die Eine-Welt- und Partnerschaftsarbeit. Wir werden als Kirche mit den politisch Verantwortlichen, soweit unser Einfluss reicht, dafür eintreten, dass auf nationaler und internationaler Ebene Menschen einen gerechten Zugang zu den Ressourcen zu Gesundheit und Bildung finden und dies als unseren Beitrag verstehen, gerade im Jubiläumsjahr den angesprochenen Problembereich herauszustellen.

3. „Dialog und gesellschaftliche Beteiligung":

Menschen sollen befähigt werden, sich an politischen Diskussionen zu beteiligen und demokratische Strukturen in ihrem je eigenen Land aufzubauen oder zu festigen. Das Jubiläumsjahr soll und kann damit zur eigenen Reflektion in unserem Land, aber auch zum Nachdenken und Austausch mit unseren Partnern führen, wie wir unsere Zukunft gemeinsam gestalten wollen. Wichtig ist, nicht allein mit feuchten Augen von Demokratie zu reden, sondern eine Erstarkung des Staatswesens zu betonen, in dem Demokratie möglich ist.

4. „Wirtschaft fair gestalten":

In persönlich lebhafter Erinnerung sind mir die Besuche in verschiedenen landwirtschaftlichen Genossenschaften, die gerade am Beginn der 60er Jahre – initiiert durch unsere Trierer Priester – in Bolivien errichtet wurden. Den Kleinbauern sollte es ermöglicht werden, der Ausbeutung durch Zwischenhändler zu entgehen, was später gerade auch im Bereich des Fairen Handels als Weg zu nachhaltigem Einkommen für Kleinproduzenten vorangetrieben wurde. Die Frage ist, wie wirtschaftliches Handeln an Werten und Kriterien einer Beteiligungsgerechtigkeit, einer sozialen Gestaltung und einer ökologischen Verantwortung unterzogen werden kann. Der Faire Handel ist konkretes Handeln für Gerechtigkeit (ich erinnere an das Fairtrade-Siegel, die Kakaogenossenschaft El Ceibo,

Den gesellschaftlichen Dialog führen und fördern.

Für gerechtes Arbeiten und Wirtschaften eintreten.

Gemeinsam den Glauben leben und an der Spiritualität des Anderen teihaben.

und hier an den Schokoriegel Ricobo). Für die Bolivianer und nicht minder für uns gilt es, soziales und ökologisches Wirtschaften zu fördern. Deshalb wurde im Jubiläumsjahr bei uns und in Bolivien der Dialog mit Abgeordneten und Führungskräften gesucht. Man sollte spüren, dass sich viele für eine gerechte und gerecht-globale Wirtschaft einsetzen.

5. „Christliche Spiritualität leben":

Wie dankbar dürfen wir sein, dass wir in den vergangenen 50 Jahren ganz konkret bei uns im Bistum Trier Quellen gemeinsamen Glaubens entdeckt haben und aus ihnen schöpfen dürfen. Dass in unserer Beziehung deutlich werden konnte, was der damalige Erzbischof und spätere Kardinal Maurer und auch der Trierer Bischof Matthias Wehr in ihren Worten haben anklingen lassen, dass die Gebenden im Wesentlichen auch die Beschenkten sind. Besonders erwähnen will ich die jungen Menschen aus dem Bistum, die in Bolivien, aber auch in anderen Teilen der Welt in ihrem Einsatz für Gerechtigkeit und Frieden ein Freiwilliges Soziales Jahr ableisten. Es ist beeindruckend und ein glaubwürdiges Zeugnis zugleich, dass sie einen Teil ihrer eigenen Lebenszeit mit den Partnern verbringen und das Leben und den Glauben mit ihnen teilen. Es ist Gottes Geist, der herausfordert und der befähigt, dass wir uns auf das weltkirchliche Engagement und die Partnerschaft mit der Kirche Boliviens einlassen. Im Zusammenhang mit der Entschuldungsfrage sprach Erzbischof Edmundo Abastoflor von einem qualitativen Sprung in unserer Beziehung. Was anders, als das Wirken des Geistes könnte er gemeint haben, der uns befähigt, uns wirklich in die Situation des anderen hineinzuversetzen und aus dieser Haltung heraus das Engagement füreinander zu beflügeln.

Missionarische Kirche leben

Insgesamt lernen wir immer mehr von der Erfahrung der Kirche Boliviens. Diese bleibt ihrerseits immer wieder angewiesen auf den Erfahrungsschatz der „alten Kirche" in Europa, aber in dem Miteinander von Nord und Süd, von West und Ost realisiert sich die Weltkirche als Gebets-, Lern- und Solidargemeinschaft. Und in diesem Miteinander formt sich die Kirche als missionarische Kirche in unserer Zeit und für unsere Zeit aus.

Es sind beileibe nicht immer die großen Worte, die unsere Partnerschaft verlebendigen und ihren Bestand sichern. Wir haben uns die Latte recht hoch gelegt und uns große Ziele gesetzt. Die Bolivienkleidersammlung der Jugend, einzelne Aktionsgruppen, Fastenessen, Solidaritätsmärsche, die Berichte darüber und vieles mehr tragen dazu bei, dass die Flamme am Brennen bleibt. In den Fürbitten der Sonntagsgottesdienste darf die Bitte für Bolivien nicht fehlen, auch wenn das Jubiläumsjahr vorbei ist.

„Unsere Mission: Miteinander Zukunft gestalten" ist und bleibt nicht alleine eine Jubiläumsüberschrift. Sie ist wesentliche Äußerung eines Engagements in unserem Bistum!

In vielen Gottesdiensten im Bistum Trier gehört die Fürbitte für Bolivien dazu.

Gerechtigkeit an die „große Glocke" hängen

Entwicklungspolitische Akzente der Bistumspartnerschaft mit Bolivien

Von Werner Bühler

Dass Veränderungen, die zu einer Verbesserung der Lebenssituation unterprivilegierter Menschen in Bolivien (und gleiches gilt natürlich für andere Länder genauso) beitragen können, nicht nur im Partnerland erreicht werden können, liegt auf der Hand. Sie müssen auch uns als Privilegierte betreffen. Dies ist bei den Auseinandersetzungen um den Schuldenerlass deutlich geworden, war aber von Anfang an den Trägern nicht nur der Trierer Bolivienpartnerschaft bewusst.

Schon früh erkannte der BDKJ, dass die Freundschaft mit den Menschen in Bolivien politisches Engagement und entwicklungspolitische Bildung erfordert. So wurde im Zusammenhang mit der jährlichen Kleidersammlung, durch die viele erstmals mit der Partnerschaft in Berührung kamen, immer auch gute Informations- und Bildungsarbeit geleistet.

Auch die Bischöfe Homeyer und Terrazas formulierten es bereits 1987 in einem gemeinsamen Hirtenbrief zur Eröffnung der Hildesheimer Partnerschaft so:

„Wenn wir das Gebot der Nächstenliebe ernstnehmen, können wir an der katastrophalen Lage in Bolivien nicht vorbeisehen. Und dabei müssen wir feststellen, was auch von Fachleuten nicht bestritten wird: Die desolate wirtschaftliche Situation der Entwicklungsländer ist auch eine Folge der strukturellen Abhängigkeit der ‚Dritten Welt' von den Industrieländern, vor allem der sehr ungleichen wirtschaftlichen Machtverteilung. Die deutschen Bischöfe haben deshalb in ihrem Wort ‚Gerechtigkeit schafft Frieden' 1984 formuliert: ‚Wir können uns nicht damit begnügen, vom Überfluss der Reichen ein wenig abzugeben. Wir haben auch für mehr Gerechtigkeit in den Strukturen einzutreten, denn sie ist das Fundament des Friedens in der Welt, in der alle von allen abhängig geworden sind.' (S. 47) So muss Nächstenliebe auch zum Dienst an der wirtschaftlichen Gerechtigkeit werden. Das verlangt von uns, dass wir uns sachkundig machen über die Ursachen der zunehmenden Armut in Bolivien, an der auch wir Mitverantwortung tragen und daraus Konsequenzen ziehen."

Diese politische Dimension von Partnerschaften mit Ländern in der „Dritten Welt" wurde besonders deutlich in den 90er Jahren des vergangenen Jahrhunderts. Von Anfang an ging es zwar in Trier und Hildesheim immer auch um den Abbau ungerechter Strukturen in Bolivien und um ein ethisch vertretbares Verhältnis zwischen diesem lateinamerikanischen Land und den Industrienationen.

Durch die Erlassjahrkampagne im Vorfeld des Kölner G8-Gipfels 1999, die weltweite Unterschriftenaktion für einen Schuldenerlass für die

Intensive Arbeit in gemeinsamen Kontrollgremien begleitetet die Entschuldungskampagne.

ärmsten Länder, die Kölner Menschenkette und viele andere Aktionen wurde aber dann vielen Menschen wirklich bewusst, dass Partnerschaft sich nicht auf finanzielle Hilfe und freundschaftliche Begegnung beschränken darf, sondern auch gemeinsamen Kampf gegen die Ursachen von Gewalt und Ungerechtigkeit bedeutet – notfalls auch gegen den Widerstand von politischen Systemen und Regierungen.

Partnerschaft darf sich nicht auf finanzielle Hilfe und freundschaftliche Begegnung beschränken, sondern bedeutet auch gemeinsamen Kampf gegen die Ursachen von Gewalt und Ungerechtigkeit – notfalls auch gegen den Widerstand von politischen Systemen und Regierungen.

Herausragendes Beispiel war sicher die Entscheidung, das Thema Schuldenerlass „an die große Glocke zu hängen". Diese Glocke, die in der Eifel – übrigens unter Verwendung von Metallen aus Bolivien – gegossen wurde, spielte eine wichtige Rolle im ganzen Bistum und darüber hinaus. In allen Dekanaten war sie im Einsatz und trug dazu bei, Menschen zu mobilisieren und ihnen die Probleme und Chancen zu verdeutlichen, die der Schuldenerlass für Bolivien mit sich brachte. Sie begleitete die bolivianische Bischofskonferenz bei ihren Gesprächen mit Regierungsvertretern und Abgeordneten in Berlin. 2003 wurde sie zunächst in La Paz auf dem Platz zwischen Kathedrale und Regierungssitz in einem kleinen Glockenturm aufgehängt, um mit ihrem Geläut die Umsetzung des Schuldenerlasses in Bolivien anzumahnen und die gesellschaftlichen Gruppen des sozialen Kontrollmechanismus zu stärken. Später fand sie dann ihren endgültigen Platz an der Hauptstraße zwischen El Alto und La Paz als dauerndes Mahnzeichen für eine Lösung der Verschuldungskrise.

Unterstützung der kommunalen Kontrollgremien, die den Einsatz der durch den Schuldenerlass frei werdenden Gelder beobachten, war auch Ziel der Aktion „Wir fragen nach" der Trierer Bolivienpartnerschaft. Gruppen und Gemeinden aus dem ganzen Bistum wandten sich an Kommunen in Bolivien und baten um Berichte über die konkrete Verwendung der Gelder. Entwicklungspolitisches Bewusstsein wurde mit dieser und weiteren Aktionen bei einerseits den deutschen Gruppen erreicht, aber auch im Partnerland gestärkt. So sagte Erzbischof Edmundo Abastoflor bei einem Seminar zur Frage der sozialen Kontrolle: „Es ist wichtig, sagen zu können, dass das Wenige, was wir besitzen, auch für die Bekämpfung der Armut eingesetzt wird." Und er betonte, dass auch die Kirche dafür sorgen muss, dass die Gesellschaft ihre Kontrollfunktion wahrnehmen kann (vgl. Bericht in der Trierer Bistumszeitung „Paulinus" vom 11. Mai 2003).

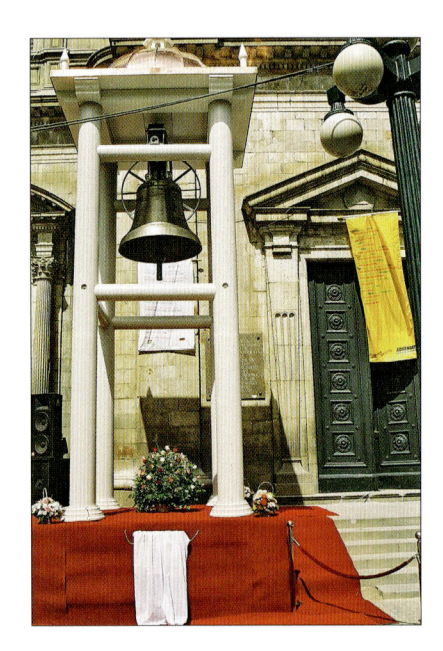

Der erste Platz der Glocke: vor der Kathedrale in La Paz.

Bei dem Festakt zum Aufstellen der Glocke in La Paz.

Der heutige Platz der Glocke an der Straße von El Alto nach La Paz.

"Amistad heißt Freundschaft"

Die Bolivienpartnerschaft der Katholischen Jugend im Bistum Trier

Von Evelyn Zimmer

Von der Bolivienhilfe zur Amistad: Seit Bischof Dr. Matthias Wehr von Trier und Erzbischof José Clemente Maurer von Sucre 1960 eine partnerschaftliche Beziehung der beiden Bistümer eingegangen sind, ist auch die Katholische Jugend mit spontanen Hilfsaktionen an der „Gemeinschaft gegenseitiger brüderlicher Hilfe" beteiligt. Von Anfang an gab es viele kreative Ideen, Solidaritätsaktionen durchzuführen, von denen sich 1966 die jährliche Kleidersammlung zugunsten der „Bolivienhilfe", angeregt durch Johannes Grewe, Leiter des bischöflichen Jugendamts des Generalvikariats, etablierte. Die eingenommenen Gelder gingen speziell in den Aufbau einer Infrastruktur des ländlichen Raums des Departements Chuquisaca, das etwa den Grenzen des Erzbistums Sucre entspricht.

Durch die studentische Bewegung und die politischen Bewusstseinsänderung beeinflusst, begann der Bund der Deutschen Katholischen Jugend (BDKJ), der vom Bischof mit der Ausgestaltung und Verantwortung der Partnerschaft der gesamten Katholischen Jugend des Bistums Trier beauftragt wurde, Ende der 60er Jahre ein Konzept für seine Arbeit zu entwickeln, das die Bewusstseinsbildung der Jugend und die verstärkte Öffentlichkeitsarbeit mit in den Blick nahm. Als wichtige Stütze wurde 1971 das „Referat für Entwicklungspolitik und Bolivienhilfe" unter dem Dach des BDKJ eingerichtet. Der Gedanke der Kooperation mit den Bolivianerinnen und Bolivianern „auf Augenhöhe" führte 1972 zur Einrichtung des Koordinationskomitees in Sucre, so dass im Wesentlichen die Verantwortung für die Spendengelder von den Partnerinnen und Partnern selbst übernommen wurde. 1999 wurde das Koordinationskomitee in die Stiftung „Solidarität und Freundschaft Chuquisaca-Trier" umgewandelt, die sich für die Erziehung und Bildung von Kindern und Jugendlichen im ländlichen Raum einsetzt.

Ungerechte Strukturen des Welthandels sehen

Aus der inhaltlichen Auseinandersetzung mit Gerechtigkeitsfragen, insbesondere den ungerechten Strukturen des Welthandels ergab sich, dass der BDKJ 1974 mit der Gründung des Eine-Welt-Ladens „Alasitas" in den alternativen Dritte-Welt-Handel einstieg. Daneben wurden die Fragen nach Rüstung und Verschuldung der Entwicklungsländer in den Themenkatalog des BDKJ aufgenommen, die zum Beispiel in entwicklungspolitischen Seminaren vertieft wurden.

Die 80er Jahre waren geprägt vom Bestreben, in einen tatsächlichen Dialog mit den Partnerinnen und Partnern einzutreten. Es wurde daher unumgänglich, nicht nur durch Dienstreisen den Austausch auf Leitungsebene zu schaffen, sondern auch die ehrenamtlich Engagierten mit den Partnerinnen und Partnern in Kontakt zu bringen. 1985 fand daher die erste Begegnungsreise in das Erzbistum Sucre statt. Konsequenterweise wurde die Partnerschaft durch einen ersten Grundlagenvertrag, der seither regelmäßig ausgewertet und erneuert wird, während dieser Reise besiegelt. Auch die Begegnungsreisen werden seither im Zweijahresrhythmus wechselseitig in Bolivien und in Deutschland durchgeführt. Ein weiterer Schritt, die partnerschaftliche Beziehung und das entwicklungspolitische Engagement des BDKJ Trier und seiner Mitgliedsverbände zu manifestieren, war 1987 die Verabschiedung eines „Rahmenkonzeptes zur entwicklungspolitischen Arbeit".

Anfang der 80er Jahre gab es bereits

erste Kontakte zur Bolivianischen Bischofskonferenz hinsichtlich der Mitarbeit beim Aufbau der bolivianischen Jugendpastoral, seit 1986 besteht eine vertragliche Partnerschaft mit der Jugend- und Berufungspastoral (PJV) Boliviens. In die Partnerschaft mit der Jugendpastoral trat auch der BDKJ Hildesheim einige Jahre später ein.

Jungen Menschen die Möglichkeit zu geben, ein ganzes Jahr in den Partnerprojekten zu leben und zu arbeiten, war die Idee des Dienstes für Frieden und Versöhnung, eines sozialen Lerndienstes, der 1992 zum ersten Mal vom BDKJ angeboten wurde. Dieses Aufgabenfeld hat sich in den letzten Jahren extrem ausgeweitet, so dass im Bistum Trier mit dem Trägerverein SOFIA eine eigene Struktur dafür geschaffen wurde. Der Freiwilligendienst wurde als eine ausgesprochene Bereicherung für die Partnerschaft aber auch für die Persönlichkeitsprägung der jungen Erwachsenen selbst empfunden und sollte auch im Umkehrschluss eine Perspektive für die Partnerinnen und Partner sein, so dass 1999 die ersten beiden bolivianischen Freiwilligen, sogenannte Reverse-Freiwillige ihren Dienst im Bistum Trier leisteten.

Der Entwicklung zu mehr Miteinander und Füreinander in diesen Jahrzehnten wurde 1995 auch äußerlich Rechnung getragen, als die „Bolivienhilfe" in „Bolivienpartnerschaft" umbenannt wurde. Ein gemeinsames Logo, das die Verbundenheit der vier Akteure (vier Quadrate) auf bolivianischer und deutscher Seite (Landesfarben) durch das Symbol der Christen, das Kreuz, verdeutlicht, wurde eingeführt. „Amistad heißt Freundschaft" ist seitdem das Motto der Jugendpartnerschaft. Vorangegangen war 1994 die Gründung des „Vereins zur Förderung der Bolivienpartnerschaft" über den eine zweite Referentenstelle eingerichtet wurde, so dass die zunehmenden Aufgaben besser geleistet werden konnten. Ein weiteres Aktionsmodell, eine Verknüpfung von Bildungsarbeit, Solidaritäts- und Spaßaktion fand mit dem Modell des „Second Hemd & Hose"-Marktes 1997 Einzug in die Partnerschaftsarbeit.

Prägend für das Ende der 90er Jahre und das neue Jahrtausend sind große entwicklungspolitische Kampagnen und Events, die gemeinsam durchgeführt wurden, so zum Beispiel das „Gipfelschippern" im Rahmen der Erlassjahrkampagne mit Blick auf den G7-Gipfel in Köln im Jahr 1999, das bolivianische Open Air-Konzert in Saarbrücken anlässlich der Eröffnung der Adveniat-Aktion 2002 oder der Weltjugendtag 2005; im Vorfeld konnten über 100 bolivianische Jugendliche und junge Erwachsene im Bistum Trier begrüßt werden. 2009 nahmen parallel zur Sozial-Aktion des BDKJ, der 72-Stunden-Aktion, etwa hundert Gruppen der boliviani-

Politische Aktionen sind wichtig: „Gipfelschippern" im Rahmen der Erlassjahrkampagne.

„Partnerschaftsschild" an einem Gebäude in Padilla.

Parallel zur 72-Stunden-Aktion in Trier fand eine 48-Stunden-Aktion in Bolivien statt.

schen Jugendpastoral an einer 48-Stunden-Aktion teil, die teilweise via Internet mit Aktionsgruppen des Bistums Trier in Kontakt standen.

Die Rolle des entwicklungspolitischen Arbeitsschwerpunktes der Jugendverbände wurde deutlich gestärkt, als aus der eher beratenden „Arbeitsgemeinschaft Entwicklungspolitisches Engagement" (AG EE) im Zuge der Verabschiedung des neuen „Rahmenkonzepts zur entwicklungspolitischen Arbeit" 2001 der Entwicklungspolitische Ausschuss, also ein Leitungsgremium des BDKJ wurde.

Ehrenamtliche und hauptamtliche Mitarbeiterinnen und Mitarbeiter beteiligten sich an der Ausgestaltung des Jubiläumsjahres, sei es durch Aktivitäten in ihren Ortsgruppen und Gemeinden oder auf Bistumsebene durch die Organisation eines Jugendevents und der ständigen Präsenz am Hauptmarktzelt während der Heilig-Rock-Tage 2010, die Teilnahme an der Zukunftskonferenz, die Durchführung und Begleitung der Fotoaktion „Dafür tret' ich ein", die Vorbereitung von Studientagen, die Begleitung des Jugend- und Schulwettbewerbs, die Vorbereitung von Spendenprojekten und die Spendenakquise.

Die Bolivienpartnerschaft heute

Seit Bestehen der Partnerschaft setzen sich Engagierte der Jugendarbeit im Bistum Trier dafür ein, die Botschaft Jesu vom „Reich Gottes" der Verwirklichung ein Stück näher zu bringen. Darunter wird eine Vision vom gelungenen Menschsein verstanden, von einem Leben, in der Spaltung in Arm und Reich überwunden ist und alle Zugang zu den zum Leben notwendigen Gütern der Erde haben.

Das Recht auf Leben ist für alle verwirklicht, wenn Werte wie Gerechtigkeit, Solidarität, Versöhnung, Freiheit, Verantwortung sowie die Achtung vor der Schöpfung gelebt werden. Diese Werte sind die Leitbilder,

Begegnung hin und her: Deutsche Jugendliche auf dem Campo in Bolivien ...   ... bolivianische Jugendliche auf der Porta Nigra beim Weltjugendtag.

mit deren Hilfe Kindern, Jugendlichen und jungen Erwachsen auch globale und weltkirchliche Bezüge erschlossen werden. Dadurch wird ihnen ihre Einbindung in die Weltgemeinschaft vermittelt, und sie werden ermutigt, zugunsten der Armen und Benachteiligten Partei zu ergreifen und so einen Beitrag zum Aufbau einer gerechten, solidarischen und humanen Welt zu leisten. Der konkrete Austausch mit den Freundinnen und Freunden in Bolivien hilft dabei, diese Ziele zu veranschaulichen. Vier Handlungsschwerpunkte prägen die Ausgestaltung der Partnerschaftsarbeit:

Partnerschaftliches Miteinander

Miteinander leben, arbeiten und diskutieren kann nur durch konkrete Begegnungen geschehen. Die jährlichen Leitungsgespräche mit den jeweiligen Partnerinnen und Partnern, bei denen die inhaltlichen Grundlagen für das partnerschaftliche Agieren des kommenden Jahrs diskutiert und festgelegt wird, sind wesentlicher Bestandteil, um auf Leitungsebene die Basis eines tieferen gegenseitigen Verständnisses zu schaffen. Diese Gespräche müssen nicht immer rundweg harmonisch verlaufen, eine Partnerschaft zeichnet sich auch dadurch aus, dass Höhen und Tiefen überwunden und Lösungen für Meinungsverschiedenheiten gefunden werden. Gerade das Ringen um einen Konsens ist oft prägend und verbindend.

Wesentliches Element des konkreten Kennenlernens für ehrenamtliche und hauptamtliche Engagierte in der Partnerschaft und des entwicklungspolitischen Engagements sind die Begegnungsreisen der Katholischen Jugend, die alle zwei Jahre wechselseitig in Bolivien und Deutschland stattfinden. Sie sind zentrales Element der gelebten Weltkirche, des Teilens von Leben und Glauben. Durch die meist vierwöchigen Reisen wird ein Eindruck von Land und Bevölkerung vermittelt, und der konkrete Austausch schafft Sensibilität für die Probleme und Themen, die die Partnerinnen und Partner jeweils beschäftigen. Gemeinsamkeiten werden gelebt und Unterschiede wertgeschätzt.

Eine zunehmend bedeutendere Rolle spielen die Freiwilligendienste im Bistum Trier. Junge Erwachsene tauchen ein Jahr lang in die Projekte der Partnerorganisationen ein und leben einen ganz anderen Alltag. In den letzten Jahren hat sich hier auch der sogenannte Reverse-Dienst, der Einsatz von Bolivianerinnen und Bolivianern in unserem Bistum etabliert. Das Spektrum der „Globalisierung" birgt Chancen und Risiken. In diesem Kontext gewinnt die Globalisierung eine sehr positive Komponente – die Welt wächst zusammen, nicht nur gefühlt, sondern auch tatsächlich, auch dank neuer Medien, wie E-Mail, Chat und Videokonferenzen via Internet. Die Begegnung berührt und prägt die jungen Erwachsenen, ihr soziales Umfeld und ihre Familie nachhaltig, so dass heute bereits die zweite Generation, Kinder der ersten Bolivienreisenden selbst an einer Begegnungsreise teilnehmen, einen Freiwilligendienst in Bolivien antreten oder sich generell in der Bolivienpartnerschaft engagieren.

Durch die Reisen wird ein Eindruck von Land und Bevölkerung vermittelt, und der konkrete Austausch schafft Sensibilität für die Probleme und Themen, die die Partnerinnen und Partner jeweils beschäftigen.

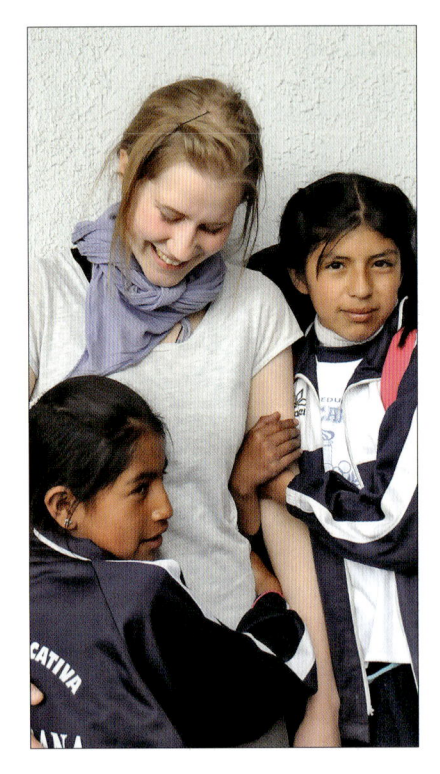

Freiwillige geben der Partnerschaft ein Gesicht.

Geld oder Leben-Aktion 2007.

Informations- und Bewusstseinsbildung

Begegnungsreisen, Freiwilligendienste, Solidaritäts-Gottesdienste und -aktionen und entwicklungspolitische Kampagnen schulen junge Menschen, machen sie zu Multiplikatorinnen und Multiplikatoren, die ihre Erfahrungen in die Gemeinden, die örtlichen Jugendgruppen und die Familien einbringen. Sie wirken mit bei Maßnahmen und Aktionen, die den Kindern und Jugendlichen in Deutschland die Auseinandersetzung mit der bolivianischen Realität, aber auch mit der eigenen in Deutschland ermöglichen, um so eigene Wertvorstellungen und Lebensentwürfe zu reflektieren. Die Veränderung hin zu einer „zukunftsfähigen Welt" beginnt bei jedem selbst. Unterstützung finden die Multiplikatorinnen, Multiplikatoren und Gruppen durch die Bereitstellung von Materialien und Aktionsideen aus dem Referat, etwa zu Bolivien, zum Fairen Handel, zum Kritischen Konsum allgemein, und in Kooperation mit den Hauptamtlichen können vor Ort „Second Hemd & Hose"-Märkte durchgeführt werden.

Politische Lobbyarbeit und Aktionen

Die Erkenntnisse, die aus den Multiplikatoren-Schulungen und den Maßnahmen vor Ort erzielt werden, die Veränderungen der eigenen Werte und Einstellungen führen zu Forderungen nach Veränderungen der politischen und wirtschaftlichen Strukturen. Mit Blick auf das Partnerland Bolivien, vertreten daher die Jugendlichen des Bistums Trier, kanalisiert über den BDKJ auch die Interessen der Entwicklungsländer in Gesellschaft, Politik und Kirche. So bieten die G7/8-Gipfel Anlass, diese Interessensvertretung zu manifestieren. Ein Großereignis war im Jahr 1999 das „Gipfelschippern" nach Köln, wo im Rahmen der Erlassjahr-Kampagne in Deutschland und Bolivien gesammelte Unterschriften gemeinsam nach Köln gebracht wurden und zusammen mit Unterschriften anderer Initiativ-Gruppen von Prominenten an die Vertreter der G7-Staaten überreicht wurden. Es wurde ein teilweiser Schuldenerlass der 40 ärmsten HIPC-Länder, darunter auch Bolivien, erwirkt. Im Nachklang arbeitete die Bolivianische Bischofskonferenz und damit auch die Jugend- und Berufungspastoral intensiv an den Planungen eines Armutsbekämpfungsplans mit, um den Rücklauf der frei werdenden Gelder in entsprechende Projekte zu gewährleisten. Dieser Prozess wurde von den deutschen Partnerinnen und Partnern kritisch begleitet. Die gemeinsame und erfolgreiche Aktion bekräftigte das Bewusstsein der Weltgemeinschaft, die Geschwisterlichkeit zwischen Deutschen, Bolivianerinnen und Bolivianern wurde spürbar gestärkt. Grundsätzlich bieten die Treffen der Staatsoberhäupter Gelegenheit, diese an die Einhaltung der Milleniumsziele zu erinnern, so wurde auch 2007 in Heiligendamm mit der Großpuppenaktion „Geld oder Leben" ein entwicklungspolitischer Akzent vom BDKJ Trier gesetzt.

Finanzielle Unterstützung bringt Ausgleich

Eine Partnerschaft zwischen zwei ökonomisch sehr unterschiedlich stark aufgestellten Landeskirchen bedarf auch einer finanziellen Unterstützung, um einen gewissen Ausgleich zwischen den Partnerinnen und Partnern zu schaffen. Wesentliche Pfeiler zur Erwirtschaftung dieser

Gleiche Themen in Bolivien und Deutschland, wenn es um eine gerechte Welt geht.

finanziellen Mittel sind immer noch die jährliche Kleidersammlung und die „Second Hemd & Hose"-Märkte. Herausforderungen wie die zunehmende kommerzielle Konkurrenz, sinkende Altkleiderpreise und die demographische Entwicklung, so dass immer weniger Jugendliche zur Mithilfe zur Verfügung stehen, müssen dabei angenommen werden, dennoch bleiben sie finanziell effektiv und vor allem auch niedrigschwellige, Spaß bringende Angebote, die alle Engagierten der Katholischen Jugend schon einmal mit der Partnerschaft in Berührung gebracht haben. Aber auch beim Sammeln und Vermarkten der Altkleider stellt sich der BDKJ seiner ethischen Verantwortung und arbeitet seit 15 Jahren mit dem Dachverband FairWertung zusammen, mit dessen Hilfe die Engagierten über die globalen Gebrauchtkleidermärkte umfassend aufgeklärt werden. Weitere Einnahmen kommen aus anderen Solidaritätsaktionen und Spenden. Gezielt können über Kleinprojekte Spendengelder beworben werden und ein persönlicher Bezug zu einem Ort in Bolivien geknüpft werden. Die Aktionärinnen und Aktionäre der Selbstbesteuerungsaktion „Minkha" leisten einen finanziellen Beitrag zugunsten der Bolivienpartnerschaft und setzen zugleich ein politisches Signal zur Erhöhung der staatlichen Entwicklungshilfe. Die Stiftung „Amistad" unterstützt mit den Zinsen des Stiftungsvermögens die beiden Partnerorgansiationen.

Der Bund der Deutschen Katholischen Jugend ist durch die Anbindung an seine Mitgliedsverbände nahe an den Jugendlichen, er spürt neuen Impulsen und Methoden in der pädagogischen Arbeit nach und greift sie auf. Das hat in den letzten Jahrzehnten dazu geführt, dass wichtige Initiativen der Partnerschaftsarbeit wie Begegnungsreise, Freiwilligendienst nach Bolivien, Reverse-Dienst, besondere Aktionsformen wie der „Second Hemd & Hose"-Markt aus den Reihen der Jugendpartnerschaft kommen. Die Bolivienpartnerschaft hat mit ihrer ausgeprägten Jugendpartnerschaft eine Vorreiterrolle im Vergleich zu anderen Bistumspartnerschaften in Deutschland.

Dennoch fordern gesellschaftliche Umbrüche, die demographische Entwicklung, die veränderte Sozialisierung der Jugend nach einer Evaluierung der Jugendpartnerschaft, um auch die neue Partnerschaftsvereinbarunge zwischen den Bistümern Hildesheim und Trier und der Bolivianischen Kirche Rechnung zu tragen und die Partnerschaftsarbeit der Jugend zukunftsfähig zu machen.

> *Die Bolivienpartnerschaft hat mit ihrer ausgeprägten Jugendpartnerschaft eine Vorreiterrolle im Vergleich zu anderen Bistumspartnerschaften in Deutschland.*

Markenartikel Kleidersammlung – inzwischen sind auch bolivianische Jugendliche dabei.

Second-Hand wird immer wichtiger.

Lernen in der Partnerschaft

Ein Pilotprogramm des Pastoralen Austauschs „Gemeinde leben – Aufbrüche wagen"

Von Ludwig Kuhn

Zwanzig Männer und Frauen sitzen in einem Tagungsraum im Kreis und sprechen über Zeichnungen, die eben in Kleingruppen erstellt wurden. Eine zeigt skizzenhaft die fünf Kapellen oder besser Gottesdiensträume in der Stadtrandgemeinde Nuestra Señora del Carmen in Santa Cruz. Fünf Stadtteile, Barrios, umfasst die dortige Pfarrei. Zentrale Bezugsorte, so will die Zeichnung zeigen, sind die Gottesdienstorte in den Barrios, auch wenn sie nur aus einem Dach bestehen und der heftige Wind beim letzten Gottesdienst den Sand ungeschützt in Augen, Nase und Mund getrieben hat. Hier sind die Begegnungsorte der Teil-Gemeinden, hier werden die Sozialarbeit initiiert und die Katechese vielfach durch junge Leute gestaltet. Die Pfarrkirche ist an den wichtigen Feiertagen der Treffpunkt, aber das Gemeindeleben passiert dezentral in den Stadtteilen. Dieser Bericht wird beim Auswertungstreffen des Pilotprogramms „Gemeinde leben – Aufbrüche wagen" in La Paz gegeben. Eines der drei Teams aus dem Bistum Trier hat in dieser Pfarrei die Intensivzeit der Erfahrungswoche mit gelebt und fasst nun seine Erfahrungen in diesem Bild zusammen. Gemeinsam mit den beiden anderen Teams, zu denen Pfarrgemeinderatsvorsitzende, Pfarrer, Pastoral- und Gemeindereferenten gehören, sind sie mit den Gastgebern aus den besuchten Gemeinden zusammen, um die Eindrücke auszutauschen, zu vertiefen und Lernerfahrungen festzuhalten.

Das Vorhaben: Pastoraler Austausch

Wenn im Zusammenhang der Weiterentwicklung von weltkirchlicher Partnerschaft das Bild von der Lerngemeinschaft Weltkirche benutzt wird, löst dies manches Mal die Frage aus: Was können wir denn wirklich

Die Teilnehmer tauschen ihre Erfahrungen aus.

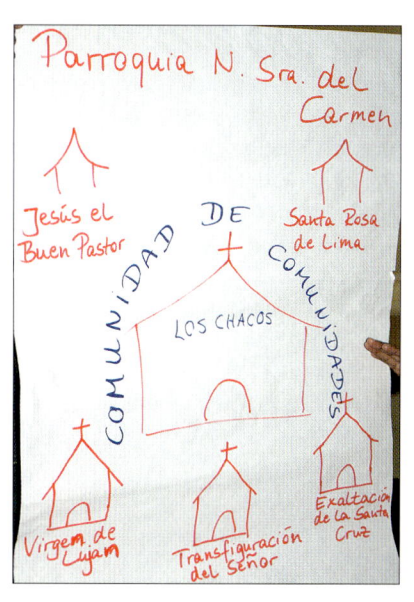

Skizze der Pfarrei Nuestra Senora.

Gottesdienst unter einem Strohdach.

von Kirchen im Süden oder im Osten lernen, und wie geht das?

In der Partnerschaft Bistum Trier – Bolivien wurde 2007 der Versuch gestartet, ein Pilotprojekt pastoralen Lernens zum Thema Gemeindeentwicklung durchzuführen. Methodisch wurde auf das Konzept „Dialog- und Exposure-Programm" Bezug genommen und dann für die spezifische Fragestellung modifiziert. Der erste Versuch kam nicht zustande, da sich nicht genügend Teams von ehren- und hauptamtlichen Mitarbeitern aus Pfarreien oder Pfarreiengemeinschaften gemeldet hatten. Ein Jahr später gelang es mit Mühe und mit drei Teams. Im Kontext der Neustrukturierung im Bistum Trier, die zur Bildung größerer pastoraler Räume als (Groß) Pfarrei oder Pfarreiengemeinschaft führt und in die alle Pfarreien im Bistum Trier einbezogen sind, sollten Verantwortungsträger aus Pfarreien durch den Standortwechsel einen neuen Blick auf ihre Gemeindesituation gewinnen und Entwicklungsimpulse aufnehmen. Die aufnehmenden Gemeinden in Bolivien sollten das Kennenlernen planen und die Eindrücke und Reflexionen der Gäste für ihre Entwicklung nutzen. Die Planung des Pilotvorhabens wurde in einem gemeinsamen Team in Bolivien und Trier angegangen, in dem die Partnerschaftskommission der Bolivianischen Bischofskonferenz, die Theologische Fakultät in Cochabamba, die Abteilung territoriale Seelsorge im Trierer Generalvikariat und die Diözesanstelle Weltkirche beteiligt waren.

In Abgrenzung zu Fahrten, die als Begegnungsreisen im Rahmen der Partnerschaft seit langem durchgeführt werden, lag der Fokus der Fahrt nicht auf Bolivien und der Partnerschaft, sondern auf dem Thema Gemeindeentwicklung. Erst als Kontext wurden die Themen der sozialen und politischen Realität Boliviens und der anstehenden Prozesse in der Partnerschaft einbezogen.

Elemente des Pilotprojekts

Vorbereitung: In drei Treffen zur Vorbereitung haben die zehn Teilnehmer die eigene Gemeindesituation reflektiert und ihre Entwicklungsfragen ausgetauscht. Eine das Vorhaben bezeichnende Gesprächsrunde ging der Aufgabe nach, sich vorzustellen, welche Veränderungsprozesse durch die Erfahrungen in Bolivien in den Gemeinden angestoßen werden könnten. Des Weiteren wurden Schwierigkeiten und Chancen des interkulturellen Lernens beraten, und die Teilnehmer machten sich mit den Schritten des pastoralen Austauschs vertraut.

Die Pfarrei in Tarija wird erkundet.

Katecheten spielen in der bolivianischen Kirche eine wichtige Rolle.

Aufenthalt in Bolivien: Das Programm in Bolivien hatte vier Hauptelemente:
- ein Einführungsseminar zur gegenwärtigen Lage der Kirche in Bolivien, zu den Themenschwerpunkten „Mission" und „Inkulturation angesichts der kulturellen Vielfalt in Bolivien".
- die Erfahrungswoche, die jedes Team in einer Pfarrei in unterschiedlichen Regionen Boliviens verbrachte, jeweils begleitet von Dolmetschern und Pastoraltheologen, die halfen, die Erfahrungen zu erschließen. Die gastgebenden Gemeinden waren Stadtrandgemeinden in Santa Cruz, in Cochabamba und in Tarija.
- die Auswertung des Aufenthalts in den Pfarreien gemeinsam mit den Verantwortlichen aus den drei gastgebenden Pfarreien und
- ein abschließendes Besuchsprogramm.

Aufgaben der Teilnehmer waren es, für die gastgebende Gemeinde eine Präsentation der eigenen Pfarrei zu erstellen und in der Erfahrungswoche einen Bericht über die Lebenssituation und Arbeit eines pastoral Verantwortlichen in der Gastpfarrei zu erstellen.

Eindrücke und Lern-Erfahrungen

Der Standortwechsel von Trier nach Bolivien, das Eintauchen in eine andere Lebenswelt und die Erfahrung, dass die Gemeinden in Bolivien vielfach vor ähnlichen Herausforderungen stehen wie unsere deutschen Pfarreien, ließ jeden der Teilnehmer eine Fülle von anfragenden und anregenden Erfahrungen sammeln.

So faszinierte die große Beteiligung der Laien in der Katechese, in sozialen Initiativen und in der Organisation vieler Vorhaben in den Gemeinden. Dass sich junge Leute in der Jugendarbeit und als Katecheten selbst als Missionare bezeichnen, erschien nicht aufgesetzt, sondern als Ausdruck dafür, vom Glauben an Jesus Christus bewegt zu sein und in diesem Selbstverständnis wirken zu wollen, glaubwürdig sozial und geistlich zu handeln. Gemeindeleitung, verstanden als anregende Leitung, die Räume des Engagements anbietet, die Ehrenamtliche ermächtigt und ihren Kompetenzen traut, aber auch das Konzept des „autofinanziamento" (das heißt die Sorge um eine eigenständige Finanzierung der einzelnen Gemeinden) waren weitere Erfahrungsbereiche. Nicht zuletzt hat die Gäste aus Deutschland die große Gewichtung beeindruckt, die soziales Handeln und Anwaltschaft, verbunden mit der Orientierung an der biblischen Botschaft in den Gemeinden, hat.

Das Thema „Gemeindeentwicklung" prägte den gesamten Prozess der Fahrt und des Austauschs. Es ist gelungen, im Kontext von Partnerschaftsarbeit den Blick auf die mit dem Thema Gemeindeentwicklung

Meist werden die Katecheten intensiv ausgebildet.

verbundenen pastoralen Herausforderungen zu richten. Das Konzept des Pastoralen Austauschs hat zu Begegnung und Dialog auf Augenhöhe hingeführt. Gerade für die bolivianischen Gastgeber war es eine wertschätzende Erfahrung, dass ihre Arbeit, ihre Initiativen in den Gemeinden als Impuls und Anregung für die deutschen Partner wahrgenommen wurden.

Sich aussetzen – lernen – in die Praxis führen: Partnerschaft ermöglicht Lernchancen.

Die Dynamik und die Möglichkeiten des Pilotprogramms „Pastoraler Austausch" sind besonders durch die Einbettung in die Partnerschaft gefördert worden.

Denn das Projekt ist vorbereitet, gestützt und geerdet durch die bestehenden Verbindungen zwischen den Partnerkirchen. Die Motivation zu einem verändernden Standortwechsel wurde durch den bestehenden Bezug zur Kirche Boliviens gefördert. Die Rolle in den Gastpfarreien war nicht nur die eines fremden Mitchristen, sondern die eines Mitglieds der mehr oder weniger bekannten deutschen Partnerdiözese. In den Begegnungen und Kontakten wurden die bestehenden Kontakte und Verbindungen im Netzwerk der Partnerschaft erfahren, und nach Rückkehr erleichterte das Wissen um die Partnerkirche in den Trierer Gemeinden den Teilnehmern, ihre Erfahrungen vorzustellen und in das Gespräch der Gremien einzubringen.

Auch der Tanz gehört selbstversändlich zur Begegnung.

Ein Treffen mit Katecheten und Firmlingen.

Welche Aufbrüche wurden gewagt?

Für die Partnerschaft selbst war das Programm eine Herausforderung, nämlich die Wechselseitigkeit und Augenhöhe nutzbar zu machen für bereichernde Impulse in die eigene Kirche. Der Weg dazu war schon vorbereitet, denn im Bericht zum gemeinsamen Reflexionsvorhaben 1994 wurde bereits die Empfehlung festgehalten: „Auf Möglichkeiten eines pastoralen Austauschs im Rahmen der Partnerschaft sollte verstärkt zugegangen werden. Für beide Kirchen liegen Chancen darin, sich mit pastoralen Konzepten und Prioritäten auseinanderzusetzen und dies in die jeweiligen eigenen Prozesse einfließen zu lassen." Mit dem Pilotprogramm „Gemeinde leben – Aufbrüche wagen" ist ein qualitativer Schritt dahin begonnen worden.

Die drei Teams haben im Nachtreffen ihre „Perlen" ausgewählt, nämlich die Impulse, die sie in ihrem Wirken als Pfarrgemeinderatsvorsitzende, als Gemeindereferentin oder als Pfarrer in die eigene Pfarrei tragen wollen. Wie sich Gemeindeleben seitdem verändert hat? Welche Aufbrüche wurden gewagt? – Das wäre spannend, wenn nach mehr als einem Jahr nochmals diese 20 Männer und Frauen wie in La Paz zusammenkämen und ihre Zeichnungen vorstellten, diesmal von den Pfarreien im Bistum Trier.

Unsere Mission: Miteinander Zukunft gestalten

Der Perspektivprozess und die Partnerschaftsvereinbarung 2020

Von Dr. Martin Lörsch

„Wird die Bolivien-Partnerschaft mit ihrem 50. Geburtstag feierlich zu Grabe getragen oder geht der Prozess weiter?" – diese etwas provozierende und für mich überraschende Frage wurde mir neulich von einem ehemaligen Mitarbeiter der Bolivienpartnerschaft gestellt. Und das wenige Tage, nachdem Bischof Dr. Stephan Ackermann und die Trierer Delegation wohlbehalten aus Bolivien zurückgekehrt waren. Diese Frage: Geht die Bolivien-Partnerschaft nach Abschluss der Jubiläumsfeierlichkeiten zu ihrem 50. Geburtstag zu Ende …?

Wir haben in Nüchternheit und Weitsicht Bilanz der 50 Jahre gemeinsamer Geschichte zu ziehen, sollen unserer Ressourcen bewusst werden und uns der zentralen Herausforderungen stellen, um den Blick in die Zukunft zu richten.

– ist nicht unberechtigt. Der sorgenvolle Blick in die Zukunft provoziert kritische Rückfragen:
Können wir es verantworten, in dieser für die bolivianische Kirche unsicheren Zeit und unter dem Präsidenten Evo Morales und seiner Partei eine Partnerschaftsvereinbarung mit einer so langen Laufzeit von zehn Jahren zu unterzeichnen?
Was hat die Partnerschaft in den zurückliegenden fünf Jahrzehnten denn wirklich bewirkt – dort und hier bei uns, welche positiven Veränderungen können wir nach 50 Jahren aufweisen? Haben wir nicht genug eigene Probleme in unserem Lande und in unserer Kirche?
Diese und weitere Vorbehalte können nicht einfach beiseite geschoben werden. Die folgenden Gedanken versuchen, sich ihnen zu stellen. Die Erfahrung lehrt, dass jede Jubiläumsfeier in sich die Gefahr birgt, die Vergangenheit zu vergolden und zugleich den Weg in die Zukunft durch „Aber-Geistern" (Fidolin Stier) versperren zu lassen. Wenn ich es recht betrachte, ist die Kirche in Bolivien und im Bistum Trier dieser Gefahr im Jubiläumsjahr nicht erlegen. Vielmehr haben sie die Chance genutzt, in Nüchternheit und Weitsicht Bilanz der 50 Jahre gemeinsamer Geschichte zu ziehen, sich der Ressourcen bewusst zu werden wie auch der zentralen Herausforderungen zu stellen, um den Blick in die Zukunft zu richten und Zielvereinbarungen für die vor uns liegenden Wegabschnitte zu treffen. Konkretes Beispiel und Ausdruck dieser Haltung sind der Perspektivprozess und die Partnerschaftsvereinbarung 2020 zwischen der Bolivianischen Kirche sowie den Diözesen Hildesheim und Trier.

Ein Perspektivprozess findet statt

Diese Vergewisserung kennt mehrere Vorläufer und Stufen der Vorbereitung: Der Brief von Bischof Matthias Wehr an Erzbischof Clemente Maurer bildet die Basis der neuen Vereinbarung. Sie beschreibt die beiden Partnerkirchen in Sucre und Trier als „Geschwister", die füreinander eintreten, wie es bereits in den Paulusbriefen (in der Kollekte für die verarmte Gemeinde in Jerusalem) bezeugt ist. Mitte der 80er Jahre hatte der BDKJ zunächst mit dem Comité Coordinador der Erzdiözese Sucre und dann mit der Pastoral Juvenil y Vocacional (Jugend- und Berufungspastoral) der Bolivianischen Bischofskonferenz jeweils einen Vertrag (Convenio) geschlossen. Dem Dokument wird als verbindender und alle Distanz überwindender Grund der Partnerschaft unser christlicher

Glaube als Basis vorangestellt. Aus ihm heraus werden konkrete, die jungen Menschen motivierende, überprüfbare und pastoral begründete Ziele formuliert und vereinbart, dass die Verantwortlichen in Bolivien und Trier mindestens einmal pro Jahr voreinander Rechenschaft ablegen. Zudem werden sie in ihren Gremien und Jahreskonferenzen über den Fortgang der Umsetzung dieser Partnerschaftsvereinbarung berichten. Des Weiteren konnten die Verantwortlichen zurückgreifen auf die Ergebnisse der Evaluation (Untersuchung und Reflexion) aus dem Jahre 1990, die anlässlich des 30. Jahres der Bolivienpartnerschaft durchgeführt worden war. Nicht zuletzt lagen aktuelle Untersuchungen unterschiedlicher Art im Sinne einer Vergewisserung der Partnerschaft in Bolivien, Hildesheim und Trier vor. Allen war gemeinsam, dass sie sowohl die Stärken und Ressourcen der Partnerschaft als auch die Schwächen und das Entwicklungspotential bei den Leitungsverantwortlichen und Engagierten erfragten. Im Herbst 2008 machten die Mitglieder der Bolivianischen Bischofskonferenz auf dem Rückweg des Ad-Limina-Besuchs in Rom wieder Station in Trier. Dort kamen sie mit den Bistumsleitungen der Diözesen Hildesheim und Trier sowie Delegierten der Hilfswerke zusammen. Die Konferenz verstand sich als „Etappe auf dem Weg der Vorbereitung ‚50 Jahre Bolivienpartnerschaft 1960–2010' (17.–18. 11. 2008)". Eckpunkte für die Feier des Jubiläumsjahres 2009/2010 wurden beschlossen. Auch wurde vereinbart, in einem beteiligungsorientierten Prozess Perspektiven für die Weiterführung und Vertiefung der Partnerschaft als „Dreier-Bündnis" (Bolivien-Hildesheim-Trier) für die nächsten zehn Jahre zu entwickeln. Eine Steuerungsgruppe wurde gebildet. Ihr kam die Aufgabe zu, den drei Partnern ein Konzept für die Erarbeitung die Partnerschaftsvereinbarung zwischen der bolivianischen Kirche, dem Bistum Hildesheim und der Diözese Trier vorzulegen. Dieser Gruppe gehörten an: Teresa Rosazza und Yalila Casanova (Partnerschaftskommission der bolivianischen Kirche), Dietmar Müßig und Rolf-Michael Schulze (Bistum Hildesheim) sowie Ludwig Kuhn und Martin Lörsch (Diözese Trier).

Nach intensiven Beratungen entschied man sich zur Erarbeitung des Perspektivpapiers für die Großgruppenmethode „Zukunftskonferenz" (Future Search Conference). Die Wahl dieser Methode legte sich als passende Methode für die Erarbeitung des Perspektivpapiers nahe, weil sie folgende Erwartungen der Auftraggeber erfüllt: Sie ist ressourcenorientiert, beteiligungsorientiert und ergebnisorientiert. Sie ermöglicht die interkulturelle Begegnung von Bolivianern und Deutschen und gibt der Begegnung auf den verschiedenen Ebenen ausreichend Raum. Bei der

Kardinal Julio Terrazas unterschreibt den Vertrag der Partnerschaftsvereinbarung.

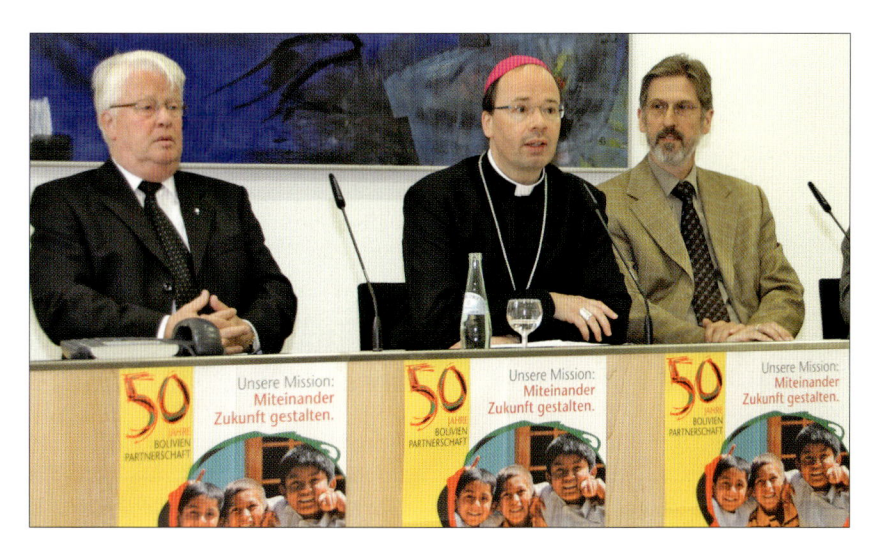

Mit einer Pressekonferenz startet das Jubiläumsjahr ...

... und der Bischof nimmt den Pilgerstab auf.

Suche nach einer qualifizierten Moderation fiel die Entscheidung auf Roswitha Vesper. Für die Co-Moderation konnten wir die Bolivianerin Patricia Cuarita gewinnen. Sie war zu diesem Zeitpunkt als Freiwillige in der Diözesanstelle Weltkirche Trier tätig. Aufgrund des Prinzips „Das ganze System in den Raum bringen" wurde intensiv beraten und dann entschieden, wie die Delegationen der drei Partnerorganisationen zusammengesetzt werden müssen. Die Delegierten wurden zur Teilnahme angefragt und in zwei Schreiben zur Konferenz eingeladen und auf das Vorhaben und diese Konferenzmethode eingestimmt. Die Zukunftskonferenz, für die man zweieinhalb bis drei Tage (mit zwei Übernachtungen) einplanen soll, startete am Donnerstag, 8. Oktober 2009, 18 Uhr. Am Sonntagmittag wurde sie mit der Feier der Eucharistie und dem gemeinsamen Mittagessen beendet. Jeweils mit einem geistlichen Impuls sind wir in die Konferenz und in die einzelnen Tage eingetreten. Intensive Arbeitseinheiten wechselten mit ausreichend langen Pausen und Zeiten der Begegnung am Abend. Wir orientierten uns am Grundraster von fünf Phasen, die aufeinander aufbauen: 1. auf die Vergangenheit zurückblicken, 2. die Gegenwart erkunden, 3. Idealszenen der Zukunft entwerfen, 4. Eine gemeinsame Plattform finden, 5. Maßnahmen planen. Anhand dieses Rasters erstellte die Moderation einen „Regieplan" und stimmte ihn mit der Steuerungsgruppe ab. Die drei jeweils zwölfköpfigen Delegationen wurden geleitet von Bischof Luis Sainz OFM (Partnerschaftskommission der bolivianischen Bischofskonferenz), Generalvikar Dr. Werner Schreer (Bistum Hildesheim) und Dompropst Werner Rössel (Trier). Hinzu kamen Gäste seitens der kirchlichen Hilfswerke, Vertreter der Pressearbeit sowie Gäste.

Die Zukunftskonferenz war ein Experiment, das in dieser Form weltweit wohl zum ersten Mal durchgeführt worden ist. Neue Herausforderungen mussten bewältigt und Hürden überwunden werden: Die Kommunikation innerhalb der katholischen Kirche aus zwei Kontinenten, der Austausch zwischen zwei unterschiedlichen deutschen Diözesen, Hildesheim und Trier, auf der einen und auf der anderen Seite die bolivianische Bischofskonferenz, die sich aus 18 Jurisdiktionen (Diözesen und Vikariate) zusammensetzt. Konferenzsprachen waren Spanisch und Deutsch; die wichtigen Ergebnisse wurden zweifarbig in beiden Sprachen festgehalten. Manchmal ging es im Laufe der drei Tage (wie in jeder Zukunftskonferenz) „wie auf einer Achterbahn" zu – mit Höhen und Tiefen, mit begeisternden Erfahrungen und Zeiten der Ernüchterung. Doch am Ende der Konferenz konnten wir stolz auf ein Ergebnis zurückschauen: die Vereinbarung von 15 Zielen für den Zeitraum 2010 bis 2020. Doch nicht nur inhaltlich hat die Zukunftskonferenz gehalten, was wir von ihr erwartet hatten. Auch auf der Beziehungsebene (in der Begegnung der Delegierten) sowie im Blick auf die Bereitschaft, sich in den kommenden Jahren für die Umsetzung der Ziele zu engagieren, erwies sich die Entscheidung für diesen Weg als richtig.

Für die Operationalisierung dieser Ziele wurden am Ende der Konferenz weitere Begegnungen vereinbart, unter anderem für die Delegationen aus Hildesheim und Trier ein gemeinsamer Studientag in Hildesheim (16. 1. 2010). Auf der Grundlage einer Vorlage der bolivianischen Partner wurden vier Ziele mit den daraus abgeleiteten Maßnahmen für die Zeit 2010 bis 2013 erarbeitet und aufeinander abgestimmt. Die Steuerungsgruppe nutzte für ihren Austausch zwischen Bolivien und Deutschland die modernen Kommunikationsmittel (Internetkonferenz mit Hilfe von Skype und E-Mails). Sie setzte damit selbst eines der vereinbarten Ziele (9. Ziel) um. So entstand schließlich und in mehreren Phasen das unterschriftsreife Perspektivpapier. Die Unterzeichnung erfolgte am 11. 7. 2010 im Rahmen der Jubiläumsfeierlichkeiten in Sucre durch Julio Cardenal Terrazas S. CSsR (Präsident der Bolivianischen Bischofskonferenz), Bischof Norbert Trelle (Bischof von Hildesheim) und Bischof Dr. Stephan Ackermann (Bischof von Trier).

„Wege der Hoffnung gestalten"

Das Dokument gliedert sich in sechs Kapitel: 1. Präambel und Geschichte, 2. Theologie und Spiritualität, 3. Organisation und Strukturen (Trier, Hildesheim, bolivianische Kirche), 4. Perspektivprozess 2010–2020, 5. die 15 Ziele, 6. Schritte der Umsetzung und Überprüfung der Ziele, prioritäre Ziele für 2010 bis 2013. Die im Rahmen der Zukunftskonferenz erarbeiteten und vereinbaren 15 Ziele können vor allem folgenden drei Zielfeldern zugeordnet worden:

a) Vertiefung einer partnerschaftlichen und partnerschaftsbezogenen christlichen Spiritualität zwischen der bolivianischen und der deutschen Kirche, die konkret wird im Leben und Handeln

b) Pflege von Direktkontakten in der Partnerschaft zwischen Bolivien und Deutschland – unter Einbeziehung der modernen, ressourcenschonenden Medien

c) Aufmerksamkeit für den Beitrag der Kinder und Jugendlichen in der Partnerschaft zwischen Bolivien und Deutschland (Trier und Hildesheim).

Konkretisiert für drei Jahre (2010–2013):

Die für einen Zeitraum von zehn Jahren vereinbarten 15 Ziele können nicht gleichzeitig und nicht alle mit gleicher Energie und Aufmerksamkeit umgesetzt werden. Es war daher notwendig, auszuwählen und für die nächsten drei Jahre Schwerpunkte zu setzen. Auf die folgenden Ziele hat man sich verständigt:

8. Ziel: Wir begleiten und unterstützen Direktkontakte, die schon bestehen.

Vereinbarte Maßnahmen:
– Wir begleiten und unterstützen Di-

Bolivien auf dem Weg in die Kommunikations- und Mediengesellschaft.

Die Bewahrung der Schöpfung wird immer dringender zum Schwerpunkt.

Zukunft gestalten geht nur über Kinder und Jugendliche.

rektkontakte, die schon bestehen.
- Es werden Kriterien als Qualitätsmerkmale für Direktkontakte erarbeitet und eingeführt.
- Jeder Partner stellt personelle Ressourcen für die Unterstützung der Direktkontakte in den Partnerschaftsstellen bereit.

9. Ziel: Wir verbessern die Kommunikation zwischen den Partnern in der Partnerschaft, indem wir die Neuen Medien optimal nutzen.

Vereinbarte Maßnahmen:
- Wir verbessern die Kommunikation zwischen den Partnern in der Partnerschaft, indem wir die Neuen Medien optimal nutzen.
- Es wird eine gemeinsame interaktiv zu nutzende Website der Partnerschaft aufgebaut und betreut.

13. Ziel: Angesichts der Globalisierung setzen wir uns ein für: Bewahrung der Schöpfung, gerechte Wirtschaftsstrukturen weltweit, Transparenz und politische Partizipation innerhalb der Partnerschaft und auf den politischen Ebenen.

Vereinbarte Maßnahmen:
- Als Schwerpunkt der Partnerschaftsarbeit 2011/2012 wird die Aufgabe der Schöpfungsverantwortung ausgewählt. Bis Sommer 2011 wird ein kampagnenfähiges Anliegen erarbeitet und im Weiteren umgesetzt.
- Zum Arbeitsschwerpunkt werden je ein Exposure-Programm in Boli-

Die Teilnehmer und Arbeitsszenen bei der Zukunftskonferenz.

vien und in Deutschland durchgeführt.

14. Ziel: Wir öffnen neue Türen für mehr Kinder und Jugendliche und schaffen ihnen Räume, die Partnerschaft kreativ mitzugestalten.

Vereinbarte Maßnahmen:
– Wir öffnen neue Türen für mehr Kinder und Jugendliche und schaffen ihnen Räume, die Partnerschaft kreativ mitzugestalten: - Jugendliche werden angeregt, die Rolle von Protagonisten der Partnerschaft zu übernehmen. Für die Durchführung von Initiativen der Jugendlichen werden Ressourcen zur Verfügung gestellt. – Hierbei werden die Jugendverbände sowie Freiwillige und zurückgekehrte Freiwillige beteiligt. – Für Lehrer, insbesondere Religionslehrer werden Einführungsveranstaltungen zur Partnerschaft durchgeführt und Anregungen für den Unterricht erarbeitet.

Für die Umsetzung der Partnerschaftsvereinbarung ist ein gemeinsames Koordinierungsteam eingesetzt und beauftragt worden. Es setzt sich zusammen aus den jeweiligen Geschäftsführenden der Partnerschaftsstellen und jeweils einem weiteren Delegierten. Reihum für ein Jahr übernimmt ein Partner die Gesamtverantwortung für die Kommunikation und Koordination. Es ist zudem vereinbart worden, dass ein Mal im Jahr die vereinbarten Maßnahmen durch das Koordinierungsteam überprüft werden. Das Team erstellt einen Bericht über die Fortschritte in der Zielerreichung und legt diesen der Partnerschaftskommission der Bolivianischen Bischofskonferenz und den Bistumsleitungen in Hildesheim und Trier vor. Die in der Partnerschaft Engagierten werden informiert.

Gemeinsam unterwegs in die Zukunft: Bei der Eröffnung des Jubiläumsjahrs in Trier ...

Rückblick aus dem Jahr 2020

„Wird die Bolivien-Partnerschaft mit ihrem 50. Geburtstag feierlich zu Grabe getragen oder geht der Prozess weiter?" – so lautete die etwas provozierende Frage wenige Wochen nach Unterzeichnung der Vereinbarung. Noch wissen wir nicht, wie die Bilanz des Dokuments im Jahr 2020 aussehen wird. Doch es gibt Grund zur Hoffnung. Eine Hoffnung, wie sie die Trierer Mitglieder der Steuerungsgruppe im Anschreiben an unseren Bischof zur Partnerschaftsvereinbarung formuliert haben: „Wir hoffen, dass mit dieser erstmaligen schriftlichen Vereinbarung und der verbindlichen Kooperation mit der Diözese Hildesheim eine fruchtbare Weiterführung der Partnerschaft befördert wird, die zum Dienst unserer Ortskirchen und zur weltkirchlichen Sendung beiträgt."

So schließe ich mit einem Zukunftsszenario, das davon ausgeht, dass wir das Jahr 2020 erreicht haben. In diesem Jahr wird die Bolivienpartnerschaft ihren 60. Geburtstag begehen. Mit Stolz schauen die Verantwortlichen sowie die Engagierten auf die zurückliegenden zehn Jahre zurück und staunen, was aus dem Perspektivpapier des Jahres 2010 mit den Zielen und Vereinbarungen geworden ist: Jugendliche und Erwachsene, Laien und Kleriker in Bolivien wie auch in den Diözesen Hildesheim und Trier haben dieses Papier zu ihrer Sache gemacht und die Partnerschaft weiter mit Leben gefüllt. Staunend nehmen wir wahr, wie vielfältig und phantasievoll die 15 Ziele angegangen worden sind. Bei der Umsetzung des Perspektivpapiers in Bolivien und Deutschland wurden Wege der Hoffnung für die eigenen pastoralen Herausforderungen erkennbar. Viele sind ein Stück des Weges mitgegangen und einige haben sich neu der Partnerschaft angeschlossen. Dass dieses Zukunftsszenario wahr wird, das ist mein Wunsch für den vor uns liegenden Perspektivprozess 2010 bis 2020.

... und bei einem Pilgerweg zum Jubiläumsfest in Sucre.

Partnerschaft im Wandel der Zeit

50 Jahre Partnerschaft zwischen der Kirche des Bistums Trier und den Diözesen Boliviens. Dies bringt Höhen und Tiefen mit sich, und eine ständige Neuorientierung an gewandelten Bedingungen in der jeweiligen Kirche und Gesellschaft.

Eine Brücke nach Bolivien
Bewährte weltkirchliche Partnerschaft

Von Prof. Dr. Joachim Schmiedl

„Selten hat uns eine freudigere Nachricht erreicht, als die, daß die altehrwürdige Diözese Trier der Erzdiözese Sucre in Bolivien in brüderlicher Hilfe, geistig und materiell, zur Seite stehen will." Erzbischof José Clemente Maurer äußerte in einem Brief vom 8. März 1961 an seine Heimatdiözese Trier die Hoffnung, „aus der Tiefe des Elends" herauszukommen und „den Bettlerstab beiseite stellen" zu können. Seine bolivianische Diözese beschrieb Maurer in düsteren Worten: „Ein dürftiges Priesterseminar – weite, leerstehende Pfarreien – armselige Dorfkirchlein, ohne Prunk und dem Verfalle nahe – zerrissene Paramente – eingestürzte Pfarrhäuser – angefangene, aber nicht vollendete Schul- und Krankenhäuser – vor allem aber mehr als 300 000 hungrige Indianerseelen."

Maurers Brief war eine Reaktion auf das Angebot des Trierer Bischofs Matthias Wehr, eine „Gemeinschaft gegenseitiger brüderlicher Hilfe" mit dem bolivianischen Erzbistum einzugehen. Wehr konstatierte in seinem Hirtenschreiben vom 7. April 1961 ein großes Verantwortungsbewusstsein für hilflose, hungernde und kranke Menschen. Doch die Aufgabe der Kirche konzentriere sich nicht nur auf materielle Unterstützung. Eine große Verantwortung ergebe sich daraus, „daß auch unsere Heilige Kirche in all diesen Ländern noch so ungeheuer unterentwickelt ist, ob es sich dabei um die jungen Missionskirchen in Afrika und Asien oder auch um die schon ältere Kirche in Südamerika handelt". Ein Vergleich zwischen den beiden Diözesen in Bolivien und Deutschland fiel eindeutig aus: „Die Erzdiözese Sucre ist an Fläche viermal so groß wie unsere Diözese Trier, hat aber nur 39 Pfarreien, während unsere

Eine Hoffnung, „aus der Tiefe des Elends" herauszukommen und „den Bettlerstab beiseite stellen" zu können.

Diözese 937 Pfarreien zählt. Sie hat 400 000 Katholiken, aber nur 40 Priester. Unsere Diözese zählt 1 750 000 Katholiken und 1290 Priester. In unserer Diözese kommen auf einen Priester etwa 1350 Katholiken, in der Erzdiözese Sucre aber ist für 10 000 Katholiken nur ein Priester bei einer vierfach so großen Ausdehnung der Diözese zur Verfügung. In unserer Diözese sind rund 5500 Schwestern tätig, in der Erzdiözese Sucre nur 108." Gefordert sei die Solidarität mit der pastoralen Not Boliviens sowie materielle Hilfe. Wehr appellierte an den missionarischen Geist seiner Diözesanen: „Aber auch Priestern, Priesterkandidaten und Schwestern aus unserer Diözese soll es ermöglicht werden, in der fernen Diözese dem Aufbau des Reiches Gottes zu dienen. Möchte doch bei vielen jungen Menschen, Jungen und Mädchen, der hochherzige Entschluß sich bilden, ihr Leben in den Dienst dieser großen Aufgabe zu stellen."

Diesem offiziellen Beginn einer Partnerschaft war eine lange Vorgeschichte vorausgegangen, die eng verbunden ist mit der persönlichen Beziehung der beiden Bischöfe.

Gemeinschaft brüderlicher Hilfe: Bischof Wehr (links) und Erzbischof Maurer.

Zerfallene Dörfer und Kirchen prägten das Gesicht Boliviens.

Eine arme Kirche in einem unruhigen Land

Die Diözese Sucre verbindet mit Trier, dass beide die ältesten Bistümer ihres Landes sind. 1552 als Bistum „La Plata o Charcas" gegründet, war es seit 1609 Erzbistum. Die lange Tradition darf jedoch nicht darüber hinwegtäuschen, dass die Kirche bis zur Unabhängigkeit des Landes im Jahr 1825 eine Kolonialkirche war. Die überwiegende Mehrzahl der Einwohner war und ist indianischer Herkunft (Quechua). Ihre wirtschaftliche, soziale und bildungsmäßige Marginalisierung ließ Bolivien seit seiner Unabhängigkeit nur selten zur Ruhe kommen. „Einer großen Mehrheit von Menschen vorwiegend indigener Abstammung, die vor allem die ländlichen Gebiete des Landes bewohnten, stand eine kleine Minderheit spanischer, kreolischer und später auch mestizischer Abstammung gegenüber, welche die politischen, gesellschaftlichen und auch religiösen Geschicke des Landes bestimmte." Die katholische Kirche war in die Gesellschaft integriert. Sie hatte gute Beziehungen zur Oberschicht und stand politisch „in der Regel auf Seiten der Konservativen, weil die Liberalen immer wieder Privilegien der Kirche zu beschneiden drohten".

Bolivien hat reiche Bodenschätze. Im Hochland findet sich Silber und Zinn. Die tiefer gelegenen Regionen fördern Erdöl und Erdgas zu Tage. Ebenfalls im Tiefland gibt es eine ausreichende Landwirtschaft. Die Erträge kommen freilich der indigenen Bevölkerungsmehrheit wenig zu Gute. Um das Erdöl ging es im so genannten Chaco-Krieg zwischen Bolivien und Paraguay (1932–1935). Durch die Niederlage Boliviens traten mehrere Missstände in das öffentliche Bewusstsein: „die Abhängigkeit des Landes von den Interessen ausländischer Firmen, die Unfähigkeit und Verantwortungslosigkeit der einheimischen Oligarchie,

Bischof Joseph Clemens Maurer

Geboren am 13. März 1900 als sechstes und jüngstes Kind des Bergmanns Peter Maurer und seiner zweiten Frau Angela im saarländischen Püttlingen, lernte Joseph Maurer über seinen älteren Bruder Peter die Redemptoristen im lothringischen Teterchen kennen. In deren Pensionat in Bertigny bei Freiburg in der Schweiz absolvierte Maurer von 1912 ab seine Gymnasialstudien, die er 1919 am Collège Saint-Michel abschloss. Nach Noviziat im Elsass und Theologiestudium in Echternach (Luxemburg) wurde Maurer 1925 zum Priester geweiht. Der Neupriester wurde für die Mission in Bolivien bestimmt, wo er mit fünf weiteren Mitbrüdern im Oktober 1926 ankam. 1933 wurde José Clemente Maurer Superior des Klosters in La Paz. 1944 ernannte ihn der Generalobere der Redemptoristen zum Leiter der Vizeprovinz Bolivien, die damals die andinischen Länder von Kolumbien bis Chile umfasste. Bei seinem Aufenthalt in Rom nach der Visitationsreise durch seine Provinz wurde Maurer von Papst Pius XII. zum Weihbischof von La Paz ernannt. Sein erstes Pontifikalamt feierte Maurer, der am 16. April 1950 in der römischen Redemptoristenkirche San Alfonso zum Bischof geweiht worden war, in seiner Heimatgemeinde Püttlingen. Nur eineinhalb Jahre wirkte Maurer als Weihbischof, dann wurde er zum Erzbischof von Sucre ernannt.

Das Wappen von Kardinal Maurer.

die Ungerechtigkeit des postkolonialen Feudalsystems und – daraus folgend – die allumfassende Notwendigkeit politischer, sozialer und wirtschaftlicher Reformen".

Nach der Revolution von 1952 wurden erste Reformen eingeleitet. Der Zinn-Bergbau wurde verstaatlicht, das allgemeine Wahlrecht eingeführt, die Gewerkschaften gestärkt, eine Landreform durchgeführt und der Zugang zu den Schulen für alle Kinder ermöglicht. Zwölf Jahre konnte sich das „Movimento Nacionalista Revolucionario" (MPR) an der Regierung halten. Die Kirche reagierte auf die Beschneidung ihrer Privilegien defensiv. Ihr Schwerpunkt lag „auf der Spendung der Sakramente, der Pflege der Volksreligiosität, der Organisation von Massenveranstaltungen, der apologetischen Abgrenzung von liberalen und modernen Strömungen und der ökonomischen Absicherung der eigenen Institutionen". Doch gerade diese waren in einer großen Krise. Erzbischof Maurers Seminar war nach dem Erdbeben von 1949 aus Geld- und Seminaristenmangel geschlossen worden. Der fehlende einheimische Klerus konnte zwar durch Ordensleute und Priester aus Europa und Nordamerika ausgeglichen werden, doch der Mangel an einheimischem Personal blieb ein großes Problem der bolivianischen Kirche – wie in allen Ländern Lateinamerikas.

Erzbischof Maurer hatte seit seiner Bischofsweihe auf mehreren Reisen nach Europa und in die USA Verständnis und Hilfsbereitschaft für die bolivianische Kirche zu wecken gewusst. Es gelang ihm, gute Kontakte zur Regierung und der Oberschicht mit Hilfsaktionen für die arme Bevölkerungsmehrheit zu verbinden. „Kirchen, Seminare, Klöster mussten restauriert oder neu errichtet werden. Wohnraum für die Armen musste gesucht oder geschaffen werden. Ordensschwestern und -brüder brauchten Unterstützung. Er musste für Hilfsmittel, Verpflegung und Fahrgelegenheiten für seine Priester sorgen, damit sie ihre beschwerliche apostolische Arbeit auf dem Land bewältigen konnten."

Eine wichtige Hilfe erfuhr Maurer von seiner saarländischen Heimatgemeinde Püttlingen. 1955 wurde dort eine Kollekte für „ihren" Bischof durchgeführt. Seit 1956 wurde die Sammlung regelmäßig ein Weihnachtsgeschenk für Bolivien.

Bischof Matthias Wehr

Die Püttlinger Kollekten waren hilfreich, doch ihr Ertrag zu wenig für die große bolivianische Diözese. Am 8. März 1959 bat Erzbischof Maurer deshalb den Trierer Bischof Matthias Wehr um die Unterstützung der ganzen Diözese: „Nach langem Suchen und vielem Beten scheint endlich der Tag gekommen zu sein, an dem wir dank Eurer Großherzigkeit aus dem Abgrund unseres Elends heraustreten werden, und an dem ich, der Erzbischof von Sucre, den Bettelstab beiseite legen kann."

Wehr war Saarländer, geboren 1892 in Faha bei Mettlach. Sein Theologiestudium in Trier, Rom und Innsbruck wurde durch den Ersten Weltkrieg unterbrochen, den er als Sanitäter, Funker und Dolmetscher mitmachte. 1921 zum Priester geweiht, war Wehr als Dozent und Professor für Kirchenrecht, Moraltheologie und Pastoral am Priesterseminar tätig, seit 1945 als Regens. Er war der erste Rektor des 1950 zur Theologischen Fakultät erhobenen Priesterseminars. Am 3. August 1951 zum Koadjutor des betagten Erzbischofs Franz Rudolf Bornewasser ernannt, folgte er diesem noch im selben Jahr, am 20. Dezember, als Diözesanbischof nach. In seiner Amtszeit führte Wehr eine Diözesansynode durch, errichtete das Liturgische Institut, erneuerte das Diözesangesangbuch und den Diözesankatechismus.

Der richtige Zeitpunkt

Die Heilig-Rock-Wallfahrt von 1959 lenkte den Blick des Trierer Bischofs über die Grenzen seiner Diözese hinaus. In seiner Botschaft zu diesem Ereignis machte Papst Johannes XXIII. auf die weltkirchliche Dimension dieser nur zu besonderen Zeiten stattfindenden Ausstellung in der Verbindung mit dem eben erst ange-

> *„Nach langem Suchen und vielem Beten scheint endlich der Tag gekommen zu sein, an dem wir dank Eurer Großherzigkeit aus dem Abgrund unseres Elends heraustreten werden, und an dem ich, der Erzbischof von Sucre, den Bettelstab beiseite legen kann."*

Die Heilig-Rock-Wallfahrt von 1959 brachte einen Impuls in Richtung Weltkirche

kündigten Zweiten Vatikanischen Konzil aufmerksam. Die Wallfahrt selbst war durch die Anwesenheit von Bischöfen aus China, Indien, Afrika und Südkorea ein weltkirchliches Ereignis.

Zwei Jahre zuvor hatte bereits Papst Pius XII. die weltkirchliche Verantwortung ins Gedächtnis gerufen. In seiner Enzyklika „Fidei Donum" forderte er die Bischöfe auf, dem Priestermangel in Afrika, Asien und Lateinamerika dadurch zu begegnen, dass Priester für eine begrenzte Zeit zum missionarischen Einsatz in diesen Kontinenten freigestellt werden sollten. Mit einem zeitlichen Vertrag für mehrere Jahre wurden seitdem vor allem aus den europäischen und nordamerikanischen Ländern „Fidei-Donum-Priester" in die Länder der südlichen Erdhalbkugel entsandt.

Die päpstliche Initiative fiel zeitlich mit der Entstehung der staatlichen Entwicklungshilfe zusammen. Nach dem Zweiten Weltkrieg strebten die bis dahin von europäischen Ländern kontrollierten Kolonien Asiens und Afrikas nach Unabhängigkeit. Die Entkolonialisierung forderte die Länder des Nordens heraus, dem Süden bei der Entwicklung staatlicher, wirtschaftlicher und gesellschaftlicher Strukturen behilflich zu sein. Hintergrund dieser keineswegs uneigennützigen Hilfe war der Kalte Krieg zwischen den USA und ihren Verbündeten auf der einen, der Sowjetunion und den Ostblockstaaten auf der anderen Seite. Die neuen unabhängigen Länder sowie Lateinamerika sollten nicht vom Kommunismus überrollt werden. 1961 war das große Jahr der strukturellen Festlegungen. Der amerikanische Präsident John F. Kennedy gründete die „Allianz für den Fortschritt" und „Cuerpo de Paz", eine Organisation für Entwicklungshelfer. Im selben Jahr wurde in Paris die „Organisation für Wirtschaftliche Zusammenarbeit und Entwicklung" (OECD) ins Leben gerufen. Zwei Monate danach, am 14. November 1961,

trat Walter Scheel sein Amt als erster Minister im „Ministerium für wirtschaftliche Zusammenarbeit" an.

Auch innerhalb der katholischen Kirche gewann das Thema Entwicklungshilfe an Bedeutung. Nach zahlreichen Einzelaktionen wurde auf Initiative von Alfons Erb, dem Vizepräsidenten von Pax Christi, auf Anregung des Zentralkomitees der deutschen Katholiken von der Fuldaer Bischofskonferenz eine Aktion gegen den Hunger in der Welt beschlossen. Unter dem Motto „Misereor super turbam" (Mk 8, 2) war die erfolgreiche Frühjahrskollekte 1959 die Initialzündung zur Gründung des Bischöflichen Werkes Misereor und der „Arbeitsgemeinschaft für Entwicklungshilfe" (AGEH) als Koordinationsstelle für den Personaleinsatz.

Lateinamerika im Blickpunkt

Dass Lateinamerika in den Blick kam, ging auf die Initiative der „Päpstlichen Kommission für Lateinamerika" zurück. Seit der ersten Vollversammlung der lateinamerikanischen Bischöfe in Rio de Janeiro, die zur Gründung eines ständigen Bischofsrats (CELAM) führte, mehrten sich die Hinweise der Päpste auf die pastorale und finanzielle Not der Kirche des katholikenreichsten Kontinents. 1961 führte der Vorschlag des Essener Bischofs Franz Hengsbach, die Weihnachtskollekte für die südamerikanische Kirche zu verwenden, zum Erfolg. „Als größte Probleme galten der Priestermangel und die ungelöste soziale Frage sowie die daraus resultierenden Gefahren: mangelnde religiöse Praxis und der Einfall ‚protestantischer Sekten' und des Kommunismus." Zu dem Zugeständnis, auf die ertragreiche Kollekte an den Weihnachtstagen verzichten zu müs-

sen, mag die Bischöfe ein längerer Abschnitt in dem Brief Papst Johannes' XXIII. vom 11. Februar 1961 bewogen haben. Dort heißt es:

„Darum haben Wir auch nicht wenig Befriedigung darüber empfunden, daß Ihr beschlossen habt, für Lateinamerika Hilfe zu beschaffen. Freilich sind die Nöte der Kirche in diesem Erdteil sehr ernst, und außergewöhnliche Schwierigkeiten müssen überwunden werden, damit dort der katholische Glaube gefestigt werde, Haltung

„Was Ihr zur Behebung der religiösen Not Lateinamerikas unternommen habt, loben Wir sehr, und Wir hegen in Unserm Herzen die Hoffnung, daß Ihr auch in Zukunft mit solcher Freigebigkeit Vorsorge treffen werdet."

und Übung des christlichen Lebens zum Besseren sich wenden, Bestandteile und Gefüge der Religion ausgeprägter hervortreten. Was aber besonders heftige Sorgen und Kümmernisse hervorruft, läßt sich in folgendes fassen: die Mühe, die es aufzuwenden gilt, damit die Zahl der Priester, die für die Verrichtungen des heiligen Dienstes in oft weiträumigen und abgelegenen Gebieten nicht ausreicht, planmäßig gesteigert werde; der Bau von Seminaren oder anderen Einrichtungen, wo Kandidaten des Priestertums oder Ordensleute und Angehörige des Laienstandes Seele und Geist völlig und ganz nach den Lehren des Christentums bilden; Schulen und Studienhäuser, die vor allem zur Erziehung der führenden Schicht der Katholiken bestimmt sind; Gründung, Verbreitung und Wachstum von Organisationen, die sich der Liebestätigkeit und der sozialen Frage widmen. Damit diesen und anderen Bedürfnissen, die sich demnächst noch aufdrängen werden, wirksam begegnet werde, bedarf Lateinamerika über das gewohnte Maß hinaus der einträchtigen Hilfe aller, die sich katholisch nennen, einer Hilfe näherhin, die durch Gebet, Rat und Tat zu leisten ist, auch, soweit es möglich ist, durch Entsendung von Geistlichen oder auch Laien. Übrigens bietet die Erwartung glücklicherer Zustände den solcherart eingesetzten Bemühungen Ermutigung und Stütze; mit Gottes Hilfe wird die dort aufgewandte edelmütige Arbeit hundertfältige Frucht tragen und so sich vielleicht einmal der Wunsch erfüllen, daß die Katholiken aus Lateinamerika nach Ablauf nicht allzu langer Zeit in reichlichem Maße sowohl für sich selbst wie auch für fremde Bedürfnisse Sorge tragen möchten. Was Ihr zur Behebung der religiösen Not Lateinamerikas unternommen habt, loben Wir sehr, und Wir hegen in Unserm Herzen die Hoffnung, daß Ihr auch in Zukunft mit solcher Freigebigkeit Vorsorge treffen werdet."

Hengsbachs Zugeständnis an seine Bischofskollegen war, dass bereits bestehende Initiativen einzelner Bistümer weiter Bestand haben dürften. Das traf für Trier zu, wo die erste Kollekte für die Erzdiözese Sucre an Pfingsten 1961 die beachtliche Summe von 400 000 DM erbracht hatte. Dieser Erfolg konnte bei der Adveniat-Kollekte an Weihnachten desselben Jahres mit 1,4 Millionen DM noch weit überboten werden.

Die Bolivienkollekte wurde bis 1997 immer an Pfingsten abgehalten. „Dabei galt in den ersten Jahren die besondere Aufmerksamkeit dem Aufbau und der Renovierung von Pfarrhäusern, Kirchen und Gemeindezentren. Ein weiterer Schwerpunkt war die Förderung der Priesterausbildung." So wurde 1965 das nationale Priesterseminar San José in Cochabamba wesentlich mit Geldern der Trierer Kollekte errichtet. Nach der Wahl Clemente Maurers zum Vorsitzenden der Bolivianischen Bischofskonferenz dehnte sich der Radius der Unterstützung immer mehr auf ganz Bolivien aus. Allein die Pfingstkollekte erbrachte in den ersten 20 Jahren der Partnerschaft 4,28 Millionen DM. Insgesamt floss bis 1980 die Summe von 30,19 Millionen DM nach Bolivien.

Trierer Diözesanpriester für Bolivien

Über die finanzielle Hilfe hinaus leistete das Bistum Trier auch einen wichtigen Beitrag in personeller Hinsicht. In seinem ersten Hirtenbrief zur Bolivien-Partnerschaft hatte Bischof Matthias Wehr geschrieben: „Aber auch Priestern, Priesterkandidaten und Schwestern aus unserer Di-

Aufbruch im Jahr 1961 – erste Trier Priester gingen nach Bolivien

özese soll es ermöglicht werden, in der fernen Diözese dem Aufbau des Reiches Gottes zu dienen. Möchte doch bei vielen jungen Menschen, Jungen und Mädchen, der hochherzige Entschluß sich bilden, ihr Leben in den Dienst dieser großen Aufgabe zu stellen." Bereits ein Jahr später reisten die ersten drei Diözesanpriester aus Trier nach Bolivien. Heinz Schmitt, Hans Vössing und Leo Schwarz wurden von Schreinermeister Rudolf Graf begleitet. Gottfried Zils, Helmut Reichelstein und Rudolf Euteneuer folgten 1963.

Die Trierer übernahmen einen Seelsorgebezirk „von der Größe des Landes Rheinland-Pfalz. Bei einer Länge von etwa 200 Kilometern ist es ungefähr 70 Kilometer breit." 35 000 Menschen wohnten in diesem tropischen Gebiet, das sich auf einer Höhe von 1000 bis 3000 Metern erstreckte. Die Verkehrsverhältnisse waren so, dass nur ein kleiner Teil der Pfarrei mit Bus oder Auto erreichbar war, ein Großteil mit Pferd oder Maultier. Leo Schwarz, der bei seiner Ankunft in Bolivien erst zwei Jahre Priester war, beschreibt in der Rückschau die Anfänge:

„Wer sich vor dreißig Jahren auf den Weg machte, tat das, pastoral gesehen, mit ‚leichtem Gepäck'. Kirche sein, das bewegte sich zwischen Leben und Sterben; und es ging vor allem darum, dieses Leben und Sterben so eng als möglich an die Heilsgeheimnisse Jesu Christi heranzuführen. Es geschah durch eine ausgeprägte ‚Sakramenten-Pastoral'. Ich kam damals in Bolivien in eine verwaiste Pfarrei, die ein Jahr lang keinen Pfarrer gesehen hatte. Schon im ersten Jahr meines Einsatzes habe ich mehr Sakramente gespendet als ein Seelsorger in einer Großgemeinde in Deutschland in zehn Jahren. [...] Konfrontiert mit der harten sozialen Realität, mit der unbeschreiblichen Armut, mit dem Phänomen der Ausbeutung durch Handel und Großgrundbesitz versuchte man, Lösungen zu finden, die möglichst schnell

Mühsames Reisen im Land – Leo Schwarz zu Pferd ...

... aber mit dem Auto war es nicht besser, wenn der Fluss eine Brücke weggerissen hatte.

den Betroffenen Hilfe bringen sollten. Hilfe war notwendig in allen Bereichen. Heute sagt man Grundbedürfnisstrategie. In keiner Gemeinde gab es Zugang zu sauberem Trinkwasser. Es gab keine Basisgesundheitsdienste. Von einem funktionierenden Schulsystem zu sprechen war schon Übertreibung. Am schlimmsten waren die Verhältnisse auf dem Binnenmarkt, der mehr unter dem Gesetz der Piraterie als des Marktes stand. Angesichts einer solchen Gesamtlage spürt man schnell, daß Handlungslosigkeit Verrat am Evangelium Jesu Christi bedeutet hätte."

Die Leitung des ersten Teams hatte der ehemalige Koblenzer Caritasdirektor Heinz Schmitt inne. Zum Vermittler bolivianischer Erfahrungen und Erlebnisse in die Trierer Heimat aber wurde Leo Schwarz, dessen schriftstellerische Fähigkeiten ihm für seine in mehreren Büchern zusammengefassten Briefe sehr hilfreich waren. Auch nach seiner Rückkehr nach Deutschland 1970 blieb Schwarz

Bis zum Jahr 1999 waren insgesamt 16 Trierer Diözesanpriester in Bolivien tätig. Normalweise blieben sie acht Jahre im Land, mehrere kehrten nach einigen Jahren in Deutschland wieder nach Bolivien zurück. Die dauerhafte Hilfe und Unterstützung hat der bolivianischen Kirche sicher viel geholfen.

der kirchlichen Entwicklungsarbeit eng verbunden: von 1974 bis 1982 bei Misereor, wo er sechs Jahre lang als Hauptgeschäftsführer tätig war, als Trierer Weihbischof nach der Wende beim Aufbau des Hilfswerks „Renovabis", als Vorsitzender der Deutschen und der Europäischen Kommission des Friedensdienstes „Justitia et pax". Seit seiner Emeritierung als Weihbischof kann Leo Schwarz diese Brückenfunktion noch besser wahrnehmen: Im Wechsel lebt und arbeitet er in Trier und in Bolivien.

Anfangs hatten die Trierer Priester ein gutes Verhältnis zu ihren bolivianischen Mitbrüdern. Das trübte sich jedoch ein, als Spenden aus der deutschen Heimat vornehmlich den deutschen Priestern und ihren Gemeinden zugute kamen. Auf diese Weise wurden Unterschiede zwischen den bolivianischen Pfarreien sichtbar, was die Zuwendung von Hilfsgütern sowie die materielle und technische Versorgung betraf. Pfarrer Reichelstein beurteilte die Lage durchaus selbstkritisch:

„Ich finde, daß wir da ganz erhebliche Schuld haben, daß wir deutsche Priester zu sehr nur die Not im eigenen Pfarrbereich gesehen haben und daß die bolivianischen Priester nicht die finanziellen Möglichkeiten wie wir hatten, größere, insbesondere soziale Werke auf die Beine zu stellen. So ergibt sich nach außen der Eindruck, daß nur die Deutschen was können, oder krasser gesagt, die Bolivianer können nichts, und dabei liegt es nur, oder zumindest überwiegend am unterschiedlichen finanziellen Start."

Eine gewisse Entspannung brachte dann Ende der 60er Jahre die Initiative, auch den bolivianischen Priestern über die „Oficina Trevéris" in Sucre Unterstützung zukommen zu lassen. Trierer Pfarreien konnten jedem bolivianischen Diözesanpriester ein monatliches Salär von 40 DM zur Verfügung stellen.

Bis zum Jahr 1999 waren insgesamt 16 Trierer Diözesanpriester in Bolivien tätig. Normalerweise blieben sie acht Jahre im Land, mehrere kehrten nach einigen Jahren in Deutschland wieder nach Bolivien zurück. Die dauerhafte Hilfe und Unterstützung hat der bolivianischen Kirche sicher viel geholfen, doch Anfang der 90er Jahre wurde auch eine kritische Bilanz des Priestereinsatzes in Lateinamerika gezogen:

„Die grundsätzlichen Belastungen zwischen deutschen und bolivianischen Priestern bestehen jedoch bis heute weiter und machen sich in gegenseitiger Kritik und einer zunehmenden Isolierung der deutschen Priester bemerkbar. Einige bolivianische Priester sehen die Rückkehr von deutschen Priestern (mit Ausnahmen), für einen zweiten längeren Einsatz in der Frontera als recht problematisch an, da diese die zwischenzeitliche Entwicklung in der bolivianischen Kirche nicht nachvollziehen könnten. Generell leiden die Beziehungen unter der unterschiedlichen Mentalität auf dem Hintergrund von unterschiedlichen kulturellen Werten. Es fehlt oft an der Fähigkeit, sich gegenseitig zu respektieren, zu verstehen und sich anzupassen, was dann zu der er-

Eine der ersten Trierer „Großinvestitionen": das nationale Priesterseminar in Cochabamba.

wähnten zunehmenden Abkapselung führt."

Trierer Schwestern in Bolivien

Mit den ersten drei Trierer Diözesanpriestern reisten auch vier Schwestern aus. Sie gehörten zu der Gruppe Schönstätter Marienschwestern, deren Anschuldigungen gegen die moralische Autorität P. Joseph Kentenichs 1949 zur Visitation des Säkularinstituts und 1951 zur Verbannung des Gründers nach Milwaukee führten. Nach ihrem Austritt aus der Gemeinschaft suchten sie nach einer neuen religiösen Heimat. Am 5. August 1962 gründeten Georgia Wagner, Agnes Waldmann, Eugenia Hagen und Beatrix Mesmer in Monteagudo das „Instituto Mariano". Es war die erste Schwesterngemeinschaft in der bolivianischen Frontera.

„Das Hauptziel der Gemeinschaft besteht darin, als pastorale Mitarbeiterinnen in den verschiedenen Seelsorgebereichen mit den Priestern zusammenzuarbeiten, ehrenamtliche Mitarbeiter auszubilden, die Frauen auf

Bald gingen auch Schwestern aus Trier nach Bolivien – hier die Josefsschwestern.

dem Land, insbesondere die marginalisierten zu fördern und weitere Aufgaben im Dienst der Erzdiözese zu übernehmen."

Die Schwestern gründeten in Monteagudo eine höhere Mädchenschule mit Internat für 300 Schülerinnen. 1972 wurde ein Ausbildungszentrum für junge Mädchen vom Land eröffnet. 1974 übernahmen die Schwestern ein Zentrum für Aussätzige. Außerdem führen sie ein Waisenhaus in Sucre.

Bereits im Jahr nach ihrer Gründung begannen die Schwestern des Instituto Mariano mit einem eigenen Noviziat. Die Schwestern werden besonders für die Krankenpflege und die Pastoralarbeit ausgebildet. Ein Experiment Ende der 80er Jahre, bolivianische Schwestern im Rahmen der Partnerschaft in Deutschland einzusetzen, scheiterte auch an Schwierigkeiten mit der anderen Mentalität.

Das „Instituto Mariano del Apostolado Catolico", das zur pallottinischen Familie der Union des Katholischen Apostolats gehört, wurde 1979 als religiöse Gemeinschaft diözesanen Rechts anerkannt. Es ist heute eine rein bolivianische Gemeinschaft.

Ein Besuch Erzbischof Maurers in

Baustelle Exerzitienhaus der Josefsschwestern in Sucre – aber bald wurde der Not folgend ein Kinderheim und eine Entbindungsstation aus der Einrichtung.

Trier war der Anlass, dass sich die Josefsschwestern im Juli 1963 für ein Engagement in Sucre entschieden. Sie sollten ein Exerzitienhaus als Bildungszentrum für die Erzdiözese errichten und leiten. Die Schwestern erweiterten das Konzept noch um eine Poliklinik und ein Mädcheninternat. Die Entbindungsstation wurde von der Universität Sucre als Ausbildungshaus für die Mediziner anerkannt. Auch die Josefsschwestern haben die beiden Standbeine der Krankenpflege und pastoralen Arbeit. Mittlerweile ist eine niederländische Schwester die einzige Europäerin unter 26 Josefsschwestern, die an sechs Orten im Land tätig sind.

Die dritte Trierer Ordensgemeinschaft, die nach Bolivien ging, sind die Arenberger Dominikanerinnen. Seit 1963 im Land, sind sie heute in fünf Missionsstationen tätig.

Bei allen drei Ordensgemeinschaften zeigen sich ähnliche Entwicklungen: Sie sind in umfassender Weise in die pastorale und soziale Sorge der Ortskirche eingebunden. Ihre finanziellen Möglichkeiten erhalten sie über die Hilfe aus Deutschland – in Form speziell angelegter, auch mit Bistumsmitteln bestückter Fonds oder über Stiftungen. Dadurch konnten sie ihre Tätigkeiten beträchtlich ausweiten, auch wenn keine Schwestern aus Deutschland nachkamen. Alle drei Gemeinschaften sind inzwischen überwiegend oder ausschließlich bolivianisch geprägt.

Der Impuls des Zweiten Vatikanischen Konzils

Die Trierer Bischöfe haben gerade in den ersten Jahren der Partnerschaft regelmäßig darauf hingewiesen. Bischof Matthias Wehr war es ein Herzensanliegen, die Beziehung zu Bolivien im Bewusstsein der Trierer Diözese wach zu halten. Konkrete Aktionen benannte er deshalb als leuchtende Beispiele: „Die Jugend des Bistums hat schon begonnen, in ihren Reihen eine Opfer- und Sammelaktion durchzuführen. Die Frauen und Mädchen sind allenthalben in der Diözese damit beschäftigt, Paramente und Kirchenwäsche zu nähen. Die Katholische Arbeiterbewegung plant, die Mittel für die Errichtung eines Zentrums für eine katholische Arbei-

Zeichen der Partnerschaft: In Sucre schmückt das Trierer Marktkreuz die Plaza Treveris.

Weihbischof Carl Schmitt weihte bei seinem Bolivienbesuch mit Kardinal Maurer zusammen die Plaza Treveris in Sucre ein.

terbewegung zusammenzubringen." Initiativen von Schulklassen griff er gerne auf: „Zahlreiche Kinder haben mir in den vergangenen Monaten geschrieben, daß sie gerne unserer Patendiözese Sucre in Bolivien helfen wollen, und in sehr vielen Klassen- und Gruppenräumen hängt die große Landkarte von Bolivien. Ich weiß sicher, daß Ihr oft und inständig für die Missionare und die Menschen in Südamerika gebetet habt."

Die Projekte wurden rasch konkreter. 1962 bat Wehr um die Weihnachtsspende für das Priesterseminar in Cochabamba, für das Konvikt der Erzdiözese Sucre, für den Aufbau und die Ausstattung von Pfarrkirchen und Pfarrhäusern sowie für die Förderung und Heranbildung von Religionslehrern und Laienhelfern. Wehr empfahl ganz besonders die Übernahme von Patenschaften für einen Seminaristen.

Einen Impuls des Zweiten Vatikanischen Konzils gab Bischof Wehr in seinem Fasten-Hirtenbrief von 1963 weiter, in dem er das Thema der Pfarrgemeinde behandelte. Die Pfarrgemeinde solle „ein Zentrum missionarischer Ausstrahlung" sein, „das heißt ihre Umwelt gestalten wollen aus den lebendigen Kräften der Frohbotschaft Christi". Das beziehe sich allerdings nicht nur auf das Umfeld der Gemeinde vor Ort: Eine Pfarrgemeinde, die wirklich missionarischen Geist hat, wird aber nicht nur den engeren Raum der Heimat sehen, sie weiß vielmehr, daß auch an sie, an jedes einzelne ihrer Glieder der Auftrag des Herrn gerichtet ist, hinauszugehen und allen Menschen die Botschaft vom Reich Gottes zu verkünden." Der Bezug zur Kirchenkonstitution, die auf dem Zweiten Vatikanischen Konzil in der zweiten und dritten Sessio diskutiert wurde, wurde von den deutschen Bischöfen in ihrem Adveniat-Hirtenbrief vom Herbst 1964 ausdrücklich hergestellt. Die Verbundenheit mit der Trierer Diözese war dabei für Bischof Wehr ein Hoffnungszeichen: „In ganz Bolivien und insbesondere in der Erzdiözese Sucre ist der Name Trier und der Katholiken der Diözese Trier in aller Munde. Mit Dankbarkeit und Freude sehen unsere Glaubensbrüder, wie die neuen Priesterseminare wachsen, die Pfarrkirchen wiederhergestellt werden und neue Klöster entstehen. Die Priester können rascher und öfter zu den Gläubigen, auch in die entlegensten Gegenden kommen. Viele und gute Priesterberufe scheinen sich zu zeigen, und auch die von uns entsandten Schwesterngenossenschaften werden neues

> „Mit Dankbarkeit und Freude sehen unsere Glaubensbrüder, wie die neuen Priesterseminare wachsen, die Pfarrkirchen wiederhergestellt werden und neue Klöster entstehen."

Leben und neue Hoffnungen wecken."

Partnerschaft bedeutete für Bischof Wehr nicht nur Unterstützung in finanziellen Sorgen, sondern umfassende Solidarität. Vor der letzten Konzilssessio wandte sich Wehr deshalb in einem Schreiben an die bolivianischen Bischöfe. Als eines der wichtigsten Ergebnisse des Konzils bezeichnete Wehr die Kollegialität der Bischöfe: „Keine Teilkirche und kein Bischof auf dieser Erde steht für sich allein. Alle sind Mitglieder des Heiligen Kollegiums, das in dem Apostelkollegium seinen Ursprung und sein Vorbild hat. Dies wurde auf dem Konzil dadurch offenbar, daß mit einem Male die Sorgen und Anliegen jedes einzelnen Bischofs die Sorgen und Anliegen aller Bischöfe waren." Die deutschen und südamerikanischen Bischöfe hätten sich in Rom des Öfteren zu gemeinsamen Beratungen getroffen. Dabei habe sich der Priestermangel als Hauptproblem diesseits und jenseits des Atlantiks herausgestellt. Zur Einweihung des Priesterseminars in Cochabamba könne er leider nicht selbst kommen; er werde aber durch Weihbischof Carl Schmitt vertreten. Zwei Geschenke gebe er mit: ein Abbild des Heiligen Rocks sowie eine Reliquie von den in

Eifrige Studenten: Durch das Priesterseminar in Cochabamba hat die Zahl einheimischer Priester deutlich zugenommen.

Trier aufbewahrten Gebeinen des Apostels Matthias: „Möge durch dieses Geschenk zum Ausdruck kommen, daß es die vorzüglichste Aufgabe des neuen Seminars sein wird, Apostel unseres Herrn Jesus Christus heranzubilden, die, nach dem Beispiel der zwölf Apostel selber, für ihr Vaterland und für ihre Zeiten das Evangelium verkünden zur Ehre Gottes und zum Heile der Menschen."

Am 19. November 1966 trat Matthias Wehr aus Altersgründen von seinem Amt als Trierer Diözesanbischof zurück. Die Verbundenheit mit Bolivien gehörte zu den Leistungen seiner Amtszeit, die er seiner Diözese als Vermächtnis hinterließ. Welche Vielfalt die Beziehungen in den ersten fünf Jahren erreicht hatten, zeigt der Rechenschaftsbericht im letzten Adveniat-Hirtenbrief Bischof Wehrs:

„Für uns Trierer hat Adveniat noch einen besonderen Klang; Adveniat ist für uns vor allem Bolivienhilfe. Viele persönliche Beziehungen verbinden uns mit diesem Land. Fünf Laien, sechs Priester und neun Ordensfrauen, rund zwanzig Menschen aus unserer Diözese sind als unser verlängerter Arm seit Jahren in Bolivien tätig. Sie leisten unsagbar viel. Zwischen den Zeilen ihrer Berichte und Briefe, mehr noch als aus ihren Worten selbst, kann man die übergroße Belastung herauslesen, der sie Tag für Tag ausgesetzt sind. Auf gefahrvollen Wegen durch Flüsse und zerklüftete Felsen der Kordilleren suchen sie die Menschen, ständig bedroht von Gefahren und Krankheiten. Das Schlimmste aber für sie ist die tausendfache Not, der sie oft hilflos gegenüberstehen. Gott sei Dank, durch Eure Hilfsbereitschaft konnte im letzten Jahr wieder vieles geleistet werden. Am 15. August weihte Erzbischof Maurer eine neue Kirche in Huacareta, die unsere Priester gebaut haben. Für Kirche, Pfarrhaus und Schwesternhaus in der zweiten, zuletzt übernommenen Pfarrei Azurduy liegen zurzeit die Baupläne bei uns zur Bearbeitung vor. Die Josefsschwestern in Sucre rüsten sich zum zweiten Bauabschnitt ihrer religiösen Bildungsstätte für Priester und Laien, der auch ein Krankenhaus für Kinder und Säuglinge angeschlossen ist. In Monteagudo haben die Marienschwestern den Rohbau eines Internates für bolivianische Mädchen nahezu vollendet, für ein Gebiet fast so groß wie unsere Diözese. Der Apostolische Nuntius in Bolivien berichtete uns Ende Oktober, daß in dem von uns erstellten Priesterseminar die Zahl der Theologen von 17 auf 34 gestiegen ist; er rechnet für 1967 mit 60 Studenten und möchte

„Bolivien kann auch in diesem Jahr wieder der große Gabentisch der Trierer Kirche werden, den es zu bereiten gilt."

deshalb den zweiten Flügel des Seminars jetzt ausbauen. Zugleich bittet er um unsere Hilfe für die Errichtung der katholischen Universität. Weihbischof Genaro Prata, der uns im vergangenen Jahr hier in Trier besuchte, konnte mit unseren Druckereimaschinen die Abonnentenzahl der einzigen katholischen Tageszeitung ‚La Presencia' von 8000 auf 25 000 steigern und ihren Umfang von acht auf zwölf Seiten erhöhen. Nun braucht er Unterstützung für neue Büros des Verlages. La Paz soll bald außerdem Fernsehen bekommen. Deshalb plant er jetzt katholische Fernseh- und Rundfunkarbeit. Ihr seht, Aufgaben und Probleme gibt es in Hülle und Fülle, kleine und große. Bolivien kann auch in diesem Jahr wieder der große Gabentisch der Trierer Kirche werden, den es zu bereiten gilt."

Die positive Haltung gegenüber der Bolivien-Partnerschaft setzte sich auch unter dem Nachfolger Wehrs, dem langjährigen Weihbischof Bernhard Stein, fort. Eine Aufwertung der bolivianischen Kirche stellte die Erhebung Erzbischof Maurers zum ersten Kardinal des südamerikanischen Landes durch Papst Paul VI. am 29. Mai 1967. Der Papst wies bei der Audienz für die Delegationen aus Trier und Bolivien darauf hin, dass Maurer als Missionar im Kardinalskollegium die Missionen vertreten solle. Ein Missionar könne nicht ohne seine

Auch Bischof Bernhard Stein stattete dem Partnerland einen Besuch ab.

Heimat leben. Gerade die Zusammenarbeit zwischen Deutschland und Bolivien habe die Fruchtbarkeit der Gegenseitigkeit erwiesen. Bischof Steins erstes Hirtenwort zur Bolivienaktion setzte denn auch mit dem Versprechen ein, dass er „in Treue zu dem Lebenswerk unseres verstorbenen Bischofs und in derselben Sorge für die Kirche in Bolivien das große Werk fortführen möchte". Gleichzeitig erklärte er dem Wunsch Maurers folgen zu wollen, die Hilfe künftig nicht nur auf die Erzdiözese Sucre zu beschränken, sondern auf das ganze Land auszudehnen.

Mit Bischof Stein kam eine gewisse Routine in die Bolivien-Partnerschaft. Zwar wurde in den gemeinsamen Hirtenbriefen der deutschen Bischöfe zur Adveniat-Aktion regelmäßig die besondere Verantwortung Triers für die bolivianische Kirche eingefügt, doch eigene Schreiben und längere Zusätze mit Informationen über die Aktivitäten wurden rarer. Die Aktionen setzten sich aber fort.

Der BDKJ und Bolivien

Sie wurden von Anfang an auch von der katholischen Jugend im Bistum Trier mitgetragen. Die Herbstkonferenz der Laienführer und Jugendseelsorger der Diözese fasste 1961 den Beschluss, im darauf folgenden Jahr eine Aktion „Jugend sammelt für Bolivien" durchzuführen. Landkarten und Broschüren über Bolivien wurden zum Preis einer Kinokarte verkauft. Die Frauenjugend stellte Kirchenwäsche und Paramente her. 145 000 DM kamen dadurch für Bolivien zusammen. In den folgenden Jahren (1963/1964) war das Ziel, über eine Lotterie die Summe von 120 000 DM für den Bau von 15 neuen Kirchen einzunehmen. Die ausgesetzten Preise – ein VW Käfer, eine Reise nach Israel sowie ein Motorroller – führten zu reger Teilnahme, so dass

Mit einer Lotterie begann das Engagement der Katholischen Jugend ...

... und bald folgte die erste Kleidersammlung: eine Erfolgsgeschichte bis heute.

am Ende 215 000 DM Reinerlös standen.

Vom 18. bis 25. Januar 1963 wurde im Bistum eine internationale Woche durchgeführt. Unter dem Motto „Weltweite Freundschaft – Bolivien eine Chance" standen Jugendgottesdienste, wurden Gebetsstunden, Opfergänge und Feiern durchgeführt sowie Vorträge gehalten. „Der Schwerpunkt lag dabei nicht auf der finanziellen Seite. Vielmehr sollte die Bolivienpartnerschaft im Bewußtsein der Bevölkerung stärker verankert werden."

Die langfristig wirksamste Aktion war zweifellos die Kleidersammlung, die bistumsweit 1966 das erste Mal und seit 1971 jährlich durchgeführt wurde. Der Erlös der ersten Sammlung mit einer Sammelmenge von 3500 Tonnen lag bei knapp einer Million DM und wurde unter anderem für ein Katechetenseminar, eine Lehrerbildungsstätte, eine Kinderklinik und eine katholische Rundfunkstation verwendet. Von Anfang der 90er Jahre stammt eine beeindruckende Bilanz:

„Die Kleidersammlung hat bis heute eine enorme Dimension. Sie wird in

Neben dem finanziellen Aspekt spielt die Pädagogik des Umgangs mit Kleidung und Konsum eine wichtige Rolle.

936 Gemeinden des Bistums Trier durchgeführt. Es sind alljährlich 3000 bis 4000 Helfer und Helferinnen und über 1000 Fahrzeuge beteiligt. An etwa 80 Bahnhöfen werden rund 160 Waggons beladen. 1992 lag der Erlös bei 833 089 DM. Bisher wurden 4652 Waggons mit 49 266 739 Kilogramm Altkleidern beladen. Das ergibt einen Zug mit einer Länge von 60,5 Kilometern."

In den 80er Jahren kam die Kleidersammlung in die Krise. Ihre Sinnhaftigkeit wurde in Frage gestellt, weil ein Teil der Kleider auf Märkten wieder verkauft wurde und auf diese Weise zur Konkurrenz für die einheimische Produktion wurde. Außerdem musste die Logistik durch die Stilllegung von Bahnstrecken und die Schließung von Bahnhöfen teilweise auf Lastkraftwagen umgestellt werden. Nach intensiven Diskussionen beschloss der BDKJ jedoch, an der Kleidersammlung festzuhalten.

Seit 1996 ist der BDKJ Trier Mitglied von FairWertung, einem Dachverband von 120 Organisationen, die Kleidersammlungen durchführen und für die Weiterverwertung der Kleidung Kriterien anlegen, die sozialen, entwicklungspolitischen und ökologischen Maßstäben entsprechen. Gleichzeitig wurden alternative Modelle entwickelt, um für die Bolivien-Partnerschaft zu werben. Seit 1997 finden bistumsweit Verkaufsmärkte unter dem Titel „Second Hemd und Hose" statt. Neben dem finanziellen Aspekt spielt die Pädagogik des Umgangs mit Kleidung und Konsum eine wichtige Rolle: „Hier zeigt und praktiziert der BDKJ am konkreten Beispiel ‚Kleidung', wie zukunftsfähiges und nachhaltiges Handeln aussehen kann: Wenn gebrauchte Kleidung in Deutschland länger getragen wird, muss weniger Bekleidung hergestellt werden, die Müllberge werden entlastet, und der Export von Altkleidern in Entwicklungsländern kann verringert werden." 1999 wurden die „Kleiderpunkte" als zusätzliche Abgabestellen für Kleidung außerhalb der traditionellen Sammeltermine eingeführt.

Nach 2000 wurde jedoch zunächst die Zahl der Sammeltermine von fünf auf drei pro Jahr reduziert. Der Altkleidermarkt geriet immer mehr in die Krise. Doch die Kleidersammlung wird – nicht zuletzt aus jugendpädagogischen Erwägungen – immer noch durchgeführt.

Die Aktionen des BDKJ beschränkten sich jedoch nicht auf Kleidersammlungen. 1974 wurde ein Dritte-Welt-Laden eröffnet. Seit 1975 verkauften Gruppen im Bistum Kaffee und weitere Waren, die zwar nur zu einem geringen Teil aus Bolivien stammten, durch ihren Erlös aber auch die dortigen Selbsthilfeprojekte

Eine-Welt-Läden, hier in Föhren ... ... und der Verkauf von gebrauchter Kleidung.

Kardinal Maurer segnet einen Traktor der Katholischen Jugend – Hilfe in der Landwirtschaft.

die Partnerschaft in 50 Jahren erfahren hat. Seit den 1970er Jahren rückte der Aspekt der Entwicklungshilfe stärker in den Vordergrund. „Im Kontext der entwicklungspolitischen Diskussion dieser Jahre wurde das Konzept der Patenschaft in der Bolivienhilfe kritisiert und der Weg zu einem partnerschaftlichen Verständnis der Zusammenarbeit weiterentwickelt."

Comité Coordinador de la Ayuda de Treveris

Zu diesem Zweck wurde 1972 in Sucre eine Partnerstelle gegründet, das „Comité Coordinador". Entfernter Anlass war die geäußerte Kritik an den Unterschieden zwischen den Pfarreien mit Trierer und denen mit bolivianischen Priestern. Auch sollte die Hilfe des BDKJ auf eine solide Basis der Partnerschaft gestellt werden. Zudem stellte sich die Frage nach einem Projektträger für die Entwicklungshelfer, die seit 1965 in kirchlichem Auftrag im Land waren. Das Direktorium des neuen Komitees setzte sich aus einem Vertreter des Erzbischofs von Sucre, Vertretern der

unterstützen halfen. 1982 informierte das „Bolivia-Mobil" mit Broschüre, Spielen sowie audiovisuellem Material über die Partnerschaft und ihre Hintergründe. Initiativen waren unter anderem Basare in vielen Pfarreien des Bistums, Hungermärsche, Nikolaus- und Spardosenaktionen, Wertstoffsammlungen, „Brot statt Böller"-Aufrufe zu Silvester, Konzertveranstaltungen mit bolivianischen Musikgruppen. Längerfristig zeichnete sich auch eine Zusammenarbeit mit dem Päpstlichen Missionswerk der Kinder in der Sternsingeraktion ab, die 1992 Bolivien als Schwerpunktland hatte. Haupt- und Ehrenamtliche in der kirchlichen Jugendarbeit entschlossen sich 1987 zur Selbstbesteuerungsaktion „Minkha". Ein Prozent ihres Monatseinkommens und zehn Prozent des Weihnachtsgeldes wollten sie der Bolivienhilfe zur Verfügung stellen. Diese Idee wurde „als eine individuelle Vorwegnahme der Erfüllung der staatlichen Entwicklungshilfezusagen verstanden. Im Hintergrund steht die Überlegung, daß man tatsächlich Konsequenzen für den eigenen Lebensstil ziehen muß, wenn man es wirklich ernst mit der Dritte-Welt-Arbeit nimmt, und daß das entsprechende Geld den Ländern der Dritten Welt vom Standpunkt der Gerechtigkeit her zusteht."

Um diese Aktionen zu koordinieren, wurde bereits 1971 beim BDKJ Trier ein eigenes Referat für die Bolivienhilfe eingerichtet. Mit seinem heutigen Namen „Referat Bolivienpartnerschaft/Entwicklungspolitik" weist es auf die Veränderungen hin, welche

1985: Der erste Grundlagenvertrag wird unterschrieben.

bolivianischen Landpfarrer, des BDKJ und einem neutralen Mitglied zusammen. „Die Aufgabe des Comité war es, Projekte aus den Pfarreien zu prüfen, zu beurteilen und sie zur Genehmigung nach Trier zu senden. Der BDKJ entschied über die Projekte und überwies anfangs das Geld direkt in die Pfarreien. Das Comité, das zunächst kein permanentes Personal hatte, erhielt 1975 seine eigene Rechtspersönlichkeit als kirchliche Institution und richtete in Sucre ein Büro mit zwei Mitarbeitern ein. 1983 wurde das Büro auf vier Personen erweitert, um den gewachsenen Anforderungen der Projektbegleitung und Buchhaltung gerecht zu werden." Das Engagement des Comité bezog sich in erster Linie auf den Abbau der Benachteiligung der Landbevölkerung, besonders der Jugend. Die vier Pfeiler der Förderung – „Aufbau einer solidarischen Organisation an der Basis", „befreiende Erziehung", „gemeinschaftliche Produktion" und „Verwirklichung des Reiches Gottes" – zeigen die ganzheitliche Zielsetzung und zugleich die Einbindung in die theologische Strömung der Befreiungstheologie. Sie wurden im Grundlagenvertrag von 1985 sowie in dessen Fortschreibung von 1990 festgehalten. Im Einzelnen handelte es sich um folgende Ziele:

– Aufbau einer Organisation zur gemeinschaftlichen Interessenvertretung der Basis,
– Heranbildung eines „Neuen Menschen" als Motor von Veränderungen,
– die integrale Entwicklung der menschlichen Person,
– die Rentabilität der Projekte im wirtschaftlichen und sozialen Bereich,
– das solidarische Engagement der Armen in ihren Organisationen,
– die Förderung der christlichen Bildung,
– Unterstützung der Projekte an der Basis, im Sinne von Hilfestellung und Orientierung.

Mit dem Comité gelang es, die Fixierung der Bolivienhilfe auf die „Trierer Pfarreien" zu beenden. Die Bolivianer bekamen selbst einen stärkeren Einfluss auf die Vergabe der Projektgelder. Die beiden Grundlagenverträge schufen eine größere Transparenz und stellten ein Mittel zur Kontrolle dar. Durch ihre inhaltliche Akzentsetzung wurde die Verlagerung der Hilfe von der „Linderung dringender sozialer Probleme der armen Bevölkerungsschicht" auf die „befreiende Erziehung nach dem christlichen Menschenbild" bestärkt. Dabei zeigten sich immer wieder Schwierigkeiten, die Autonomie der bolivianischen Partner zu respektieren und sich nicht in zu vielen Projekten zu verzetteln.

Koordinierte Entwicklungshilfe

Entwicklungshilfe war ein wichtiges Schlagwort der Bolivien-Partnerschaft. Finanziert vom BDKJ Trier, entsandte die „Arbeitsgemeinschaft für Entwicklungshilfe" (AGEH) zwischen 1965 und 1978 insgesamt 33 Frauen und Männer nach Südamerika. Sie unterstützten die Trierer Priester in der Verwaltung, den Werkstätten und im Gesundheitswesen. „In jugendlichem Elan gingen viele der Entwicklungshelfer an die Aufgaben heran, gaben neue Impulse und halfen in den Pfarreien bei der Lösung anstehender Probleme: Genossenschaften (Buchführung, Werkstätten, Landwirtschaft), Bauvorhaben, Krankenpflege, Kindergarten." Doch ihre mangelhafte Ausbildung und Vorbereitung auf den Einsatz sowie eine fehlende Konzeption ließen das Pro-

Schwerpunkte der Hilfe: Landwirtschaft ...

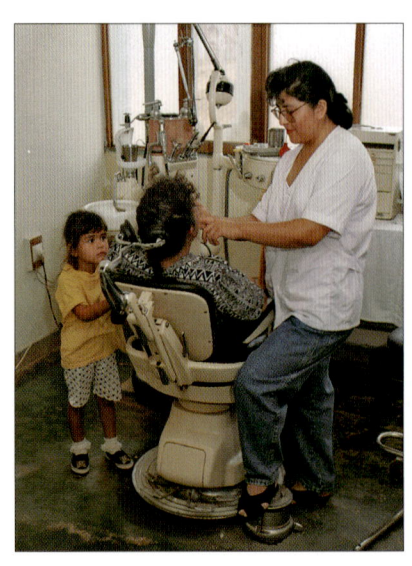

... Gesundheitswesen ...

... handwerkliche Ausbildung.

jekt Entwicklungshelfer nach knapp eineinhalb Jahrzehnten wieder zu Ende gehen.

Dennoch hat sich gerade auf dem Feld der Entwicklungshilfe in den ersten Jahrzehnten der Trier-Bolivien-Partnerschaft vieles getan. Für die Mädchenbildung wurden „Centros Educativos de la Juventus Campesina" ins Leben gerufen. Es handelt sich um Weiterbildungszentren. In achtmonatigen Kursen werden die Mädchen in schulischen Fächern unterrichtet und lernen praktische berufliche Fertigkeiten. Ein mobiles Beraterteam unterstützt die landwirtschaftliche Genossenschaft Agrocentral. Nur wenige Jahre wurde die technische Ausbildung im „Centro de Formación Integral Tréveris" (CFIT) angeboten. Inzwischen 40 Technische Zentren mit der Möglichkeit zu einer handwerklichen Berufsausbildung und zum Abitur bietet das „Centro de Educación Integral Técnico Humanístico Acelerado Rural" (CEITHAR). Der Bau von Internaten und Studentenwohnheimen gehört ebenso zur entwicklungspolitischen Agenda wie die Ausstattung von Schulen mit Möbeln und die Bereitstellung von Krediten für bedürftige Studenten. Trotz der nach wie vor großen Probleme bei der medizinischen Versorgung auf dem Land konnten auch hier Erfolge erzielt werden, vor allem in der Kontrolle der Lepra-Krankheit. Agrocentral war in den 70er und 80er Jahren die zentrale Genossenschaft zur Unterstützung von Kleinbauern, Händlern, Angestellten und Handwerkern. In den Anfangsjahren der Partnerschaft wurden die lokalen Genossenschaften oft von Priestern und Großbauern geleitet. „Dennoch wurden die Klein- und Mittelbauern begünstigt durch die genossenschaftlichen Läden, durch die Vermarktung mittels eigener Silos und Transportmittel, durch Kleinmühlen, Werkstätten und Kredite, eine Palette von Dienstleistungen, die ihnen hier erstmals offenstanden." Der 1974 getätigte Zusammenschluss zu Agrocentral (Central de Cooperativas Agropecuarias de Chuquisaca) schuf sich schnell eine funktionierende Infrastruktur. Die Trierer Finanzmittel erwiesen sich schon nach zwei Jahren als zu gering für die Großprojekte der Kooperative, so dass andere Geldträger, wie „Brot für die Welt" und Misereor, einsprangen. Mit der Besserung der wirtschaftlichen Lage Boliviens wurde Agrocentral finanziell autonom. Doch ideologische und persönliche Differenzen sowie Korruption bei den Leitern der örtlichen Genossenschaften führten zu einer schweren Krise, die mit dem Austausch eines Großteils der Funktionäre und dem Rückzug der Priester endete. „Agrocentral trat in eine Phase der Mißwirtschaft ein, die gekennzeichnet war durch Unfähigkeit und Unehrlichkeit in der Geschäftsführung, Bürokratisierung (1985: 36 Angestellte), Entfernung von den Basisgenossenschaften, Schwächung des Entscheidungsprozesses sowie eine Dekapitalisierung, die noch durch die galoppierende Inflation verstärkt wurde." Erst die Wiederausrichtung auf die Landbauern („campesinización")

Kardinal Maurer blickt auf sein Hausbauprojekt.

ermöglichte einen positiven Neuanfang.

In der Entwicklungshilfe insgesamt zeigte sich die Bedeutung der Mischfinanzierung von Projekten. Kirchliche und staatliche Stellen sowie Privatspender wirkten zusammen, wenn es etwa um ein Wohnungsbauprogramm in Sucre ging. Ende der 60er Jahre ließ Kardinal Maurer „für bedürftige kinderreiche Familien in verschiedenen Stadtteilen von Sucre einfache Wohnungen errichten". 250 Wohnungen entstanden bis 1990 mit großer Unterstützung durch Püttlingen, die Heimatgemeinde des Kardinals. Ähnliche Finanzierungsmodelle wurden auch für den Bau katholischer Privatschulen in Sucre und die von den Jesuiten betriebene Rundfunkstation Radio Loyola in Anspruch genommen.

Die Entwicklungshilfe nimmt einen wichtigen Platz in der Bolivienhilfe ein. Dabei arbeitet das Bistum Trier mit anderen Trägern zusammen, Es gelang in den 50 Jahren der Partnerschaft, nicht nur die kirchlichen Strukturen in den Pfarreien auszubauen, sondern die Situation der meist armen Landbevölkerung zu verbessern. Das bezieht sich in erster Linie auf die schulische und berufliche Bildung, die Gesundheitsversorgung und das Genossenschaftswesen. „Die Einrichtung des Comité Coordinador setzte ein Beispiel für eine größere Beteiligung bei Entscheidungen, für eine gerechtere Verteilung und Transparenz in der Vergabe der Hilfe. Persönliche Beziehungen von Personen und Gruppen in Trier und Sucre ermöglichten einen kulturellen Austausch und eine Vertiefung des Partnerschaftsgedankens." Doch gerade in der Koordination liegt eine Schwachstelle. Unterschiedliche Mentalitäten und mangelhafte Kommunikation ließen eine langfristige Planung und strukturelle Änderung nur selten möglich werden. 1994 musste resümiert werden: „Durch das Fehlen einer ganzheitlichen, auf die bolivianischen Verhältnisse abgestimmten Konzeption wurde der Nutzen aus dem Gesamtpotential der Bolivienhilfe noch nicht ausgeschöpft."

Die Theologie der Befreiung in Bolivien

Für den Wandel von einer eher auf Patenschaft ausgerichteten hin zu einer partnerschaftlichen Zusammenarbeit spielten die politischen und kirchlichen Strömungen der Zeit um das Konzil eine entscheidende Rolle. Die 60er und 70er Jahre waren in ganz Lateinamerika von Militärdiktaturen geprägt. Neben der Unterdrückung der Demokratie bedeutete das auch Repression gegenüber den Arbeitern. Bolivien war in dieser Hinsicht typisch für die meisten Staaten Lateinamerikas. 1966 kam eine internationale Gruppe von Soldaten, die von der kommunistischen kubanischen Revolution des Fidel Castro begeistert waren, nach Bolivien. Sie verstanden sich als nationale Befreiungsarmee und operierten vor allem im bolivianischen Hochland. An ihrer Spitze war der ehemalige Industrieminister Kubas, der argentinische Arzt und Revolutionär Ernesto Che Guevara. Nachdem seine Gruppe von der Regierungsarmee aufgerieben worden war, wurde Che Guevara festgenommen und am 9. Oktober 1967 ermordet. Ein Jahr zuvor war der Priester Camilo Torres bei Gefechten mit der kolumbianischen Armee ums Leben gekommen.

Beide Personen – Torres und Guevara – stehen für die Vision einer gerechten und gleichen Gesellschaft, deren Realisierung sie im Marxismus erwarteten. Ihr gewaltsamer Tod machte sie zu Vorbildern einer Generation von Jugendlichen in Nordamerika, Europa und Lateinamerika und forderte die theologische Reflexion heraus. Die wirtschaftliche und politische Abhängigkeit Lateinamerikas von den USA (Dependenztheorie) wurde mit den marxistischen Kategorien erklärt. Dem Aufruf Johannes XXIII. in seiner letzten Enzyklika „Pacem in terris" sowie der Pastoralkonstitution „Gaudium et spes" (GS 4 und 11) folgend, sollten die „Zeichen der Zeit" im Sinne einer Befreiung des Menschen und der Gesellschaften von sündhaften Strukturen gelesen werden. Die Kirche, so die Forderung, müsse eine klare „Option für die Armen" treffen und sich auf die Seite der Marginalisierten, Armen und Unterdrückten schlagen. Rückendeckung erhielt diese Position durch die Sozialenzyklika Pauls VI. „Populorum progressio", in der Entwicklung als neuer Name für Frieden bezeichnet wurde. Die zweite Versammlung der lateinamerikanischen Bischöfe im kolumbianischen Medellin im August 1968 bestätigte diese weltkirchlichen Vorgaben und plädierte für eine ganzheitliche Befreiung von den gesellschaftlichen Ungerechtigkeiten, eine Hinwendung zu Jesus Christus dem Befreier und eine konkretisierende Anwendung im alltäglichen Leben als Christ in überschaubaren Basisgemeinden, die nach der Methode „Sehen – Urteilen – Handeln" nach dem Willen Gottes für ihre (Teil-)Gemeinde vor Ort fragt.

Bis heute ein Idol: Che Guevara.

Lange Jahre bestimmte das Militär die Geschicke des Landes.

In Bolivien kam es 1967 zum „Massaker der Johannisnacht" mit über hundert Todesopfern unter Bergleuten und ihren Familien. Jorge Manrique Hurtado, Erzbischof von La Paz, solidarisierte sich mit den Opfern. „Die Pfarreien und kirchlichen Institutionen der Bergbauregionen, die in diesen Jahren weitreichende Solidarität mit den Bergleuten entwickelten, gerieten alsbald selbst unter den Marxismusverdacht der Regierung, übten aber zugleich großen Einfluss auf die kirchliche Entwicklung des ganzen Landes aus. Nicht geringen Anteil

Bolivianische Bischöfe als wichtige Bindeglieder nach Deutschland.

hatte dabei die Erfahrung einiger Arbeiterpriester der Bergbauregionen und anderer Ordensleute, für welche die Option für die Armen einen konkreten Ortswechsel hin zu den Lebensbereichen der Armen bedeutete." Das Vorbild Che Guevaras sowie der ebenfalls gewaltsame Tod des Redemptoristenpaters Néstor Paz Zamora 1970 radikalisierten einen Teil der Katholiken, die sich in einer revolutionären christdemokratischen Partei („Partido Demócrata Cristiano Revolucionario", PDCR) und der politischen Bildungsarbeit der bolivianischen Sektion von „Kirche und Gesellschaft in Lateinamerika" („Iglesia y Sociedad en América Latina", ISLA) sammelten. Die Spaltung in der bolivianischen Kirche aber blieb. „Die Option für die Armen fand nicht in allen Teilen der bolivianischen Kirche Unterstützer: Die große Mehrheit der Katholiken, auch der Bischöfe, verharrte in der traditionellen Ablehnung revolutionärer Prozesse. Die Radikalisierung einzelner Christen löste innerkirchlich heftige Konflikte aus." Auch unter der Militärregierung Hugo Banzers setzte sich diese Spaltung fort. Erst 1980 wurde die Ermordung des spanischen Jesuiten Luis Espinal zu einem Signal an die Kirche, sich stärker für die Einhaltung der Menschenrechte einzusetzen. Die Reformen des Zweiten Vatikanischen Konzils, besonders im Bereich der Liturgie, hatten bereits zu Polarisierungen geführt. Unter den Priestern und Ordensleuten, die sich der Option für die Armen angeschlossen hatten, kam es in den 70er Jahren zu einer größeren Zahl von Amtsniederlegungen. Die Bischofskonferenz fand zu einer größeren Einheitlichkeit: „In den Jahren der Diktaturen schärfte sie ihr Profil als Repräsentantin der katholischen Kirche durch öffentliches Eintreten für die Menschenrechte, aber auch durch den Dialog mit den verschiedenen Regierungen und wichtigen gesellschaftlichen Gruppen. Trotz der schwierigen gesellschaftlichen Lage gab sich die Kirche in diesen Jahren eine Struktur, die den Reformen des Konzils Rechnung trug."

Nach der Demokratisierung Boliviens in den 80er Jahren normalisierten sich die kirchlichen Aktivitäten. „Einrichtungen für Schule und Erwachsenenbildung, Jugendpastoral, Medien, Liturgie, Katechese und Bibel, Sozialpastoral und Caritas" wurden unter Mithilfe vor allem ausländischer Ordenspriester neu aufgebaut. Eine neue Bischofsgeneration löste die Missionsbischöfe ab. Julio Terrazas Sandóval, ein Redemptorist, war 2001 mit seiner Ernennung der erste in Bolivien geborene Kardinal. Zu einem wichtigen Bindeglied nach Deutschland wurde der 1984 zum Bischof von Potosí und 1996 zum Erzbischof von La Paz ernannte Edmundo Abastoflor. Durch sein –wegen seiner Bischofsernennung nicht abgeschlossenes – Promotionsstudium in Würzburg beherrscht er die deutsche Sprache und ist so ein wichtiger Vertreter der Partnerschaft mit der Diözese Trier und seit 1987 auch mit der Diözese Hildesheim.

Kardinal Julio Terrazas.

Erzbischof Edmundo Abastoflor.

Gegenseitige Besuche von Multiplikatoren

Ab den 80er Jahren realisierte sich die Partnerschaft zunehmend über gegenseitige Besuche. Die Trierer Bischöfe reisten regelmäßig in den Anden-Staat. War die Reise von Weihbischof Carl Schmitt zur Einwei-

Gegenseitige Besuche stärken die Freundschaft: Bischof Hermann Josef Spital bei der bolivianischen Bischofskonferenz

Auch Papst Johannes Paul II. lobt bei seinem Bolivienbesuch 1988 gegenüber Bischof Hermann Josef Spital und Generalvikar Gerhard Jakob die Bolivienpartnerschaft.

Bei der Heilig-Rock-Wallfahrt 1996 ist die komplette Bolivianische Bischofskonferenz zu Besuch in Trier.

hung des Priesterseminars von Cochabamba 1965 noch etwas Besonderes gewesen, so wurden weitere Kontakte immer selbstverständlicher. 1980, kurz vor seinem altersbedingten Rücktritt als Diözesanbischof, besuchte Bischof Bernhard Stein den bolivianischen Kardinal Maurer anlässlich dessen 80. Geburtstags. Drei Jahre später besuchte Bischof Hermann Josef Spital die Partnerdiözese Sucre und weitere Orte Boliviens. Im selben Jahr 1983 erwiderte der Erzbischof von Sucre, René Fernandez, diesen Besuch. Der Vorstand des BDKJ Trier unterzeichnete bei ihrer Bolivien-Reise am 30. Juli 1985 den Grundlagenvertrag mit dem Comité Coordinador. Erste Begegnungen von Bolivianern in der Diözese Trier kamen im Jahr 1987 zustande. Anlässlich des Ad-limina-Besuchs war 1990 die gesamte Bolivianische Bischofskonferenz in Trier. Bei dieser Gelegenheit wurde die Auswertung der Partnerschaft in einem Gemeinsamen Reflexionsvorhaben beschlossen.

> *Durch Multiplikatoren wird die Partnerschaft in die Gemeinden getragen.*

1992 und im Folgenden alle vier Jahre organisierte die Diözesanstelle Weltkirche eine erste Begegnungs- und Multiplikatorenfahrt nach Bolivien. Zwei Jahre später kamen bolivianische Multiplikatoren ins Bistum Trier. Die Partnerschaft wurde dadurch verstärkt in die Gemeinden hineingetragen. „Im Bistum Trier hat sich über die vielfältigen Bistumsaktionen und örtlichen Initiativen, über die Angebote der Bildungsarbeit im Rahmen der Partnerschaft und durch die persönlichen Begegnungen mit Gästen und Mitarbeitern aus Bolivien eine große Zahl von Gruppen und einzelnen Personen gebildet, die sich kontinuierlich

Im Trierer Dom geweiht – auf Reise durch das Bistum Trier – und schließlich nach Bolivien gebracht: die Entschuldungsglocke.

Bekämpfung der Armut und Kontrollmöglichkeiten für die Verwendung der aus erlassenen Schulden freigewordenen Gelder beteiligte sich das Bistum Trier mit einer Delegation. In Trier wurde eine Entschuldungsglocke gegossen, am 8. Dezember 2000 geweiht und anschließend auf eine Reise durch das Bistum geschickt.

Auch in den folgenden Jahren blieb die politische Dimension der Partnerschaft präsent. Die Entschuldungsglocke war ein Mahnzeichen für die Fortsetzung der Erlasskampagne und ein kritisches Symbol für die gerechte Verwendung von Mitteln zur Bekämpfung der Armut. Nach zwei Jahren Pilgerfahrt durch das Bistum Trier wurde die Glocke anlässlich der bundesweiten Eröffnung der Adveniat-Aktion, die 2002 unter dem Schwerpunkt Bolivien stand, nach Südamerika übergeben. Im Zusammenhang mit einer Bistumsfahrt nach Bolivien und in Anwesenheit des Trierer Bischofs Reinhard Marx sowie des bolivianischen Präsidenten wurde im März 2003 die Entschuldungsglocke in La Paz aufgestellt.

oder punktuell im Prozess der Partnerschaft beteiligen."

Die Entschuldungskampagne

Im Zusammenhang mit der Vorbereitung auf das Jahr 2000 entstand in mehreren Ländern die Initiative des so genannten Erlassjahres. Vorbild war das in Dtn 15, 1–11 in Verbindung mit Lev 25 angeregte Jobeljahr und Erlassjahr. Alle sieben Brachjahre, das heißt alle 50 Jahre, sollte eine allgemeine Entschuldung des ganzen Volkes Israel stattfinden. Die Kampagne „Erlassjahr 2000" schlug vor, anlässlich des Jubiläumsjahrs 2000 für die ärmsten hochverschuldeten Länder eine Entschuldung durchzuführen, die Voraussetzung für eine nachhaltige wirtschaftliche und soziale Entwicklung sei. Gleichzeitig sollte eine Reform der Strukturprogramme der Weltbank und des Internationalen Währungsfonds sowie ein faires und transparentes Schiedsgerichtsverfahren bei Schuldenverhandlungen eingeführt werden.

Das Bistum Trier und die Kirche Boliviens beteiligten sich an dieser Kampagne. Damit veränderte sich auch der Charakter der Partnerschaft. Sie verlagerte sich auf die politische Ebene. An dem nationalen Forum zur Erarbeitung einer Strategie für die

Wichtige Täger der Partnerschaft sind inzwischen die jungen Freiwilligen in Bolivien und in Deutschland.

Das Jubiläumsjahr beginnt – natürlich mir bolivianischer Musik.

Angestoßen durch die Initiative Erlassjahr 2000 bekam die Bolivien-Partnerschaft eine politischere Ausrichtung als in den ersten vier Jahrzehnten. Was in Medellin als „Situationen der Sünde" oder in der Befreiungstheologie bei Gustavo Gutiérrez als „Strukturen der Sünde" bezeichnet wurde, wurde um die Jahrtausendwende in politische Visionen und Aktionen umgesetzt. Die Strukturen der gegenseitigen Hilfe dienten auch der Bewusstseinsbildung für eine gerechtere Weltordnung in Deutschland.

Entwicklungen nach dem Jahr 2000

Jedes Jahrzehnt der Bolivien-Partnerschaft wurde in Trier ausführlich evaluiert. Drei Jahre dauerte das Gemeinsame Reflexionsvorhaben zu den ersten 30 Jahren der Partnerschaft. Zum vierzigjährigen Jubiläum schrieb der in der Diözesanstelle Weltkirche für Bolivien zuständige Referent Ludwig Kuhn über die Partnerschaft als „Lerngemeinschaft Weltkirche". Mit einem bunten Magazin wurde das Jubiläumsjahr 2010 eröffnet und begleitet. Umfangreiche Internetauftritte des BDKJ Trier und der Diözesanstelle Weltkirche informieren über aktuelle Ereignisse, Projekte und Aktionen.

Kennzeichnend für den gegenwärtigen Stand der Bolivien-Partnerschaft ist der personelle Austausch. Selbstverständlich geworden sind regelmäßige Besuche der Trierer Bischöfe in Bolivien und der bolivianischen Bischöfe in Trier. Bischof Spital war in seiner Amtszeit viermal in Lateinamerika. Sein Nachfolger Bischof Reinhard Marx setzte diese Tradition fort. Waren es in den ersten Jahren überwiegend Trierer Diözesanpriester und einige Entwicklungshelfer, die nach Bolivien gegangen waren, so weitete sich dieser Kreis auf alle kirchlichen Berufe aus. Aus den Pfarreien des Bistums, die bolivianische Partner gewonnen hatten, fuhren immer wieder Einzelne oder Gruppen in den Andenstaat. Für junge Erwachsene bot die Partnerschaft eine Chance für ein Auslandsjahr im Rahmen des Freiwilligen Sozialen Jahres oder Friedensersatzdienstes. Der Information und Motivation im Rahmen des interkulturellen Lernens dienten Begegnungsreisen für Lehrer. Nach der ersten derartigen Reise wurde 2003 das Netzwerk „Partnerschaft und Schule" ins Leben gerufen.

Eine Bilanz nach fünf Jahrzehnten

Nach fünf Jahrzehnten hat sich die Bolivien-Partnerschaft im Bistum Trier etabliert. Am Beginn standen die beiden Bischöfe Matthias Wehr und José Clemente Maurer. Zwei Saarländer entwickelten die Idee der Unterstützung des ältesten deutschen Bistums für eine arme Diözese in einem politisch instabilen Land. In den ersten Jahren stand die finanzielle und personelle Hilfe im Vordergrund. Deutschland hatte Anfang der 60er Jahre den Höhepunkt des Wirtschaftswunders erreicht. Die deutsche Kirche war nach wie vor von einem großen missionarischen Impetus erfüllt. Personaleinsatz von Priestern im Ausland war für ein großes Bistum wie Trier angesichts noch ausreichender Priesterzahlen gut vertretbar. Durch die Verbindung mit der Adveniat-Aktion war der pastorale Schwerpunkt deutlich gesetzt.

Das Zweite Vatikanische Konzil erweiterte die Bedeutung von Mission. Die Kirche ist von ihrem inneren Wesen her missionarisch, so das Missionsdekret „Ad Gentes". Dieser Impuls wirkte sich auch auf die Partnerschaft aus. Lateinamerika wurde in den Jahren nach 1965 nicht nur zahlenmäßig als überwiegend katholischer Kontinent zu einem bedeutenden Faktor in der Weltkirche, sondern brachte über die teilkirchliche Rezeption des Konzils in der Bischofsversammlung von Medellin 1968 und die Befreiungstheologie wichtige Impulse ein. Für die Partnerschaft bedeutete das einen Wechsel hin zu einer stärkeren Gegenseitigkeit. Das Vorbild einer jungen Ortskirche zündete auch in der ältesten deutschen Diözese.

Zu den Hauptträgern der Bolivien-Partnerschaft entwickelte sich die katholische Jugend. Sie trug den größten und kreativsten Teil der Aktionen zugunsten des Andenstaats. Und hier geschah auch die Schwerpunktverlagerung hin zur Entwicklungshilfe. Projekte im Bereich des „desarrollo rural", der Entwicklung der ländlichen Gebiete, sowie zur Förderung der sozialen Gerechtigkeit trafen unter den jungen Erwachsenen auf große Resonanz. Die Partnerschaft entwickelte sich von der Schaffung kirchlicher Strukturen zu ganzheitlicher Unterstützung.

So ist es nicht verwunderlich, dass seit einigen Jahren auch ein Rückstrom nach Trier stattfindet. Trierer Diözesanpriester waren die ersten, die im Rahmen der Partnerschaft als Fidei-donum-Missionare nach Bolivien gingen. Bolivianische Diözesanpriester als pastorale Mitarbeiter in Pfarreien des Bistums Trier lassen den Beginn einer neuen, noch stärker auf beiderseitiges Geben und Nehmen ausgerichteten, Phase der Partnerschaft hoffen.

Literaturverzeichnis

BALZERT, Heinz (Hrsg.), Mittler zwischen den Kontinenten. Joseph Clemens Kardinal Maurer 1900-1990. Leben und Werk, Trier 2000.
DIÖZESANSTELLE FÜR WELTKIRCHLICHE AUFGABEN TRIER, Partnerschaft im 4. Jahrzehnt. Bericht zum Reflexionsvorhaben „30 Jahre Partnerschaft Trier – Bolivien", Trier 1994.
JOHANNES XXIII., Botschaft Papst Johannes XXIII. zur Ausstellung des Heiligen Rockes, in: Kirchlicher Amtsanzeiger für die Diözese Trier 103 (1959), Nr. 10, 15. April 1959, S. 67–68.
JOHANNES XXIII., Schreiben an die deutschen Bischöfe vom 11. Januar 1961, in: Kirchlicher Amtsanzeiger für die Diözese Trier 105 (1961), Nr. 8, 1. Mai 1961, S. 72–74.
KOENEN, Gerd, Traumpfade der Weltrevolution. Das Guevara-Projekt, Köln 2008.
KUHN, Ludwig, Vierzig Jahre Bolivienpartnerschaft. Lerngemeinschaft Weltkirche, in: Paulinus-Jahrbuch für das Bistum Trier 1 (2000), S. 93–104.
KUHN, Ludwig, Die Partnerschaft Bistum Trier – Bolivien, in: SCHNEIDER, Bernhard / PERSCH, Martin (Hrsg.), Geschichte des Bistums Trier. Band 5: Beharrung und Erneuerung. 1881–1981 (Veröffentlichungen des Bistumsarchivs Trier, 39), Trier 2004, S. 166–171.
MAURER, José Clemente, Grußwort des Hochwürdigsten Herrn Erzbischofs Clemente Maurer, Sucre/Bolivien, in: Kirchlicher Amtsanzeiger für die Diözese Trier 105 (1961), Nr. 7, 15. April 1961, S. 64–65.
PERSCH, Martin, Wehr, Matthias, in: GATZ, Erwin (Hrsg.), Die Bischöfe der deutschsprachigen Länder 1945-2001. Ein biographisches Lexikon, Berlin 2002, S. 547-548.
SCHWARZ, Leo, Ohren für Pachamama. 5 Jahre Kaplan in Bolivien. Eine Dokumentation, 2. Aufl., München 1967.
SCHWARZ, Leo, Pachamama ist anders. ... und wie es in Bolivien weiterging, Trier 1971.
SILBER, Stefan, Bolivien, in: MEIER, Johannes / STRAßNER, Veit (Hrsg.), Lateinamerika und Karibik (Kirche und Katholizismus seit 1945, 6), Paderborn 2009, S. 365–380.
SONNEN, Bruno / REITER, Eugen, Unterwegs in Bolivien. Erfahrungen, Einblicke, Trier 1995.
STEIN, Bernhard, Bischofswort zur Bolivienaktion, in: Kirchliches Amtsblatt für das Bistum Trier 111 (1967), Nr. 22, 1. Dezember 1967, S. 129.
VOGES, Stefan, Solidarität in der Weltkirche. Die Gründung der Bischöflichen Aktion „Adveniat", in: Historisches Jahrbuch 125 (2005), S. 327–347.
WEHR, Matthias, Hirtenbrief über „Gemeinschaft gegenseitiger brüderlicher Hilfe der Diözese Trier mit der Erzdiözese Sucre/Bolivien", in: Kirchlicher Amtsanzeiger für die Diözese Trier 105 (1961), Nr. 7, 15. April 1961, S. 63–64.
WEHR, Matthias, Hirtenwort zum 1. Adventssonntag, in: Kirchlicher Amtsanzeiger für die Diözese Trier 106 (1961), Nr. 19, 15. November 1961, S. 166–167.
WEHR, Matthias, Hirtenwort zum ersten Adventssonntag, in: Kirchlicher Amtsanzeiger für die Diözese Trier 105 (1961), Nr. 19, 15. November 1961, S. 181–182.
WEHR, Matthias, Hirtenwort zum Welttag der heiligen Kindheit, in: Kirchlicher Amtsanzeiger für die Diözese Trier 105 (1961), Nr. 20, 15. Dezember 1961, S. 190.
WEHR, Matthias, Hirtenbrief zur Fastenzeit, in: Kirchlicher Amtsanzeiger für die Diözese Trier 107 (1963), Nr. 3, 15. Februar 1963, S. 21–26.
WEHR, Matthias, Hirtenbrief zur Adveniat-Aktion 1964, in: Kirchlicher Amtsanzeiger für die Diözese Trier 108 (1964), Nr. 22, 15. November 1964, S. 195–196.
WEHR, Matthias, Schreiben an die bolivianischen Bischöfe, in: Kirchliches Amtsblatt für das Bistum Trier 109 (1965), Nr. 6, 15. März 1965, S. 97–98.
WEHR, Matthias, Hirtenwort zur Adveniat-Kollekte, in: Kirchliches Amtsblatt für das Bistum Trier 110 (1966), Nr. 21, 20. November 1966, S. 172–173.

Partnerschaft auf Augenhöhe

Zahlen, Fakten und Portraitfotos – wie passt das zusammen? Nun, 50 Jahre „caminando juntos – gemeinsam unterwegs" kennt viele Stationen und Ereignisse. Ein Gesicht haben aber Menschen dieser Partnerschaft gegeben.

50 Jahre gemeinsam unterwegs
Stationen der Partnerschaft

Das Jahr 2010 markiert etwas ganz Besonderes in der Beziehung des Bistums Trier zur Kirche Boliviens: Die Freundschaftsbande bestehen seit 50 Jahren; aus einer Patenschaft wird eine Partnerschaft. Die nachfolgende Chronik beschreibt die Etappen dieser ältesten und intensivsten Partnerschaft zwischen einer Kirche in Deutschland und einer Kirche in Lateinamerika.

1960

An Weihnachten teilt der Trierer Bischof Dr. Matthias Wehr dem aus Püttlingen (Saar) stammenden Erzbischof von Sucre, José Clemente Maurer, mit, dessen Wunsch nach personeller und finanzieller Unterstützung entsprechen zu wollen: Beide Diözesen bilden für zunächst zehn Jahre „eine Gemeinschaft gegenseitiger brüderlicher Hilfe".

1961

Am 7. April ruft Bischof Wehr im Bistum Trier zu einer außerordentlichen Kollekte zugunsten der Kirche in Bolivien auf. – Im Bistum Trier ist die erste Adveniat-Kollekte an Weihnachten ausschließlich für Bolivien bestimmt. – Die katholische Jugend im Bistum Trier beschließt, sich mit eigenen Aktionen an der Hilfe für Bolivien zu beteiligen.

1962

Im Mai reisen Heinz Schmitt, Leo Schwarz und Hans Vössing als erste Trierer Priester in das Erzbistum Sucre nach Bolivien. Ebenso Ordensfrauen und Laienhelfer aus dem Bistum. – Am 15. August gründen vier deutsche Schwestern in Sucre die Schwesterngemeinschaft „Instituto Mariano".

1963

Vom 18. bis 25. Januar gibt es unter dem Motto „Weltweite Freundschaft – Bolivien eine Chance" erstmals eine internationale Woche. In deren Verlauf finden im Bistum Trier Jugendgottesdienste, Bet- und Feierstunden, Opfergänge und Vorträge statt. – Auf der Herbstkonferenz der Laienführerschaft und der Jugendseelsorger des Bistums wird als bistumsweite Aktion die „Jugendlotterie für Bolivien" zum Bau von 15 Kirchen im Partnerland beschlossen. – Das „Instituto Mariano" eröffnet in Monteagudo ein Noviziat für bolivianische Mädchen.

1964

Vier Josefsschwestern aus Trier reisen nach Bolivien aus. Gemäß eines Vertrags zwischen Bischof Wehr und

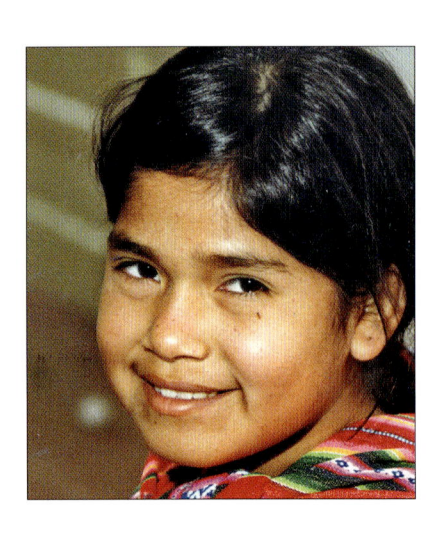

Erzbischof Maurer haben sie den Auftrag, in Sucre ein Exerzitienhaus und ein Bildungszentrum aufzubauen.

1965

Am 19. März wird in Cochabamba das mit Hilfe des Bistums Trier errichtete Priesterseminar „San José" eingeweiht. Gleichzeitig findet auf dem „Trierer Markt" in Sucre die Einweihung des Trierer Marktkreuzes statt.

1966

Erstmals startet eine Kleidersammlung des Bundes der Deutschen Katholischen Jugend (BDKJ) im Bistum Trier zugunsten verschiedener Projekte in der Diözese Sucre. Die Kleidersammlung wird anfangs alle zwei Jahre und seit 1972 jährlich durchgeführt. – Trierer Priester gründen in Bolivien landwirtschaftliche Genossenschaften.

1967

Erstmals arbeiten ein bolivianischer und ein Trierer Priester in der Pfarrei Azurduy in der Region Frontera als Team unmittelbar zusammen. – Die Seminaristen des Priesterseminars in Trier sorgen für die Herausgabe des Buches „Ohren für Pachamama". Im selben Jahr starten dfie Seminaristen ihre ersten Rundreisen in den Pfarreien des Bistums, um das Anliegen der Bolivienhilfe vorzustellen. – In Sucre wird eine Poliklinik der Josefsschwestern eröffnet. Erzbischof Maurer wird zum Kardinal ernannt.

1971

Der BDKJ-Diözesanvorstand wird für die Bolivienhilfe der Katholischen Jugend verantwortlich und richtet ein eigenes Referat mit hauptamtlichem Mitarbeiter ein.

1972

Als wesentlicher Schritt des BDKJ zum Aufbau von partnerschaftlichen Strukturen wird in Sucre das „Comité Coordinador" gegründet.

1974

Im Bolivienreferat in Trier wird ein Dritte-Welt-Laden eröffnet. Aufgrund des wachsenden Interesses bei kirchlichen Gruppen richtet es ein Verkaufslager ein.

1975

Mit dem Vertrieb von Kaffee setzt der Verkauf von so genannten Dritte-Welt-Waren durch kirchliche Gruppen ein.

1977

In Trier wird die Diözesanstelle für weltkirchliche Aufgaben mit Prälat Dr. Johannes Wagner als Leiter errichtet.

1979

Am 1. Oktober wird das „Instituto Mariano del Apostolado Católico" von der römischen Kongregation als „Sociedad Religiosa de Vida Común de Derecho Diocesano" anerkannt.

1980

Bischof Dr. Bernhard Stein besucht Bolivien aus Anlass des 80. Geburtstages von Kardinal Maurer. – Der BDKJ knüpft erste Kontakte mit Vertretern der Bolivianischen Bischofskonferenz im Blick auf eine Zusammenarbeit beim Aufbau einer nationalen kirchlichen Jugendarbeit.

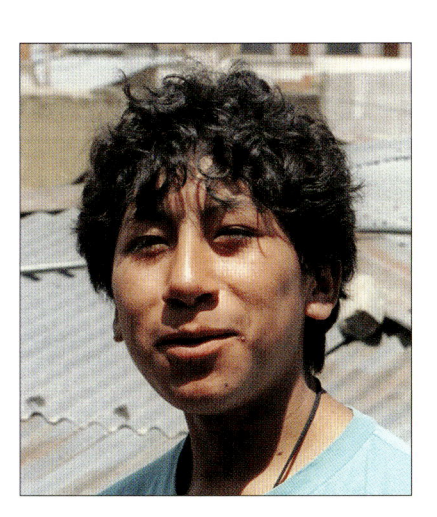

1981

Die Hilfe der Katholischen Jugend im Bistum Trier wird über die Erzdiözese Sucre hinaus ausgedehnt. Ab 1981 wird auch die nationale Jugendarbeit in Bolivien unterstützt.

1982

Das Bolivia-Mobil des BDKJ startet mit Broschüren, Faltblättern, Spielen zur Entwicklungspolitik, Diareihen, Videofilmen und Musikkassetten.

1983

Als gemeinsame Aktion des Bistums Trier und des BDKJ gibt es in Trier eine Ausstellung zur Bolivienhilfe. – Der Trierer Bischof Dr. Hermann Josef Spital besucht Bolivien. Anschließend reist der 1983 ernannte neue Erzbischof von Sucre, René Fernandez, nach Deutschland.

1985

Erste Begegnungsreise nach Bolivien. Während einer Reise von Jugendlichen und BDKJ-Vorstand wird am 30. Juli in Sucre der Grundlagenvertrag mit dem Comité Coordinador über die Zusammenarbeit der nächsten vier Jahre unterzeichnet.

1986

Der BDKJ schließt mit der Nationalen Jugend- und Berufungspastoral der Bolivianischen Bischofskonferenz einen Grundlagenvertrag über eine Zusammenarbeit für drei Jahre ab.

1987

Die Bolivianische Bischofskonferenz beantwortet das Angebot der Diözese Hildesheim, eine Partnerschaft mit der Kirche Boliviens aufzunehmen, positiv und richtet eine Kommission für Partnerschaft der Bischofskonferenz ein. Der BDKJ verabschiedet ein Rahmenkonzept zur entwicklungspolitischen Arbeit in der Diözese Trier. – Im Oktober starten auf Einladung des BDKJ zehn Bolivianer eine erste Begegnungsreise durch das Bistum Trier.

1988

Papst Johannes Paul II. trifft im Mai bei seinem Besuch in Sucre auch mit dem Trierer Bischof Dr. Hermann Josef Spital und Generalvikar Jakob zusammen. Er weiht die mit Trierer Hilfe erbaute Seminarkirche in Cochabamba ein. – Am 8. Oktober findet in Trier und Bolivien der erste „Freundschaftstag – día de la amistad" statt.

1989

Im März besuchen die Mitglieder der Kommission für Partnerschaft der Bolivianischen Bischofskonferenz die Diözese Trier und bekräftigen die bisherige Form der Partnerschaft. Die Diözese Trier sagt die Unterstützung nationaler Projekte der Bolivianischen Bischofskonferenz für zunächst drei Jahre zu.

1990

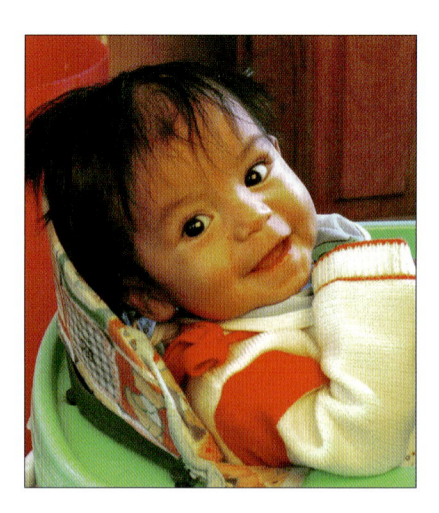

Im Alter von 90 Jahren stirbt am 27. Juni Kardinal Jose Clemente Maurer in Sucre. Die gemeinsame Gebetswoche der Partnerschaft wird in der Pfingstwoche erstmals zeitgleich in Bolivien, Hildesheim und Trier gefeiert. Zum Jubiläum „30 Jahre Partnerschaft" erhält jede Gemeinde im Bistum Trier eine Stola und eine Kommunionburse aus Bolivien. Im November besucht erstmals die gesamte Bolivianische Bischofskonferenz das Bistum Trier. Es wird verabredet, die Partnerschaft in einer Reflexion auszuwerten. Der BDKJ des Bistums schließt mit dem Comité Coordinador in Bolivien einen zweiten Grundlagenvertrag über die Zusammenarbeit für weitere vier Jahre. In den Bistümern Trier und Hildesheim schließt der jeweilige BDKJ mit der Nationalen Jugend- und Berufungspastoral der Bolivianischen Bischofskonferenz einen vierjährigen Grundlagenvertrag ab.

1991

Das Reflexionsvorhaben startet mit einem Evaluierungsteam in Bolivien und im Bistum Trier. Die entwicklungspolitische Lobby-Arbeit wird als neuer Schwerpunkt in das Rahmenkonzept des BDKJ im Bistum Trier aufgenommen. Im November unterzeichnen die Pfadfinder der Diözese Trier (DPSG) ein eigenes Partnerschaftsabkommen mit den Pfadfindern im Departamento Cochabamba.

1992

Das Gedenkjahr „500 Jahre Amerika" wird im Bistum Trier mit dem pastoralen Schwerpunkt „Gemeinsam für Gerechtigkeit. 500 Jahre Amerika – Unterdrückung. Umkehr. Partnerschaft" begangen. – Im Sommer findet die erste Begegnungs- und Multiplikatorenfahrt der Diözesanstelle Weltkirche nach Bolivien statt. Seitdem gibt es sie alle vier Jahre. Die Diözese Trier sagt ihre Unterstützung für die Erweiterung des nationalen Priesterseminars „San José" in Cochabamba zu. – Erster Einsatz deutscher Freiwilliger in Bolivien.

1993

Die Kommission für Partnerschaft der Bolivianischen Bischofskonferenz und die Trierer Bistumsleitung beraten die Ergebnisse des Reflexionsvorhabens. Vereinbart wird die Ausweitung der Partnerschaft auf die gesamte Kirche Boliviens. Empfehlungen für die Weiterentwicklung werden beschlossen. Der Personaleinsatz wird auf die Mitarbeit aller pastoralen Berufsgruppen erweitert und die Einladung zur Tätigkeit bolivianischer Priester im Bistum Trier ausgesprochen.

1994

Bischof Dr. Hermann Josef Spital und eine Bistumsdelegation besuchen auf Einladung der Bischofskonferenz mehrere bolivianische Diözesen. Vertreter aller bolivianischen Diözesen unternehmen eine erste Multiplikatorenfahrt nach Deutschland und tragen die Anliegen der Partnerschaft in ihre Diözesen weiter.

1995

Im Rahmen der Partnerschaft werden Richtlinien zum Personalaustausch in Kraft gesetzt. Sie sollen interkulturelles und weltkirchliches Lernen der Mitarbeiter, der Gemeinden und Gruppen vor Ort anregen.

1996

Die Bolivianische Bischofskonferenz nimmt an der Heilig-Rock-Wallfahrt teil und feiert mit Trier-stämmigen Bischöfen aus Brasilien und Trierer Missionaren den Tag der Weltkirche. – Erstmalig arbeitet eine Gemeindereferentin des Bistums in Bolivien, Erzdiözese Santa Cruz.

1997

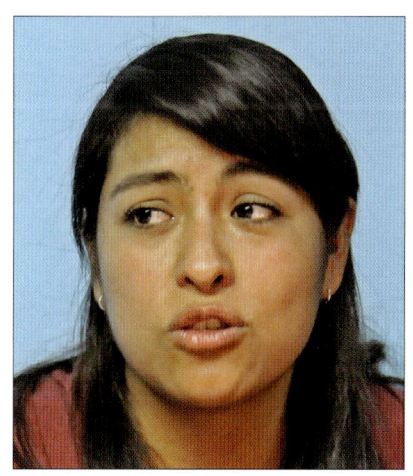

Unter dem Leitwort „Bildung für Kinder – Zukunft für das Land" werden in der gemeinsamen Gebetswoche Bildungs- und Ausbildungsprojekte vorgestellt und mit der Bolivienkollekte an Pfingsten gefördert. Erstmals startet die Aktion „Second Hemd & Hose" der katholischen Jugend/BDKJ im Bistum Trier zur Unterstützung von Projekten in Bolivien.

1998

In der Vorbereitung auf das Heilige Jahr 2000 wird die Kampagne Erlassjahr 2000 zu einem von fünf Bistumsprojekten. Das Anliegen des Schuldenerlasses wird gemeinsam mit der bolivianischen Kirche in Aktionen und politischen Gesprächen verfolgt. Die Gemeinsame Gebetswoche und die Kollekte werden auf Erntedank verlegt.

1999

Bis zum G-7-Gipfel am 19. Juni in Köln werden in Bolivien 400 000 und im Bistum Trier 100 000 Unterschriften zugunsten des Schuldenerlasses und eines internationalen Insolvenzrechts gesammelt. Bei der Kölner Kette wird eine Auftaktveranstaltung mit dem Vorsitzenden der Bischofskonferenz, Erzbischof Terrazas, und Weihbischof Schwarz gestaltet. Das Comité Coordinador wird in die Stiftung „Solidarität und Freundschaft Chuquisaca-Trier" umgewandelt. Gemeinsame Stifter: die Erzdiözese Sucre und der BDKJ des Bistums Trier. – Erster Einsatz bolivianischer Freiwilliger in Deutschland. – Mit Blick auf die Erlass-Kampagne 2000: Start einer gemeinsamen Unterschriftenaktion des BDKJ mit den bolivianischen Partnerorganisationen.

2000

Während der Bolivien-Partnerschaftswoche wird das 40-jährige Bestehen mit der Erstaufführung der Partnerschaftsmesse „Misa de Solidaridad" gefeiert. Die Beteiligung an der Kampagne „Erlassjahr 2000" erhält im Bistum Trier und in Bolivien durch die Partnerschaft einen besonderen Stellenwert: Das politische Engagement wird ein neuer Ort partnerschaftlichen Handelns. Politische Aktionen begleiten die Umsetzung der Initiative zum Schuldenerlass. In Bolivien wird der landesweite Forumsprozess zur Erarbeitung einer Armutsbekämpfungs-Strategie und einer zivilgesellschaftlichen Kontrolle der Verwendung der Entschuldungsmittel unterstützt. Eine Delegation des Bistums nimmt am Nationalen Forum teil. Bei der Feier zum Abschluss des Heiligen Jahres am 8. Dezember wird die Entschuldungsglocke geweiht und durch das gesamte Bistum geschickt.

2001

Bischof Spital besucht zum vierten Mal die Bolivianische Kirche. Für Bolivien wird eine umfangreiche internationale Entschuldung beschlossen. Die Verwendung der Mittel zur Armutsbekämpfung wird mit Aktionen in Verbindung mit der Entschuldungsglocke kritisch begleitet.

2002

Kurz nach Einführung von Bischof Dr. Reinhard Marx besucht die Bolivianische Bischofskonferenz Trier. In Berlin führen sie politische Gespräche zur Umsetzung des Schuldenerlasses und zur Unterstützung der zivilgesellschaftlichen Kontrolle. Am 1. Advent wird die bundesweite Eröffnung der Adveniat-Aktion zum Schwerpunktland Bolivien gefeiert. Die Entschuldungsglocke wird den bolivianischen Partnern übergeben.

2003

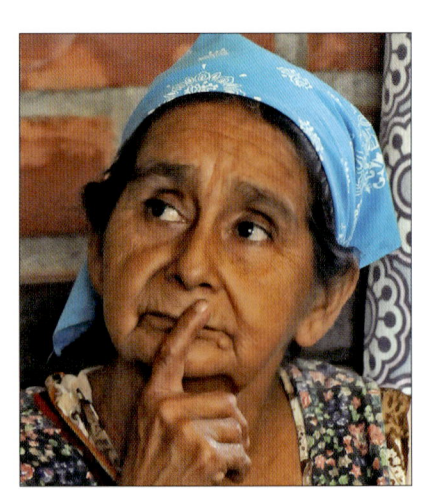

Bischof Dr. Reinhard Marx besucht im März in Verbindung mit einer Bistumsfahrt und begleitet von einer Parlamentarier-Delegation das Partnerland Bolivien. In Anwesenheit des bolivianischen Präsidenten wird in La Paz die Entschuldungsglocke aufgestellt. –Die Diözesanstelle Weltkirche bietet eine Begegnungsgreise für Lehrer an. Damit wird der Anstoß gegeben zu einem Netzwerk „Partnerschaft und Schule" der Partnerschulen.

2004

Die Trierer Josefsschwestern feiern 40 Jahre Tätigkeit und Wirken ihrer Gemeinschaft in Bolivien.

2005

Zum Weltjugendtag in Deutschland lädt das Bistum Trier über 100 Jugendliche und junge Erwachsene aus Bolivien ein. Die Tage der Begegnung führen Jugendliche aus allen Kontinenten bei den Veranstaltungen in Trier zusammen. Auf Einladung der Erzdiözese Santa Cruz reisen Weihbischof Robert Brahm und eine Delegation des Bistums zur 400-Jahrfeier der Erzdiözese.

2006

Erstmals besucht eine deutsche Entwicklungsministerin Bolivien. Aus dem Bistum Trier ist Ludwig Kuhn von der Diözesanstelle Weltkirche Mitglied der Delegation von Ministerin Wieczorek-Zeul. –Beim Katholikentag in Saarbrücken ist die Bolivienpartnerschaft im Partnerschafts- und Jugendzentrum, im Eine-Welt-Dorf und an zentralen Podiumsveranstaltungen beteiligt.

2007

Vor dem Hintergrund der Konflikte in Bolivien wird das Schwerpunkt-Thema „Für eine Kultur des Friedens" verabredet. – Erstmals werden zwei Priester der Erzdiözese Sucre für die Mitarbeit in der Diözese Trier freigestellt. – Seit 40 Jahren sind im Bistum Trier junge Menschen unterwegs, um Kleiderspenden zu sammeln, mit deren Erlös die Partnerorganisationen in Bolivien unterstützt werden.

2008

Im November besucht die Bolivianische Bischofskonferenz Trier. Gemeinsam mit der Diözese Hildesheim wird die Durchführung eines Perspektivprozesses verabredet, in dem bis zum Jubiläumsjahr 2010 eine gemeinsame Partnerschaftsvereinbarung der Bolivianischen Kirche, der Diözese Hildesheim und des Bistums Trier erarbeitet werden soll.

2009

Vertreter von acht bolivianischen Partnerschulen nehmen an der ersten Begegnungsreise für Lehrer aus Bolivien teil und besuchen die Trierer Partnerschulen. Eine Gruppe von fünf Freiwilligen aus Bolivien beginnt ihren Freiwilligen-Reverse-Dienst an verschiedenen Orten im Bistum. Es startet die gemeinsame Aktion „72-Stunden – Uns schickt der Himmel" mit Partnerschaftsprojekten in Deutschland und Bolivien. Mit dabei erstmals die BDKJ-Partnerorganisation in Bolivien. Sie macht parallel eine 48-Stunden-Aktion.

Zusammengestellt von
Alfons Waschbüsch

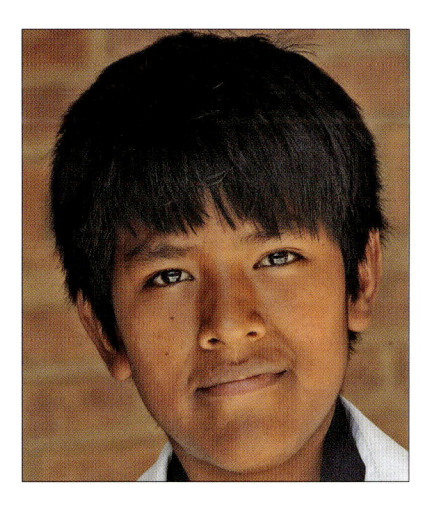

Feste der Freundschaft

Bunt, lebhaft, intensiv und inhaltsstark – so präsentiert sich die Partnerschaft des Bistums Trier mit der Kirche Boliviens im Jubiläumsjahr. Ein Jahr lang – zwischen 2009 und 2010 – ist in Bolivien und im Bistum Trier immer etwas los. Zum 50. Geburtstag der Partnerschaft erleben die Menschen eine Zeit des fröhlichen Feierns. Aber auch eine Zeit der Besinnung und der Formulierung neuer Ziele. Und so viel ist sicher: Die Partnerschaft ist nicht nur im „goldenen" Jubiläumsjahr lebendig. Sie blickt optimistisch in die Zukunft, denn die Weichen sind gestellt zu einer „Partnerschaft fürs Leben".

September/Oktober 2009

In Santa Cruz wird am 26. und 27. September der Startschuss gegeben zu einer Vielzahl von Festen und Aktivitäten im Jubiläumsjahr. Die nationale Veranstaltung Boliviens zur 50-Jahrfeier ist ein gelungener Auftakt. – Das Bistum Trier lässt nicht lange auf sich warten. Hier startet am 27. September die Bolivien-Partnerschaftswoche. Es gibt Aktionstage, Bolivienabende, den Solidaritätsmarsch, die Kleidersammlung, bolivianisch-deutschen Erntedank und am Erntedank-Sonntag die Kollekte für die Bolivienpartnerschaft. – Am letzten Tag der Bolivien-Partnerschaftswoche, am 4. Oktober, werden beim Gottesdienst im hohen Dom zu Trier mit Bischof Dr. Stephan Ackermann und Kardinal Julio Terrazas die Feierlichkeiten zu „50 Jahre Bolivienpartnerschaft" offiziell eröffnet. Die Pilgerstäbe, Zeichen des Jubiläumsjahres, werden gesegnet und an die Vertretungen der Dekanate und Verbände übergeben. Im Gottesdienst ist von einer „Goldenen Hochzeit", von „treuer Weggemeinschaft" und dem „Erntejahr der Partnerschaft" die Rede. Im Anschluss führt der gemeinsame Pilgerweg nach St. Maximin, Trier, wo es eine Feierstunde gibt.

November 2009

Journalistinnen und Journalisten aus dem Bistum Trier informieren sich in Bolivien über Partnerschaftsprojekte.

Dezember 2009

In Trier laufen die Vorbereitungen der 13. Heilig-Rock-Tage im April 2010 auf Hochtouren; die 50-Jahr-Feier der Partnerschaft soll im Mittelpunkt stehen. Passend dazu das Leitwort: „In Gerechtigkeit dein Angesicht suchen".

2009/2010

In der Bischöflichen Realschule St. Matthias in Bitburg – die Schule pflegt eine Partnerschaft mit einer Schule in Toco – „wandert" der Pilgerstab durch die Klassen, die Bolivienkerze brennt während der Schulgottesdienste; im Mai geht es beim Schulfest um Bolivien. – Doch nicht nur in Bitburg ist die Bolivienpartnerschaft ein Thema. Auch viele andere Schulen haben inzwischen feste Partnerschulen in Bolivien. Im gesamten Bistum Trier gibt es Schulfeste, Kirmestage, Jubiläumsfeste, Solidaritätsessen, Konzerte, Sammelaktionen, die bewährte Kleidersammlung, Workshops, Aktionstage und Tagungen. Es werden fair gehandelte Produkte verkauft, es wird fair gefrühstückt, Neugefirmte blicken auf Bolivien, Firmlinge laufen für Bolivien, Kommunionkinder helfen, Großpuppen ziehen die Blicke auf sich; Bolivianer erzählen von ihrem Land.

März 2010

Die Hungertuch-Wallfahrt zieht von Stuttgart nach Münster, wo Bischof Dr. Felix Genn den Pilgerstab überreicht bekommt.

April 2010

Am 14. April wird im Bischöflichen Dom- und Diözesanmuseum die Ausstellung „Arte Bolivia – Kunst aus Bolivien" eröffnet. – Am 15. April heißt es beim Forum der Bistumszeitung „Paulinus" und der KAB „Wirtschaft fair gestalten" – Am 16. April „verkündet" das riesige Transparent vor dem Trierer Dom, um was es bei den Heilig-Rock-Tagen 2010 gehen soll: „50 Jahre Bolivienpartnerschaft, 50 Jahre „caminando juntos – gemeinsam unterwegs"; Bischof Stephan Ackermann eröffnet in einem feierlichen Gottesdienst in der Domkirche die Heilig-Rock-Tage, die bis zum 25. April mit zahlreichen Gästen aus Bolivien gefeiert werden. – Eine zweite Ausstellung im Domkreuzgang zeigt „Gesichter von Frieden und Gewalt in Bolivien". – Um Themen und Gesichter der Partnerschaft geht es während der Heilig-Rock-Tage auch im Aktionszelt auf dem Trierer Hauptmarkt. Das Bolivien-Café und die „Aktion Silberberg" im Aktionszelt bringen einen Erlös von 3300 Euro zugunsten Boliviens.

Juni 2010

Kardinal Julio Terrazas, Erzbischof von Santa Cruz, ist zu Freundschaftsbesuchen in Deutschland.

Juli 2010

Gleich mehrere Reisegruppen aus dem Bistum Trier sind in Bolivien unterwegs; erstmals besucht auch Bischof Dr. Stephan Ackermann Bolivien. – Die Redemptoristen haben auch zu feiern: Seit hundert Jahren währt ihr missionarischer Einsatz in Bolivien. – Am 9. Juli machen sich 800 Pilger in einer Sternwallfahrt auf den Weg nach Sucre. – In Bolivien unterzeichnen Bischof Ackermann, Kardinal Julio Terrazas und der Hildesheimer Bischof Norbert Trelle am 11. Juli einen Partnerschaftsvertrag zwischen der Kirche Boliviens und den Bistümern Trier und Hildesheim. Darin werden die Partnerschaft theologisch begründet und neue Ziele gesetzt.

August 2010

„Mission (im)possible – Impulse aus Leiteinamerika für unsere Mission" heißt es am 27. August beim Dialog-Forum im Trierer Robert-Schuman-Haus. Mit dabei auch (wenn auch nur mittels einer Internetübertragung) Erzbischof Edmundo Abastoflor (La Paz) und Bischof Ackermann.

September/Oktober 2010

Im Bistum Trier wird der Endspurt eingeläutet, viele Kräfte werden nochmals mobilisiert. Beim 25-Stunden-Lauf um den Dom am 3. und 4. September heißt es: Ob Profi oder auch nicht – laufen, walken oder gehen und damit Projekte der Bolivienpartnerschaft unterstützen. 1001 Läufer – vom Kleinkind bis zur betagten Seniorin – machen mit. Parallel zum Sportereignis ist auch der Kleidermarkt „2nd Hemd und Hose" ein Erfolg. – Vom 12. September bis zum 3. Oktober sind 30 Bolivianer zu Gast im Bistum Trier. – Vom 26. September bis 3. Oktober heißt es bei der Bolivien-Partnerschaftswoche noch einmal „Miteinander Zukunft gestalten". – Und in St. Maximin Trier lautet die Losung „Adios!". Aber natürlich nur „Adios Jubiläumsjahr".

Zusammengestellt von Ingrid Fusenig

Akzente setzen

Partnerschaft, das ist ein besonderer Weg, um Weltkirche zu leben und zu gestalten.
Partnerschaft ist das Bemühen, der Globalisierung die Prägung von Gerechtigkeit, Solidarität und Geschwisterlichkeit zu geben.
In fünf Themenakzenten werden Initiativen der Partnerschaft bekräftigt und neu erschlossen. Die Projekte zeigen beispielhaft, wie Lösungen und Verbesserungen in zentralen Aufgabenbereichen erzielt werden können.

Bildung schaffen

Zukunft ermöglichen – Persönlichkeit bilden

Von Dr. Ulrich Graf von Plettenberg

„Willst du für ein Jahr vorausplanen, so baue Reis. Willst du für ein Jahrzehnt vorausplanen, so pflanze Bäume. Willst du für ein Jahrhundert planen, so bilde Menschen" – so sprach im 4. Jahrhundert v. Chr. der chinesische Philosoph Tschuang Tse. Er hat damit auf anschauliche Weise ausgedrückt, warum Bildung zu einem der acht Millenniumsziele der Vereinten Nationen gehört, ja gehören muss. Auch die katholische Kirche in Bolivien und das Bistum Trier haben sich anlässlich ihres 50jährigen partnerschaftlichen Unterwegsseins das Thema „Bildung schaffen" als einen Themen- und Handlungsschwerpunkt auf die Fahnen geschrieben.

Der Blick ist zunächst auf das Entwicklungsland Bolivien gerichtet. Wir wissen: Bildung ist die Grundlage jeder Entwicklung. Wir sehen, dass die Regierung von Präsident Evo Morales seit 2006 in Bolivien den Analphabetismus bekämpft und auch die indigene Bevölkerung in den Genuss von bildungs- und sozialpolitischen Maßnahmen kommt. Zugangsmöglichkeiten zu den Schulen werden ausgebaut, die Quote für den Grundschulbesuch steigt, Bildung erhält in der Gesellschaft einen höheren Stellenwert. Besonders in den ländlichen Gebieten bleiben aber die materiellen, fachlichen und personellen Defizite im Bildungswesen. Schuld daran ist auch die aktuelle Regierung, die private und kirchliche Initiativen – wie jene von Ruth Riskowski an der Katholischen Universität Cochabam-

Präsident Evo Morales will gegen den Analphabetismus kämpfen.

Viele Landschulen sind nur ärmlich ausgestattet, ...

.... private Schulen, auch kirchliche haben moderne Lehrmittel.

ba, mit der Lehrer und Lehrerinnen auf dem Land ein Fernstudium ermöglicht werden sollte – mehr und mehr einschränkt, ohne eigene Konzepte und Alternativen anzubieten oder sie in den eigenen ideologischen Einfluss- und damit Kontrollbereich zieht.

Aufgrund der Vernachlässigung der ländlichen Gegenden unterstützt das Bistum Trier im Jubiläumsjahr beispielhaft Jugendliche in Landschulinternaten der Region Chuquisaca durch die gesammelten Spenden. Konkret geschieht dies durch die Bereitstellung von didaktischem Material, die Durchführung von Computerkursen, die Weiterbildung der Erzieherinnen und Erzieher sowie die ganzheitliche Förderung der Schüler in der Verbindung von Theorie und Praxis, von Anleitung und Eigenverantwortung. In einem weiteren Projekt in Santa Cruz wird die schulische Bildungsarbeit der Kirche entwickelt und gestärkt. Dabei sollen Schüler/-innen, Eltern und Lehrer/-innen befähigt werden, den aktuellen sozialen und politischen Umbruchprozess in der bolivianischen Gesellschaft mitzugestalten.

Das dahinter stehende große Ziel ist die nachhaltige Verbesserung der Lebenssituation der jungen Menschen Boliviens. Die umfassende Bildung soll ihnen aber nicht nur Wissen und Fähigkeiten vermitteln, mit denen sie ihre Einkommensmöglichkeiten und ihren materiellen Lebensstandard verbessern können. Sie soll auch ihr Selbstbewusstsein stärken, so dass sie den Mut finden, ihre Rechte einzufordern und sich aus persönlichen und gesellschaftlichen Abhängigkeitsverhältnissen herauszulösen.

Wenn vom Themenakzent „Bildung schaffen" im Zusammenhang der Bolivienpartnerschaft die Rede ist, darf aber nicht die deutsche Seite vergessen werden. Auch wenn hierzulande (trotz „PISA-Alarm") Schul- und Berufsbildung und damit die Zukunftsmöglichkeiten für die jungen Menschen in weitaus höherem Maße als in unserem südamerikanischen Partnerland gewährleistet sind, bleibt die Herausforderung der Persönlichkeitsbildung im globalen Zusammenhang. Die Welt rückt enger zusammen; Entfernungen können schnell überbrückt werden; fremde Kulturen begegnen uns nicht nur im Fernsehen und Internet, sondern auch im Urlaub und in der eigenen Stadt und werden so greifbar. Wer die Auseinandersetzung mit dem Andersartigen und doch auch so Menschlichen wagt, wird in seinem eigenen Selbstbewusstsein in Frage gestellt. Soll dies nicht wie in früheren Zeiten zu Kriegen führen, bei denen der Stärkere sich durchsetzt,

Wer die Auseinandersetzung mit dem Andersartigen und doch auch so Menschlichen wagt, wird in seinem eigenen Selbstbewusstsein in Frage gestellt.

Leider von der Regierung gestoppt: ein Fernstudium für Lehrer auf dem Land, mit Kursgruppen ...

... und ausführlichem Lernmaterial.

sondern zu einem bereichernden und fruchtbaren Mit- und Füreinander, braucht es konkrete Gesichter und Begegnungen.

Große Offenheit für neue Partnerschaften

Die Tatsache, dass sich in zunehmendem Maße einzelne Schulklassen oder ganze Schulen für Bolivien-Projekte und -Schulpartnerschaften (auch in anderen Entwicklungsländern) engagieren, zeigt die Offenheit für diese Problematik und zugleich die Bereitschaft, die damit verbundenen Chancen für die Reifung der jungen Menschen zu nutzen. Natürlich ist der erste Anlass meist die Einstellung: „Wir wollen helfen" und nicht: „Wir wollen lernen", aber sobald es zu einem gegenseitigen Kennenlernen kommt, wird spürbar, dass solches Engagement nicht einfach nur eine „gute Tat" ist.

Besser als weitere theoretische Ausführungen können dies Ausschnitte aus einem Erfahrungsbericht von zwölf Schülerinnen und Schülern der Bischöflichen Alfred-Delp-Schule Hargesheim, die über Ostern 2006 in

Sie haben den Blick über ihren kulturellen und geographischen Tellerrand hinaus gewagt und dabei entdeckt, dass sie auch am anderen Ende der Welt einen Nächsten haben, der ihnen freundschaftlich zugeneigt ist, und dem sie ihre Solidarität in Tat und Wort bekunden können.

Bolivien an einem Workcamp mit zwölf gleichaltrigen Bolivianer/-innen ihrer Partnerschule, dem Colegio Rosenhammer in San Ignacio, teilgenommen haben, dokumentieren und bestätigen:

„Wir sind angekommen. Einen solch warmherzigen, liebevollen, ehrlichen und unvergesslichen Empfang hat noch niemand von uns erfahren! Man wurde mit selbstgemachten Transparenten und unendlich vielen Küsschen empfangen und sofort ins Herz geschlossen. (...) Es ist erst knapp eine Woche vergangen, und wir fühlen uns, als wären wir nie woanders gewesen, als wäre San Ignacio unser Zuhause."

„Obwohl sie nicht viel besitzen und in engen Verhältnissen leben, wissen sie zu teilen."

„Uns ist aufgefallen, dass der Tanz ein wichtiger Bestandteil der bolivianischen Kultur ist. Sie tanzen wirklich immer! Selten haben wir Menschen gesehen, die das Tanzen so im Blut haben."

„Wir fahren mit einem Pickup, beladen mit 30 Leuten, über eine wirklich holprige Straße. Den Fahrtwind im Gesicht, keine Polizei, die einen anhalten könnte: Solche Momente machen den Unterschied zu Deutschland deutlich und geben uns ein Gefühl von Freiheit."

„In diesen Stunden haben wir unglaublich viel, auch trauriges, über unsere bolivianischen Freunde erfahren – Dinge, die ihnen in ihrem Leben widerfahren sind, die sehr schmerzhaft waren. Aber diese Menschen lassen sich nicht die Lust am Leben, am Lachen und am Geben nehmen."

„Unser Projekt, der Spielplatz, ist fertig. Unser Schweiß und unser Blut stecken darin. Blasen, Schürfwunden, Sonnenbrand, Verbrennungen, Erschöpfung sind die Opfer, die wir gebracht haben. Aber es gibt nichts auf der Welt, was wir lieber getan hätten." Diese jungen Menschen sind für ihr Leben geprägt worden durch die unbeschwerte Gelassenheit und Lebensfreude ihrer bolivianischen Freunde und durch die Erfahrung des einander ergänzenden Hand-in-Hand-Arbeitens. Sie haben den Blick über ihren kulturellen und geographischen Tellerrand hinaus gewagt und dabei entdeckt, dass sie auch am anderen Ende der Welt einen Nächsten haben, der ihnen freundschaftlich zugeneigt ist, und dem sie ihre Solidarität in Tat und Wort bekunden können.

„Bildung schaffen" muss auch in Zukunft ein Themen- und Aktionsschwerpunkt der Bolivienpartnerschaft sein, bei dem in Begegnungsreisen, Workcamps und Freiwilligendienste ebensoviel investiert wird wie in die ganzheitliche menschliche und christliche Bildung der nachwachsenden Generation Boliviens.

Die Katholische Universität in Bolivien bietet auch ein Studium für Medienschaffende an.

Wirtschaft fair gestalten

Gerechtigkeit ist eine Schnecke – wir helfen ihr auf die Sprünge

Von Gertrud Thielen

„Geiz-ist-geil", „Gewinnmaximierung als oberste Priorität", „Raubbau an den natürlichen Ressourcen" – diese und ähnliche Einstellungen tragen mit dazu bei, dass sich das große Ungleichgewicht und die Ungerechtigkeit weltweit verfestigen.

„Dient die Wirtschaft den Menschen oder ist es umgekehrt?" Wirtschaftliche Unternehmen sind gefragt, ihre soziale, gesellschaftliche und ökologische Verantwortung zu übernehmen. Gerechtigkeit und ein menschenwürdiges Leben für alle Menschen – das ist das Ziel. Es lässt sich ohne Veränderungen in den reichen Industrieländern allerdings nicht erreichen.

Für dieses Ziel engagieren sich Gruppen im Bistum Trier seit vielen Jahren, so die Aktion 3% in Föhren. Neben konkreter Hilfe für Projekte durch Selbstbesteuerung ist es ein wichtiges Anliegen der Aktion 3%, einen Beitrag zu solchen Veränderungen zu leisten, sich politisch einzumischen und Handlungsalternativen aufzuzeigen. Wichtig war und ist es der Aktion 3%, nicht nur über die Probleme und die Zusammenhänge, die ungerechten Strukturen, skrupellose Ausbeutung und Abhängigkeit zu informieren und aufzuklären, sondern die Mitglieder wollen sich selbst als Teil einer reichen Gesellschaft in die Pflicht nehmen.

Gegenmodell: Fairer Handel

Seit 1990 unterhält die Aktion 3% einen Weltladen, in dem Waren aus Fairem Handel angeboten werden, hergestellt von Kleinproduzent/innen in der sogenannten Dritten Welt. Der faire Handel ist aus der Erkenntnis entstanden, dass die Dritte Welt auf dem Weltmarkt systematisch benachteiligt ist. Der Faire Handel will dazu ein Gegenmodell sein.

Die wesentlichen Merkmale des alternativen Handels:

Mehrpreis: faire Preise für die Produzent/innen in den Ländern des Südens

Sozialverträglich: menschenwürdige Arbeitsbedingungen und Einhaltung arbeitsrechtlicher Standards, keine ausbeuterische Kinderarbeit oder Zwangsarbeit

Partnerschaftlich: langfristige und verlässliche Beziehungen zwischen den Handelspartner/innen, Beratung und Begleitung bei Anbau, Produktentwicklung und Vermarktung sowie Hilfe bei der Finanzierung

Nachhaltig: schonender Umgang mit natürlichen Lebensgrundlagen, Förderung und Unterstützung biologischer Anbaumethoden

Transparent: wechselseitige Transparenz auf allen Handelsstufen

Diese Kriterien sind das Fundament der drei Säulen der Weltladenarbeit: Verkauf, Information und Kampagnen. Dabei setzt jeder einzelne Laden je nach Geschichte, Struktur und Größe seine individuellen Prioritäten.

Einige Beispiele aus der Arbeit der Aktion 3% in Föhren:

Einbindung in Begegnungsreisen: Seit Gründung des Vereins sind die Kontakte zu Menschen in Bolivien ein regelmäßiges und wichtiges Element. Dazu bieten die Begegnungsreisen eine gute Gelegenheit, und viele bolivianische Gäste konnten in Föhren schon begrüßt werden. Immer wieder sind diese Besuche eine Bereicherung für die entwick-

Der Eine-Welt-Laden in Föhren.

Jugendliche befassen sich in Gesprächsgruppen mit der Gerechtigkeit, ... bei Kindern geht das spielerisch.

Die Aktion 3% betreibt viel Informationsarbeit.

vom Verband der nationalen Quinua-Produzenten Boliviens (ANAPQUI) oder durch die Genossenschaft Coronilla vermarktet oder Kakao von der Kooperative El Ceibo. Beide Produkte sind im Partnerschaftsriegel Ricobo enthalten, der auch in den Weltläden im Bistum Trier angeboten wird und bei vielen Aktionen einsetzbar ist (Bauchladenverkauf, Geschmackstest, ...)

Fairer Handel auf Rädern

Fair Mobil: Dieser rollende Weltladen ist ein mobiler Verkaufanhänger, der zusammen mit dem BDKJ (Bund der deutschen katholischen Jugend) betrieben wird und bei Pfarrfesten und ähnlichen Veranstaltungen seinen Einsatz findet. Auch bei Veranstaltungen des Bistums (zum Beispiel den Heilig-Rock-Tagen) präsentiert das Weltladenteam das Sortiment aus fair gehandelten Waren. Gleichzeitig gibt es die Möglichkeit auch für andere Gruppen, den gut ausgestatteten Verkaufsanhänger für Aktionen auszuleihen, was häufig genutzt wird.

Kinderaktionen/Workshops für Kinder: Auch Acht- bis Zwölfjährige sind eine Zielgruppe, um die sich die MitarbeiterInnen des Weltladens bemü-

lungspolitische Arbeit der Gruppe.
Weltladen-Jugendliche: Eine Gruppe von acht Jugendlichen hat sich im Weltladen zusammengefunden, um auf jugendgemäße Art und Weise den fairen Handel kennen zu lernen und zu unterstützen. Ein besonderes Projekt wurde zum Beispiel zusammen mit jungen Freiwilligen aus Bolivien durchgeführt. Über mehrere Monate gab es regelmäßige Treffen, um den fairen Handel und die Arbeit der Weltläden kennen zu lernen, aber auch die Lebensrealität der Menschen in Bolivien. Besondere Aktionen waren das Durchstreifen eines Maisfeldlabyrinthes, der Besuch eines „Kaffeenachmittags" im Fair-HandelsZentrum in Saarbrücken und die gemeinsame Planung und Durchführung eines Workshops für Kinder.

Ricobo – der Partnerschafts-Schoko-Riegel: Mehrere besondere Produkte aus Bolivien werden im Fairen Handel angeboten, zum Beispiel Quinua

hen und in alters entsprechenden Aktionsformen „Eine-Welt-Arbeit" und „Fairen Handel" näher bringen. „Vamos – Entdecke Bolivien" beinhaltete eine gespielte Flugreise nach Bolivien und viele kindgerechte Begegnungsformen mit der Kultur und Realität des Landes. „1x Philippinen und zurück" klärt die Kinder über die Lebensumstände von Gleichaltrigen auf, die auf dem Müllberg in Manila arbeiten und leben. „Rund um Kakao und Schokolade" zeigt den Weg der Verarbeitung von der Kakaobohne zur Schokoladentafel auf und macht auf die Vorteile des fairen Handels für die Kakaoproduzenten aufmerksam.
Großpuppen: Eine sehr wirkungsvolle und eindrucksvolle Präsentation ermöglichen diese überdimensionalen Figuren, die nicht übersehen werden können und bei Straßenaktionen viel Aufmerksamkeit erregen. Beispielsweise während der Landesgartenschau konnten sie zu Themen wie Verschuldung und ungerechte Handelspolitik eingesetzt werden.
Erlassjahrkampagne: Die Aktion 3% ist Mitträger dieses breiten gesellschaftlichen Bündnisses, dem etwa 800 Organisationen angehören. Mit Aktionsformen wie Informationsveranstaltungen, Unterschriftenaktionen, Protestaktion „Kölner Kette" engagieren sie sich für die Ziele eines weitreichenden Schuldenerlasses für die armen Länder der Erde im Jahr 2000 und die völkerrechtlich verbindliche Neugestaltung internationaler Finanzbeziehungen im Sinne eines fairen Interessenausgleichs zwischen Schuldnern und Gläubigern („Internationales Insolvenzrecht").

In El Alto steht eine Schokoladenfabrik, die einer Genossenschaft gehört ...

... sie produziert die Grundstoffe für den Ricoboriegel.

Info:

Die Aktion 3% ist eine Selbstbesteuerungs-Aktion. Die Idee dazu geht zurück auf eine Anregung einer Unterorganisation der UNO für Welthandel und Entwicklung. Der Vorschlag: Die Industriestaaten sollen ein Prozent ihres Bruttosozialproduktes für Entwicklungshilfe bereitstellen. Bis heute kommt nur Dänemark (1,06 Prozent) dieser Empfehlung nach. Deutschland liegt gar unter 0,27 Prozent. Die Aktion 3% setzt diese Empfehlung in ihrem Kreis um, indem die Mitglieder und Spender/innen 3% ihres Einkommens einzahlen. Mit diesem Geld werden entwicklungsfördernde Projekte in der sogenannten Dritten Welt unterstützt. Die Spenden werden ohne weiteren Verwaltungsaufwand weitergeleitet. Seit 1981 wurden mit mehr als 330 000 Euro Projekte in Lateinamerika, Asien und Afrika unterstützt. (Stand 2010)

Dialog und gesellschaftliche Beteiligung

Die Partnerschaft der Deutschen Pfadfinderschaft St. Georg (DPSG) Trier mit der Asociación de Scouts de Bolivia, Distrikt Cochabamba (ASB)

„Seht die Welt mit wachen Augen, lasst die Sprüche, die nichts taugen. Wir glauben an den guten Geist, der den rechten Pfad uns weist. Kommt lasst uns den Anfang machen. Wir probieren neue Sachen. Wir brauchen Mut und Fantasie, sonst ändern wir die Erde nie! Flinke Hände, flinke Füße, wache Augen, weites Herz. Freundschaft, die zusammen hält, so verändern wir die Welt."

Von Anja Peters

Die Welt mit wachen Augen sehen und den Mut haben, Ungerechtigkeiten beim Namen zu nennen. Diese Aufforderungen gelten (nicht nur) für Pfadfinder/innen in Deutschland und Bolivien.
Unter dem Motto „Juntos construyamos un mundo mejor" – Wir bauen gemeinsam an einer besseren Zukunft wurde 1991 die Partnerschaft zwischen der ASB Cochabamba und der DPSG Trier geschlossen. Seitdem hat sie sich stetig weiterentwickelt, und in beiden Verbänden und Ländern konnten viele Pfadfinder/innen (Kinder und Jugendliche in den Gruppen und die Gruppenleiter/innen) daran teilnehmen, unvergessliche und prägende Erfahrungen machen, Freundschaften schließen, die Lebenswirklichkeit der Freunde im anderen Land in den Blick nehmen, voneinander lernen sowie Projekte gemeinsam angehen und verwirklichen. Kern dieser Partnerschaft ist die Begegnung von Menschen. Daher findet alle vier Jahre eine Begegnungsreise der Bolivianer/innen nach Deutschland statt. Um zwei Jahre versetzt dazu reist alle vier Jahre eine deutsche Delegation nach Bolivien. Besonders diese Begegnungen sind zu den nachhaltigsten Erlebnissen geworden und fördern in ganz besonderem Maße das gegenseitige Kennenlernen und Voneinanderlernen.

Jahresaktion 2010.

Begegnung mit bolivianischen Partnern ist immer sehr lebendig.

Auch im Mai/Juni 2010 konnte die DPSG Trier 14 Gäste aus Bolivien im Bistum begrüßen. Das Thema der Begegnungsreise 2010 lautete: Freude der Begegnung; Realität von Kindern und Jugendlichen in Deutschland. In der Vorbereitung der Reise äußerten die deutschen Partnergruppen den Wunsch, den Gästen die große Bandbreite an Realitäten zu zeigen, die das Leben von Kindern und Jugendlichen in Deutschland prägen. Dieser Vorschlag führte dazu, dass die Deutschen sich zunächst selbst erst einmal über die Situation in ihrem Land informieren mussten. Viele Fragen kamen auf und wurden kontrovers diskutiert: Was bedeutet Kinderarmut im Industriestaat Deutschland? Wie viel Geld hat man zur Verfügung, wenn man von Hartz IV leben muss? Was ist soziale Marginalisierung, und wie leiden die Kinder darunter? Welche Folgen hat ein steigender Druck in der Schule und an der Universität? Kann man vom Internet süchtig werden? Wer darf eigentlich auf Eliteschulen oder -universitäten, und was kostet das die Eltern?

Probleme in der Gesellschaft erkennen

Die Reiseleitung erhielt den Auftrag, die angesprochenen Aspekte als Programmpunkte in die Reise einzuplanen. Ziel war es, mit den Partnern ins Gespräch zu kommen, Probleme in unserer Gesellschaft aufzuzeigen, herauszufinden, welchen Blick die bolivianischen Partner auf unser Land und die dort lebenden Kinder und Jugendlichen haben. Ein spannendes Unterfangen, das in den vier Wochen der Reise immer wieder zu intensiven Diskussionen, Konversationen mit Händen und Füßen und neuen Erkenntnissen auf beiden Seiten führte. Dieser kleine Einblick soll verdeutlichen, wie die Partnerschaft mit Bolivien den Dialog in und zwischen Gesellschaften verschiedener Länder fördern und bereichern kann. Die seit vielen Jahren gewachsene Freundschaft und das Vertrauen zu den bolivianischen Partnern ermöglicht einen Austausch, der von unschätzbarem Wert ist. In diesem Rahmen fällt politische Bildungsarbeit auf fruchtbaren Boden, und gesellschaftspolitische Themen werden erlebbar gemacht. Bei vielen Pfadfinder/innen entstand nach der Reise der Wunsch, etwas gegen die Missstände zu unternehmen, die sie in Deutschland vorfanden und ihren Partnern erklären mussten.

Die oft gepredigten Pflichten als Demokratinnen und Demokraten und auch als Christen, sich am gesellschaftspolitischen Geschehen zu beteiligen, für Benachteiligte einzutreten und an gerechteren wirtschaftlichen und politischen Strukturen zu arbeiten – in der Partnerschaftsarbeit mit Bolivien werden sie konkret.

Die Aufgabe der Jugendverbandsarbeit im Bistum Trier ist es, die fruchtbare Partnerschaft zu Bolivien – auch im Sinne politischer Bildungsarbeit – weiter zu pflegen und zu fördern. Es gilt, mit Kindern und Jugendlichen Demokratie und gesellschaftliche Beteiligung im Kleinen zu praktizieren, um im Großen dazu beizutragen, die Welt zu verändern.

Kinder haben viel Verständnis für die Probleme von Kindern in anderen Teilen der Welt.

Gemeinsam mit bolivianischen Partnern auf dem Katkolikentag in Saarbrücken.

Christliche Spiritualität leben

Erfahrungen in der Begegnung mit Menschen in Bolivien

Von Remigia Ternes

Das große Spektrum des Themas werde ich eingrenzen auf die Spiritualität, in der ich meine spirituellen Wurzeln habe, wie auf die Erfahrungen, die ich in der Begegnung mit Menschen in Bolivien machen durfte.

Christliche Spiritualität gründet in der Taufe

Der Christ ist getauft auf den Namen des dreieinigen Gottes, ist hineingenommen in die Lebensgemeinschaft mit Gott. Dieses Hineingenommensein, die Teilhabe am Leben dessen, der Schöpfer und Urquell des Lebens ist, gilt es zu leben und ihm Gestalt zu geben im Vertrauen darauf, dass Gott, der uns seinen Geist geschenkt, vollenden wird, was uns mangelt (vgl. Phil 1, 6). Unsere tiefste Wirklichkeit als Christ gründet also in der Gemeinschaft mit Gott. So wird gelebter Glaube zu der Lebensweise, die dem eigenen Leben eine geistige Identität gibt. Es ist die Berufung eines jeden Christen, die Gemeinschaft mit Jesus Christus zu leben (1 Kor 1, 9). Er ist uns in seinem Handeln, seiner Ethik bis hin in seine radikale Lebenshingabe Orientierung und Vorbild. Er will in uns, wie es Paulus im Galaterbrief ausdrückt „Gestalt annehmen" (Gal 2, 20). Durch uns, durch mich will er mit seiner Liebe Menschen ganz konkret erreichen. Es geht letztendlich darum, das zu leben, was unsere neue Existenz ausmacht: Jedem Menschen – weil er Gottes Ebenbild und von Gott gewollt und geliebt ist – Respekt zu bezeugen, ihm Wertschätzung und Liebe entgegenzubringen. Da wir „Geist-beschenkte" sind, dürfen wir auf sein Wirken in uns und mit uns vertrauen.

In der Partnerschaft mit Bolivien wird dies konkret, wenn wir das geschwisterliche Miteinander wertschätzen, pflegen und kultivieren, miteinander achtsam umgehen. Über den gemeinsamen Weg: Patenschaft – Partnerschaft – Hermandad, schreibe ich kühn die Aussage des heiligen Ignatius von Loyola: „Die Liebe besteht in der Mitteilung von beiden

Die Taufe eint uns.

In der Schönheit der Schöpfung Boliviens begegnet uns Gott.

Seiten: nämlich darin, dass der Liebende dem Geliebten gibt und mitteilt, was er hat, oder von dem, was er hat oder kann; und genauso umgekehrt der Geliebte dem Liebenden. Wenn also der eine Wissen hat, so gibt er es dem, der es nicht hat; und ebenso wenn er Ehren; wenn er Reichtümer hat; und genauso gegenseitig" (EB Nr. 231).

Das Teilen von allem was unser Leben ausmacht, ist Merkmal dieser Aussage. Es gibt viel, was wir bereits in 50 Jahren miteinander geteilt haben und was uns in Zukunft miteinander zu teilen geschenkt wird. So können wir uns gegenseitig mit dem Reichtum unserer Kulturen und unserer Glaubenserfahrungen auf dem gemeinsamen Weg geistlich und menschlich bereichern. Wenn uns dies in der Vergangenheit auch nicht immer in einer ausgewogenen Balance gelang, so hat uns die Partnerschaft doch reich beschenkt. Ja, viel haben wir in den Jahren des gemeinsamen Weges voneinander empfangen und lernen dürfen.

Ein Gott, den ich in allem finde

„Gott in allem suchen und finden" ist einer von zwei Kernsätzen der ignatianischen Tradition, die uns Impuls sein können, christliche Spiritualität zu leben: Gottes Geist hat in der Taufe in mir Wohnung genommen. Er beseelt mich, belebt mich täglich neu, treibt mich an zum Guten. „Der Geist ist es, der lebendig macht" (Joh 6, 63).

Doch Gott ist nicht nur ein Gott in mir. Er ist ein Gott, den ich in allem finde. Ich begegne ihm in der Schönheit und Gestalt alles Geschaffenen, in den Begegnungen und Ereignissen meines Alltags. So bin ich eingeladen, mich einzuüben „achtsam zu leben", dem Leben auf der Spur zu bleiben. Mehr und mehr entdecke ich dann, dass ich Gott in der Realität meines Alltags begegne, dass er sich auf eine schlichte und einfache Weise „finden lässt".

Mit einem spirituellen Impuls in dieser Richtung wurde ich bei meiner ersten Bolivienreise vor 22 Jahren in Bolivien beschenkt. Die Erde und der ganze Kosmos sind den Menschen dort heilig. Wie behutsam ist ihr Umgang mit der Schöpfung, die Achtung, der Respekt vor „Pacha mama", der Mutter Erde, die uns anvertraut ist. Es hat mich tief berührt und seither nicht mehr los gelassen. Meine Beziehung zur Schöpfung wurde durch eine neue Qualität und Tiefe bereichert.

Es wird damit die Schöpfung transparenter auf den hin, dem sie sich verdankt, der ihr Schöpfer ist. Ignatius widmet dieser Thematik in der vierten Exerzitienwoche (EB Nr. 235) eine Betrachtung, in der er den Exerzitanden einlädt, „zu Schauen, wie Gott in allen Geschöpfen wohnt":

- in den Elementen, indem er ihnen das Dasein gibt;
- in den Pflanzen, indem er ihnen das Leben schenkt;
- in den Tieren, indem er ihnen Wahrnehmung mitteilt;
- in den Menschen, indem er ihnen Denken verleiht;
- und so in mir,
- indem er mir Dasein gibt;
- indem er mir Leben schenkt;
- indem er mir Wahrnehmung verleiht;
- indem er mich denken lässt;
- ebenso indem er einen Tempel aus mir macht, da ich nach dem Gleichnis und Bild seiner göttlichen Majestät geschaffen bin.

So wird alles Geschaffene in die innerste Verbindung zum Schöpfer gerückt und wird uns zum Bild, zur anfassbaren Realität unseres Gottes: „Gott ist in allem zu finden". Wir brauchen keine Klimmzüge zu machen, ihn nicht da und dort zu suchen, denn wir begegnen ihm überall und jederzeit. Unsere Antenne muss nur auf Empfang eingestellt sein.

Gott in den Alltag hineinnehmen

Eine junge Bolivianerin, die ein Jahr in Deutschland lebte, sagte mir in einem Gespräch: „Ich kann es nicht verstehen, bei euch ist das mit dem Glauben und dem Beten anders. Ich habe es bei meinen Eltern ganz einfach gelernt. Ich weiß und fühle, dass Jesus immer, den ganzen Tag mit mir ist, ob ich nun in einer Kirche bete, mich mit meinen Freunden treffe oder tanzen gehe. Meine Verbundenheit mit Jesus, mein Glaube, ist mir den ganzen Tag über allezeit wichtig und wertvoll. Sie ist das Kostbarste meines Lebens." So wird also in Bolivien vielfach „Christliche Spiritualität" im Alltag aus der Glaubenspraxis gelebt. Sie trägt die glücklichen Momente, die Freude am Leben, aber auch die Bedrängnisse, das Schwere des Alltäglichen und die Schicksalsschläge. Im Glauben macht sie sie transparent auf den hin, von dem alles Leben ausgeht und der dahinter steht.

Gastfreundschaft beinhaltet mehr als ein warmes Essen.

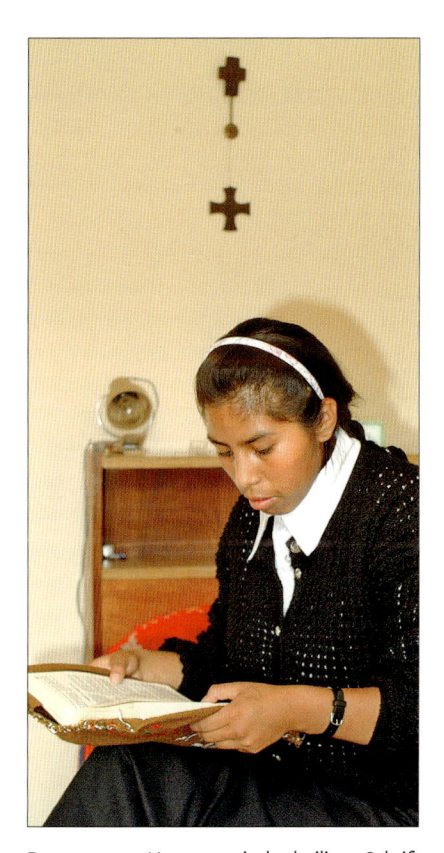

Der vertraute Umgang mit der heiligen Schrift prägt das Leben.

Ist es das, was wir von unseren bolivianischen Freundinnen und Freunden im wahrsten Sinne des Wortes als christliche Spiritualität für unser Leben lernen können? „Mein Leben von Gottes Da-sein durchdringen lassen und im Alltag handeln aus dem tiefen Vertrauen, Gott ist in mir und allezeit mit mir. Mit ihm wirke ich an der Gestaltung unserer Welt für Frieden, Gerechtigkeit, Bewahrung der Schöpfung und am Aufbau des Reiches Gottes mit." Konkret wird das in alltäglichen Lebensvollzügen als Christ: im Zeugnis geben; in der Diakonie; in gelebter Gemeinschaft, der liturgischen Feier und dem füreinander Einstehen.

„Zur größeren Ehre Gottes" ist ein zweiter Kernsatz bei Ignatius, eine Aussage, die darin besteht, dass man nicht von vornherein weiß, worin die Ehre Gottes im Alltagshandeln, in Entscheidungen besteht, sondern dass man danach suchen muss. Hilfreich ist uns dabei die Betrachtung des Lebens Jesu, seines Wirkens und Handelns in seinem sozialen Umfeld, seines vertrauten Umgangs mit dem Vater. Durch achtsames Hinschauen gilt es, den Kairos wahrzunehmen und im alltäglichen Leben einzuüben, was gut ist für mein Tun, für die Beziehung zu meinen Mitmenschen. Wir sollten uns öfters fragen: Wirkt mein Handeln darauf, Hoffnung zu wecken, Glauben zu stärken, Liebe zu leben und Gott die Ehre zu geben?

Von unseren Schwestern und Brüdern in Bolivien empfangen wir Impulse für den vertrauten Umgang mit der heiligen Schrift. In aller Schlichtheit vertrauen sie darauf, dass Gottes Geist einem jeden geschenkt ist und uns im Innersten bewegt, dass Gott ein Wort für unsere Lebenssituation hat. So teilen sie das Wort der Schrift miteinander als kostbare Gabe, die sie nicht für sich allein, sondern zur Stärkung und Ermutigung füreinander und zur größeren Ehre Gottes, empfangen haben.

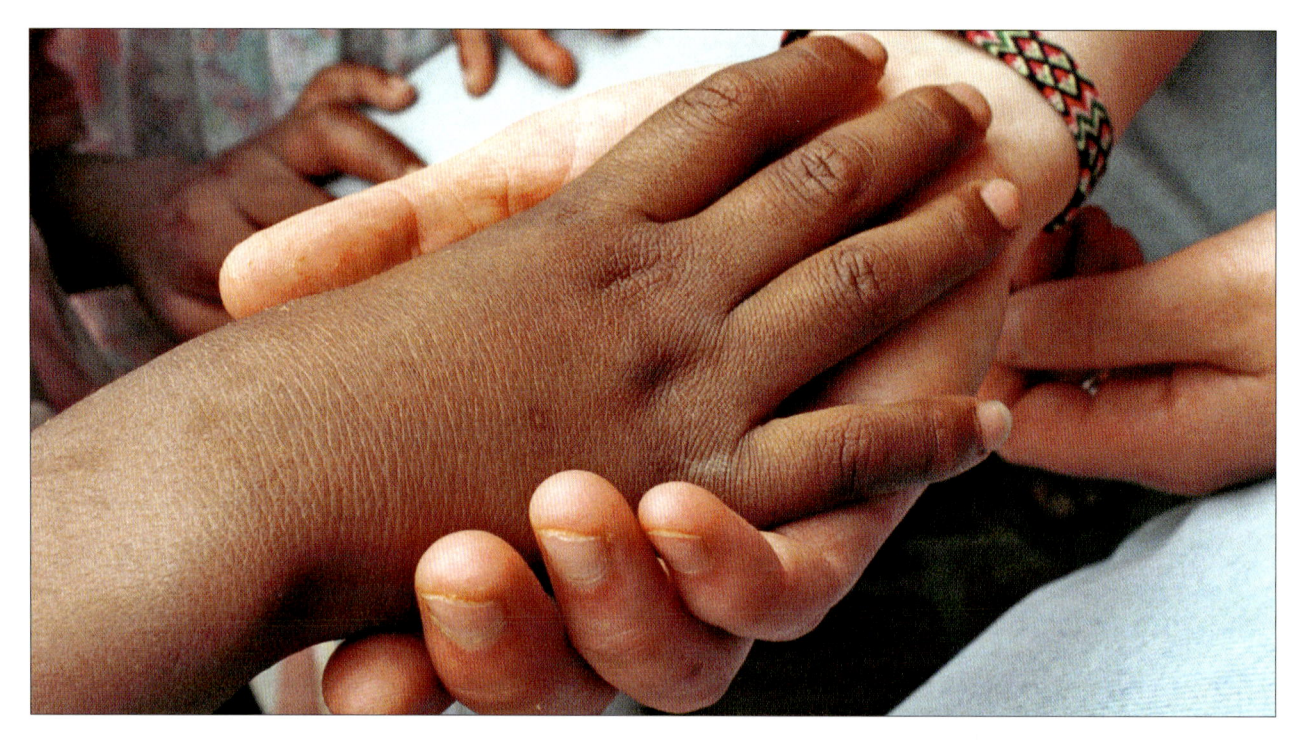

In der Begegnung mit unseren bolivianischen Schwestern und Brüdern liegt viel Wärme und Herzlichkeit.

Gastfreundschaft und Lebensfreude

Gastfreundschaft zu pflegen ist eine spirituelle Stärke und Selbstverständlichkeit christlichen Handelns für unsere Schwestern und Brüder in Bolivien. Mit großer Freude und Herzlichkeit werden wir als Freunde, als Geschwister empfangen. Die Menschen teilen mit uns, was sie besitzen. Es ist dies nicht nur die Großherzigkeit ihrer Einladung, an ihrem Tisch Platz zu nehmen, sondern auch ihre Fröhlichkeit, ihre Freude am Leben bei Musik und Tanz, ihre Dankbarkeit und Spontaneität, die sie mit uns teilen und uns damit auf eine wunderbare Weise beschenken. Für mich wurden meine ersten Begegnungen in Bolivien zur Erfahrung: „Das ist aller Gastfreundschaft tiefster Sinn, dass einer dem andern Rast gebe auf dem Weg nach dem ewigen Zuhause" (Romano Guardini).

In vielen Begegnungen mit unseren Schwestern und Brüdern aus Bolivien erlebten wir die Verbundenheit und Gemeinschaft des Glaubens und damit die Universalität von Kirche in gemeinsamen Gottesdiensten, fürbittenden Gebeten und bei Fest und Feier. Es ist wohl diese geistliche, geschwisterliche Verbundenheit, die die Partnerschaft und Freundschaft durch fünf Jahrzehnte getragen, gestärkt und im Heiligen Geist belebt hat.

Im Gebet sammeln die bolivianischen Josefsschwestern Kraft für den sozialen Einsatz.

Bewahrung der Schöpfung

„Grüne Oasen" auf dem Altiplano – Gerechtigkeit als Schlüsselbegriff

Von Petra Hauprich-Wenner

12 000 Baumsetzlinge jährlich in 17 Gemeinden, acht Wasserauffangbecken, Ausbildung von 24 Promotoren und vieles mehr sieht das gemeinsame Jubiläumsprojekt des Bistums Trier im Bereich Bewahrung der Schöpfung in Bolivien vor. Ein Tropfen auf den heißen Stein? Nein. Es ist viel mehr. Es ist ein konkretes Hoffnungszeichen und ein aktiver Beitrag zur Anpassung und zur Bewältigung des Klimawandels, wie German Vargas, Agraringenieur aus Cochabamba, eindrucksvoll den TeilnehmerInnen der Tagung „Heiße Zeiten. Klimawandel und Gerechtigkeit" in Trier vor Augen führte. In über zehnjähriger Bewusstseins- und Anpassungsarbeit ist es ihm gelungen, zusammen mit etwa 400 Familien auf dem Altiplano grüne Oasen zu schaffen, die Bodenerosion zu stoppen, traditionelle Landwirtschaft weiter zu entwickeln, Einkommen zu schaffen und auch die Landflucht zu mildern. Diesen positiven Weg gilt es mit dem Jubiläumsprojekt zu unterstützen und konsequent weiterzuführen.

Anpassung an den Klimawandel, Sicherung des Lebensunterhaltes, Armutsbekämpfung, Nahrungssicherung, die Weiterentwicklung traditioneller Landwirtschaftsmethoden und

Viele kirchliche Projekte beteiligen sich an Aktionen zur Aufforstung.

German Vargas erprobt alternative und effektivere Anbaumethoden.

Die Gletscher der Kordilliere schmelzen in einem atemberaubenden Tempo.

der Einsatz neuer Technologien gehören zu einem zukunftsfähigen Szenario. Eine solche Umstellung verlangt viel Flexibilität und Veränderungswillen von den Menschen. Liebgewonnene, traditionelle Pfade zu verlassen ist nicht einfach – weder in Bolivien, noch bei uns in Deutschland.

So groß die Unterschiede zwischen dem Leben in Deutschland und dem Leben in Bolivien auch sein mögen, es gibt für beide Länder gemeinsame Herausforderungen: die Anpassung an den Klimawandel.
Die neue Partnerschaftsvereinbarung der Bistümer Trier, Hildesheim und der Kirche Boliviens stellt sich dieser Verantwortung, in ihr heißt es unter anderem: „(13) Angesichts der Globalisierung setzen wir uns ein für: Bewahrung der Schöpfung, gerechte Wirtschaftsstrukturen weltweit, Transparenz und politische Partizipation innerhalb der Partnerschaft und auf

Immer noch ist die Brandrodung üblich, um neues Ackerland zu gewinnen.

Häufig gibt es große Erosionsschäden.

den politischen Ebenen." So wurde als Schwerpunkt der Partnerschaftsarbeit 2011/2012 die Schöpfungsverantwortung ausgewählt.

Der Klimawandel ist eine neue Herausforderung in der Bolivienpartnerschaft.

Als ChristInnen haben wir eine hohe Verantwortung für die Erde, Bewahrung der Schöpfung ist für uns Christen ein sogenanntes „Kerngeschäft". Die Erde erwärmt sich rasant, die Zerstörung der Ozonschicht nimmt zu und die Auswirkungen haben ein gigantisches Ausmaß erreicht. Sichtbar wird der Klimawandel in Bolivien etwa durch eine stärkere Ausprägung der Klimaphänomene El Nino und La Nina, ein Aufweichen der klassischen Regenzeiten, der Frost- und Trockenperioden. Die Folgen sind eine Verschiebung der Aussaatzeiten, Verkürzungen der Vegetationsperioden und damit eine Erhöhung des Produktionsrisikos. Bereits jetzt gibt es Ernährungsengpässe, Abholzung und Brandrodungen im Süden des Landes. Für den Export bestimmte Monokulturen verschärfen außerdem die Situation, denn hier gibt es eine Konkurrenz zwischen den Anbauflächen für Ernährung und für Energie.

Auf der Welthungerkarte der Vereinten Nationen nimmt Bolivien den führenden Platz in Lateinamerika ein. In der tropischen Andenregion führt ein Gletscherrückgang um etwa 30 Prozent zu einer Veränderung der Abflussregime, zu Überschwemmungen auf der einen Seite und längerer Trockenheit auf der anderen Seite. Quellen versiegen, der Grundwasserpegel sinkt, Konflikte um Wasserrechte entstehen. Bereits heute leben 65 Prozent der neun Millionen Bolivianer in den drei städtischen Großregionen La Paz/El Alto, Cochabamba und Santa Cruz, die einem so großen Bevölkerungszuzug kaum gewachsen sind.

Bolivien selbst ist mit nur 0,03 Prozent am weltweiten Schadstoffausstoß beteiligt, einer kaum zu unterbietenden Größe. Gleichzeitig ist es eines der Länder mit der höchsten Vulnerabilität, das heißt Verletzbarkeit im sozialen, ökologischen und ökonomischen Bereich. Der Klimawandel verschärft die bestehende Ungerechtigkeit zwischen Nord und Süd. Die Anpassung an den Klimawandel, die Reduzierung des CO_2-Ausstoßes und die Begrenzung des Temperaturanstieges – soweit dies möglich ist Prävention – sind die größten Herausforderungen, vor denen wir Menschen je gestanden haben.

Gerechtigkeit, Frieden und Bewahrung der Schöpfung sind die zentralen Begriffe des Konziliaren Prozesses. Ohne Gerechtigkeit und Bewahrung der Schöpfung ist kein Frieden – und somit kein menschenwürdiges Leben – auf Erden möglich, so lautete die These. In unserer globalisierten Welt muss der Begriff Gerechtigkeit hinsichtlich der Bewahrung der Schöpfung neu bedacht und vor allem neu eingefordert werden. Gerechtigkeit ist zu einem Schlüsselbegriff in der Nachhaltigkeitsdebatte geworden. Beides, Gerechtigkeit und Bewahrung der Schöpfung, gehören unabdingbar zusammen.

Vernetztes Denken und nachhaltiges Handeln entscheiden über unsere Zukunft. Wir alle sind aufgefordert, dazu unseren Beitrag zu leisten.

Im Jubiläumsjahr der Partnerschaft können wir gemeinsam mit unseren bolivianischen PartnerInnen Zeichen setzen. Wir können und wir müssen hier bei uns und in Bolivien:

– Modellprojekte für energiesparende Gebäude und klimaschonenden Verbrauch initiieren;
– eine Bildungsoffensive starten zu Themen wie Klimaschutz, Nachhaltigkeit, und Gerechtigkeit;
– weitere Aktionen wie Autofasten oder Regionaler Einkauf und Fairer Handel unterstützen;
– uns auf nationaler und internationaler Ebene einsetzen für einen gerechten Zugang aller Menschen zu den Ressourcen Wasser, Nahrung, Gesundheit und Bildung und für die unbedingte Einhaltung des Kyoto-Protokolls auf nationaler Ebene.

Und wir alle müssen bereit sein für einen schonenden Umgang mit Energie, Wasser und Nahrungsmitteln. Tag für Tag – für eine nachhaltige, gerechte Zukunft, in der alle Menschen gut leben können.

Wasserauffangbecken sind eher noch eine Seltenheit in Bolivien.

Menschen der Partnerschaft

Wer könnte besser über 50 Jahre Partnerschaft mit Bolivien Auskunft geben, als die Menschen, die sie erlebt und gelebt haben? In Portraits und Interviews mit einigen von ihnen werden Phasen und Besonderheiten der Partnerschaft transparent.

„Für Kinder müssen wir einfach was tun"

Hedwig Schäfer aus Braunweiler engagiert sich seit 1961 für Bolivien

Von Christine Cüppers

Fast genauso alt wie die Bolivienpartnerschaft ist das Engagement von Hedwig Schäfer für das südamerikanische Land. Die heute 66-Jährige aus Braunweiler erinnert sich im Interview lebhaft an die Anfangsjahre und das Wachsen der Beziehungen.

Frau Schäfer, die Anfänge des Einsatzes für Bolivien in ihrer Gemeinde reichen bis 1961 zurück. Was hat sie veranlasst, sich für dieses Land über so viele Jahre hinweg zu engagieren?

Hedwig Schäfer: Weihbischof Leo Schwarz stammt ja aus Braunweiler. Und als er 1961 zum ersten Mal nach Bolivien gegangen ist, da war es doch ganz selbstverständlich, dass seine Heimatgemeinde ihn unterstützt bei seiner Arbeit. Also haben wir in der ersten Zeit monatlich Rosenkranzgebete für Bolivien gehalten und dabei ein Opferkörbchen rundgehen lassen. Was da zusammenkam, haben wir an Leo Schwarz geschickt.

Die Kinder im Kinderheim von Sacaba bei Cochabamba sind glücklich über die Unterstützung aus Deutschland.

Als dann Anfang der 70er Jahre mein Vetter Klaus Weber auch in das Partnerland ging und in Cochabamba ein Kinderheim aufbaute, gab es einen weiteren Grund zu helfen. Zusammen mit meinem Mann und befreundeten Ehepaaren haben wir immer wieder neue Möglichkeiten gesucht, Geld für die Menschen in dem Land zu sammeln. Bei meiner vierwöchigen Reise nach Bolivien 1991 habe ich dann selber gesehen, wie wichtig unsere Hilfe vor allem für die Kinder in den Heimen ist. Da müssen wir einfach was tun.

Sie haben ganz viele Ideen entwickelt, Spenden für Bolivien zu sammeln. Welche Aktivitäten haben Sie im Laufe der Jahre auf die Beine gestellt, um ihre Ziele zu erreichen?

Schäfer: Nach den monatlichen Gebeten kam die Zeit, in der wir in unserem Freundeskreis Papier und Lumpen gesammelt, zu guten Preisen verkauft und den Erlös für Bolivien verwendet haben. Und vor dem Anfang der offiziellen Nahe-Weinfeste haben wir in Braunweiler schon eigene Feste auf die Beine gestellt, bei denen Winzer ihren Wein verkauften zugunsten der guten Sache. Als dann überall die Weinfeste aufkamen, mussten wir uns was Neues überlegen. Da kam uns in den 80er Jahren die Idee, ein Schlachtfest im Januar und ein Fischessen in der Fastenzeit zu veranstalten.

Das Schlachtfest ist bis heute der Renner, da kommen die Leute von weither und unterstützen uns bei unserer Arbeit für Bolivien.

Besonders liegen Ihnen die Kinder am Herzen. Wie haben Sie deren Lebensumstände kennen gelernt und erfahren, dass sie dringend auf Hilfe angewiesen sind?

Schäfer: Von meinem Vetter habe ich durch Telefonate, Briefe und Bilder schon einiges über die Situation vor

Jeweils im Januar wird in Braunweiler ein Schlachtfest für Bolivien durchgeführt.

allem der vielen ausgestoßenen und verlassenen Kinder erfahren. Als ich dann 1991 selber in Bolivien war und Klaus Weber in seinem Heim in Cochabamba besucht habe, konnte ich mit eigenen Augen sehen, wie elend und arm diese Kleinen sind. Da fehlt es an so vielem, obwohl die Kinder im Heim ja schon viel besser aufgehoben und betreut sind. Aber trotz allem Elend sind die Kinder fröhlich und herzlich, so wie überhaupt die Menschen in Bolivien eine ansteckende Gastfreundschaft und Herzlichkeit zeigen. Diese vier Wochen waren die schönsten in meinem Leben!

Wie sehen Sie die Zukunft Ihres Bolivien-Freundeskreises und Ihres Engagements?

Schäfer: Ich bedaure es sehr, dass meine Kräfte etwas nachlassen und ich nicht mehr so viel machen kann wie in den Jahren vorher. Zusammen mit den drei befreundeten Ehepaaren und vielen Helfern rundherum hoffe ich aber, dass wir noch lange arbeiten können und einige Schlachtfeste organisiert und veranstaltet bekommen. Es ist einfach so wichtig, das Bewusstsein für Bolivien in der Gemeinde bei den Menschen wach zu halten, immer wieder in Erinnerung zu rufen, wie wichtig unsere Hilfe ist. Wenn wir etwa für Blinden-Schreibmaschinen für ein Heim sammeln, dann sind das Hilfsmittel, die sonst nicht zur Verfügung stehen könnten, die den Menschen das Leben aber entscheidend erleichtern. Persönlich würde ich sehr gerne noch einmal nach Bolivien fahren.

„Padre Leon" wandelt zwischen zwei Welten

Leo Schwarz tankt in Bolivien Kraft „durch die Freude der Menschen im Glauben"

Von Ingrid Fusenig

„Leo Schwarz ist da." Kaum waren im April 2010 die Heilig-Rock-Tage mit dem Schwerpunkt „50 Jahre Bolivienpartnerschaft" gestartet, verbreitete sich diese Nachricht wie ein Lauffeuer. Der 2006 emeritierte Weihbischof lebt heute in Bolivien, in dem Land, das er als junger Kaplan erstmals kennen lernte und das ihn nie mehr loslassen sollte. Doch im Bistum Trier stehen dem Mann aus Braunweiler (Kreis Bad Kreuznach) nach wie vor viele Türen offen. Die Menschen begegnen ihm voller Sympathie und Herzlichkeit und gleichzeitig mit großem Respekt. Ob nun zum Beispiel bei Misereor, beim Aufbau von „Renovabis", als Vorsitzender der Deutschen Kommission von „Justitia und Pax" oder aber als Weihbischof – Leo Schwarz (geboren 1931) hat viel bewegt. Seine Beliebtheit mag aber nicht zuletzt auch daran liegen, dass er ein guter Beobachter ist, der offene Worte schätzt und auch mit Kritik nicht hinter dem Berg hält. Er ist ein Gesprächspartner, dessen Worte sich tief einpflanzen und lange nachhallen.

Doch Worte allein sind nicht die Sache des Weihbischofs. Wenn er auch von sich selber behauptet, mittlerweile etwas „wackliger" auf den Beinen zu sein, wirkt er doch vital und kraftvoll. Jedenfalls hat sich auch im Alter und im „Ruhestand" nichts an seinem Arbeitseifer geändert. Das

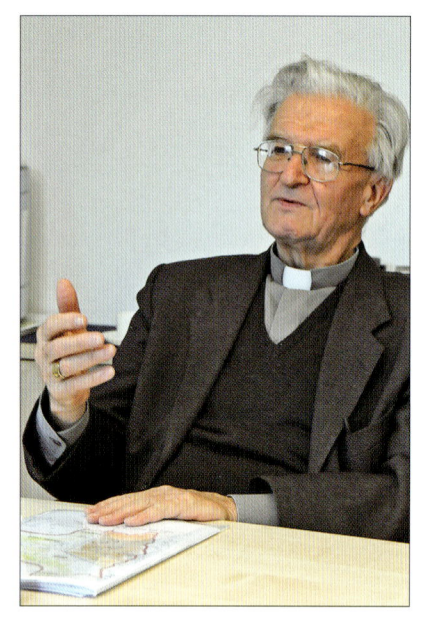

Leo Schwarz erzählt engagiert von Bolivien.

gilt natürlich für Bolivien, wo er tief im Süden im Wallfahrtsort Chaguaya (Diözese Tarija) Seelsorger ist und zupackt, wo immer seine tatkräftige Hilfe bei Reparaturen oder beim Bau von Wasserleitungen benötigt wird. Doch genauso hilft er bei seinen Besuchen im Bistum, wenn Not am Mann ist. Hier eine Firmung, dort eine Erwachsenentaufe – der Terminkalender ist schnell prall gefüllt. „Es ist schon interessant: Als junger Kaplan war ich in Bolivien, um in der Seelsorge auszuhelfen. Heute ist das genau umgekehrt. Heute helfe ich im Bistum", sagt Leo Schwarz. Jedenfalls sind die Zahlen, die 2007 – 25 Jahre nach seiner Bischofsweihe – bei der „Silber"-Feier im Dom genannt wurden, längst überholt: Damals war die Rede von 80 000 jungen Menschen, die er gefirmt hat, und von 1,2 Millionen Dienstkilometern. Viele sind hinzugekommen.

Aber Leo Schwarz geht es bei seiner Arbeit nicht um solche Zahlenspiele, er nutzt seine „Termine" auch, um den Menschen im Bistum Trier vom Partnerland zu erzählen. Mitte Mai etwa berichtete er Neuerburger Schülern von der großen Armut und Ausweglosigkeit, die es in dem lateinamerikanischen Land noch immer gibt. Dass bolivianische Kinder hungrig

Gern gesehener Gast bei den Heilig-Rock-Tagen.

Die Armut und Ausbeutung der Campesinos war für Padre Leon ein wichtiges Thema.

zur Schule kommen, dass einige schon einen dreistündigen Fußweg hinter sich haben, bevor es ans Lernen geht. Im Gegenzug gebe es Offenheit, Fröhlichkeit, tiefen Glauben und große Gastfreundschaft. Leo Schwarz ist ein guter Erzähler, doch manchmal verschlägt es selbst ihm die Sprache. Als nämlich ein Junge in seiner Hosentasche kramt und spontan sein komplettes Taschengeld spendet: 3,60 Euro. Schwarz: „Das hat mich sehr berührt. Dabei habe ich nicht einmal etwas Schlimmes erzählt."

Dabei könnte er das: Er war ein junger Kaplan, als es ihn in die Ferne zog. „Eigentlich war ich auf dem Sprung nach Afrika, doch Kardinal Maurer hatte andere Pläne und brachte Bolivien ins Spiel. Dort werde seelsorgliche Hilfe benötigt", erzählt Leo Schwarz. Er habe erst einmal auf der Landkarte nach Bolivien suchen müssen, dann sagte er: Ja! Gemeinsam mit den Priesterkollegen Hans Vössing und Heinz Schmitt, drei Schwestern und einem Schreiner ging es für die Pioniere auf eine Reise ins Ungewisse. Allein sechs Wochen mit dem Schiff unterwegs, kam die Delegation an in diesem angeblich „furchtbaren Land im letzten Winkel der Welt", das sich schnell als beeindruckend entpuppte. „Das war Liebe auf den ersten Blick. Bolivien hat mich fasziniert." Von 1962 bis 1970 arbeitete Leo Schwarz als Seelsorger in Bolivien. Dort nannten ihn alle „Padre Leon". Nach einem Intensivkurs „Spanisch büffeln und die Kultur begreifen lernen" habe die Hauptaufgabe zunächst darin bestanden, Sakramente zu spenden – und das nicht zu knapp bei „1500 Taufen und 350 Hochzeiten im Jahr". Leo Schwarz war natürlich hin- und hergerissen von der großen Not im Land. Und er spürte schnell, dass nicht alles, was von den Pionieren „gut gemeint auch tatsächlich sinnvoll" war. Heute spricht

Wallfahrtskirchen sind immer ein großer Anziehungspunkt.

er von einer großen Naivität und der „größten Unterschätzung" eines Landes. Immer häufiger habe er sich die Frage gestellt: Was ist Reichtum? Was bedingt eine Kultur? „Ich bin überwältigt, wie viel Liebe und Zuneigung uns entgegengebracht wurden. Das hat mich im tiefsten Herzen berührt." Die Menschen mussten lange ohne Priester auskommen, die Kirchen waren verschlossen oder Ruinen. Folglich war die Erwartungshaltung groß. Leo Schwarz erlebte die Herzlichkeit der Begegnung und die Freude genauso wie die bittere Armut, die ihn schockierte. „Ich bin mit meinem Pferd nicht weitergekommen, und da schmeckte ich die Armut auf einmal." In Bolivien galt der Leitsatz: Leben, um zu überleben.

Konfrontiert mit „der harten sozialen Realität, dem Hunger, der Armut und dem Phänomen der Ausbeutung" versuchte man, Lösungen zu finden, die den Menschen sofort helfen. Bessere Trinkwasserversorgung, Basisgesundheitsdienste, ein Schulsystem – es hakte an allen Ecken und Enden. Die Trierer Priester hätten sich engagiert, den sozialen Problemen zu begegnen. Leo Schwarz nennt zum Beispiel die Initiative zur Gründung landwirtschaftlicher Genossenschaften, um der „Ausbeutung der Campesinos durch Zwischenhändler einen Riegel vorzuschieben". Der Binnenmarkt sei mehr von Piraterie als von Gesetzen des Marktes bestimmt worden. „Die Preise wurden diktiert. Die Menschen bekamen keine Quittungen, nichts." Klinken putzen gehen, Schulungskurse, Papierkrieg, Satzungen tippen, Versammlungen, Widerstände, Guerilla-Bewegung, die Entdeckung der Lepra und der Kampf dagegen – Leo Schwarz erinnert sich an eine aufregende Zeit, in der er häufiger „mit der Soutane aufs Pferd stieg", um irgendwo Wogen zu glätten.

Leo Schwarz wäre damals gerne länger geblieben, doch „viele Priesterkollegen wollten unserem Beispiel folgen, und dann waren eben andere dran".

Die Bande zu Bolivien sind nie abgerissen – und nun wandelt Leo Schwarz zwischen zwei Welten. Die Flugreisen, das „schafft mich schon mittlerweile", doch das Umschalten falle ihm leicht. Viele Dinge seien auch dank der Hilfe aus dem Bistum Trier auf einem guten Weg, sagt Leo Schwarz. Aktuelle Entwicklungen im Land sieht er voller Sorge: „Nicht, dass ich sagen würde: Ich habe den Rat." Aber er sehe, dass Evo Morales das Land spaltet und dass die Korruption zunimmt. Westliche Einflüsse machten sich breit, die Bolivianer „kommen dadurch ins Gedränge".

Vor allem von Mitte August bis Mitte September spielt in der Diözese Tarija jedoch große Politik weniger eine Rolle. Dann kommen wahre Pilgerströme zur Wallfahrt. Für Leo Schwarz bedeutet das: Es ist wieder viel zu tun. Kraft tankt er, wenn er „dabei die Freude der Menschen im Glauben spürt".

Aushilfe im Bistum Trier: Weihbischof Schwarz bei einer Zulassungsfeier zur Erwachsenentaufe.

Handeln aus christlicher Überzeugung

Schwester Edith Kopp und die Pionierarbeit der Josefsschwestern

Von Christel Krein

Wer in Sucre zu den Trierer Josefsschwestern möchte, der braucht keine Adresse und auch keinen Stadtplan. Man winkt einfach ein Taxi herbei, sagt dem Fahrer: „Poconas – La maternidad por favor", erhält ein Nicken, und nach wenigen Minuten Fahrzeit ist man am Ziel angekommen. Fast jeder in Sucre und der Umgebung kennt die Casa de Maternidad, das Haus für Entbindungen und die seit über vierzig Jahren hier wirkenden Josefsschwestern. Eine von ihnen ist Schwester Edith, die bereits 1964 gemeinsam mit drei weiteren Schwestern der Trierer Ordensgemeinschaft nach Bolivien entsandt wurde.

Als die in Tawern an der Saar geborene Rosa Margarethe Kopp 1961 im Alter von 24 Jahren in die Gemeinschaft der Josefschwestern eintrat, konnte sie nicht ahnen, welch große Herausforderungen das Ordensleben für sie bereithalten würde. „Gleich nach der Erstprofess im Jahr 1964 übertrug mir unsere damalige Generaloberin Schwester Leopolda die Aufgabe, nach Bolivien zu gehen und dort im Sinne der im Aufbau befindlichen ‚gegenseitigen geschwisterlichen Hilfe' meine Arbeit zu tun. Ich habe erstmal geschluckt, als sie mich informierte. Dann hab ich mich davongeschlichen und heimlich auf dem Globus geguckt, wo das überhaupt liegt, Bolivien", erinnert sich Schwester Edith.

Schwester Edith Kopp.

„Schwester Radegundis und Schwester Theresita sind im Februar 1964 mit dem Flieger aufgebrochen. Schwester Katharina Siena und ich machten die Reise mit dem Schiff. Mit an Bord war auch eine erste Grundausstattung für das geplante Exerzitienhaus: ein großer Küchenherd, eine Waschmaschine und ein VW-Bus. Insgesamt war das Reisegepäck elf Tonnen schwer. Ich war unerfahren, konnte kein Spanisch. Ich wurde ins kalte Wasser geworfen und musste mich freischwimmen."

Die vier Schwestern aus dem Josefsstift wurden damals nach Bolivien geschickt mit dem Auftrag, ein Exerzitienhaus und Bildungszentrum aufzubauen und religiöse Bildungsangebote für die Bevölkerung zu machen. Die Baupläne für das Gebäude, die aus Trier mitgegeben wurden, entsprachen dem Vorbild deutscher Bildungshäuser und waren für ein flaches Grundstück konzipiert. „Dass das schöne große Grundstück, das uns letztlich zur Verfügung stand, an einem Berghang liegt, konnte man in Trier im Vorfeld nicht wissen. Trotzdem wurde nach dem ursprünglichen Plan gebaut. Das ist auch der Grund dafür, dass es heute in unserem Haus in Poconas so viele Treppen gibt. Das Internatsgebäude wurde später gebaut. Da haben wir an den Plänen mitgewirkt und diese an die Vorgaben der Topografie angepasst. Das ‚Oficina Treveris', eine Abteilung der Erzdiözese Sucre, organisierte die Bautätigkeit. Aber wir mussten die Arbeiten überwachen. Gebaut wurde ‚bolivianisch' – es gab viele Helfer und auch gute, zuverlässige Handwerker, aber keine Kräne und keine Maschinen, die die Arbeit erleichterten. Wenn Baubedarf geliefert wurde, haben wir Schwestern mitgeholfen, die schweren Materialien von den Lastwagen abzuladen. Das kam den Verantwortlichen im Bistum Sucre und auch den Menschen dort suspekt vor: Frauen, die Männerarbeit machen, die mit anpacken und sogar noch die Leitung übernehmen, das war etwas Neues, bisher Unvorstellbares. Die eigenständig agierenden

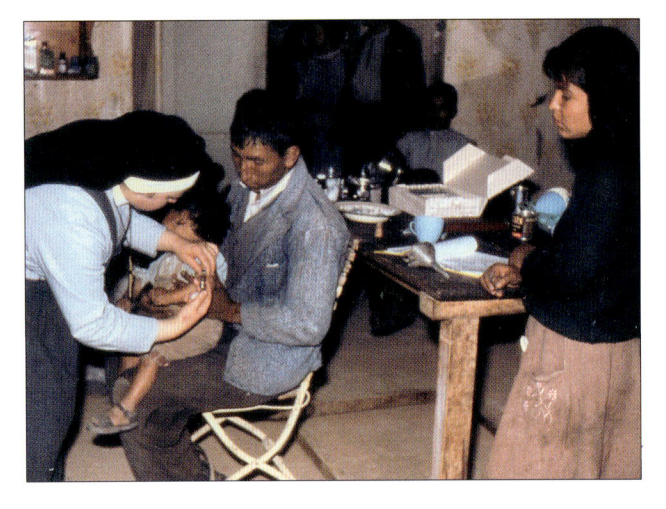

Aus frühen Tagen: ein Kind wird untersucht.

Kardinal Maurer studiert die Baupläne für Poconas.

jungen Frauen, auch wenn sie Nonnen waren, erregten Aufsehen, wurden kritisch beäugt. So Vieles war ungewöhnlich an unserem Handeln und an unseren Ideen. Da bauen einige junge Ausländerinnen am Stadtrand von Sucre ein Haus nach westlichem Stil. Manche einheimischen Priester benutzten den Begriff ‚antisigno' – ein Gegenzeichen für die vertraute, konventionelle Arbeit, die sie kannten. Sie waren misstrauisch. Es dauerte lange, bis sie unsere Arbeit und unseren Einsatz für die Menschen würdigen konnten", beschreibt Schwester Edith die Anfänge ihres Wirkens.

Als sie mit ihrer religiösen Bildungsarbeit begannen, hatten die Schwestern schnell erkannt, dass eigentlich andere, dringendere Aufgaben zu bewältigen waren. Die Exerzitien-Angebote gingen an den Bedürfnissen der meisten Menschen vorbei. Die Kurse wurden meist von den höheren Klassen der privaten Schulen genutzt. Das Haus war nur drei Monate im Jahr belegt. Sucre hatte damals etwa 60 000 Einwohner, und die Zielgruppe, die sie mit spirituellen Angeboten erreichen konnten, war begrenzt. Das Bistum Trier hatte den Bau des Hauses finanziert. Über die Kursangebote sollte der Betrieb des Exerzitienhauses abgedeckt werden. Die Kurse wurden für zehn bolivianische Pesos – umgerechnet etwa ein Euro angeboten. Aber nur Wenige konnten sich das leisten. Die religiöse Bildungsarbeit nach deutschem Konzept der 60er Jahre passte nicht zu den Herausforderungen, vor die sich der kleine Schwesternkonvent in Sucre gestellt sah.

Zielsetzung der Not folgend geändert

„Schon bald begannen unter uns Schwestern die Gespräche über die Veränderung unserer Arbeit und Zielsetzung. Gedrängt von der erdrückenden Not, die wir sahen, wollten wir den Ärmsten der Armen helfen. Doch unser offizieller Auftrag lautete anders. Wir standen vor einem Dilemma. Schwester Rita, die inzwischen aus Trier zu uns entsandt worden war und eine Ausbildung als Heimerzieherin und Pädagogin hatte, und ich als Säuglings- und Kinderkrankenschwester wollten dort ansetzen, wo die Not am größten war. Die hohe Säuglings- und Kindersterblichkeit und die große Zahl von Todesfällen im Kindbett erschütterten uns zutiefst und haben uns den Weg gezeigt, den wir letztlich gegen zahlreiche Widerstände eingeschlagen haben. Bis dahin war es ein schwieriger Prozess, doch zu Beginn der 1970er Jahre erhielten wir auch aus Trier grünes Licht. Unsere damalige Generaloberin Schwester Oranda und deren Nachfolgerin Schwester Blanda haben uns tatkräftig in unserer Intention unterstützt", erinnert sich Schwester Edith.

Die Zusage war, dass sie zunächst die erkennbare Not im Rahmen der Möglichkeiten lindern und trotzdem die Exerzitien- und Bildungsarbeit weiterführen sollten. Die Schwestern verlagerten nur die Orte: Nicht die Menschen sollten zu ihnen kommen, sondern sie gingen zu den Menschen, übernahmen Katechesen, arbeiteten in den Pfarreien mit, betreuten Kranke. Das pastorale Angebot wurde angepasst, nach außen, zu den Menschen getragen.

Die Josefsschwestern waren Pionierinnen auf dem Gebiet der Geburtshilfe, denn damals gab es keine staatlichen Programme, die die Vorsorge und Betreuung von Müttern und Neugeborenen in den Blick nahmen. Die hohe Kinder- und Säuglingssterblichkeit war akzeptierte Realität in der bolivianischen Gesellschaft. Die Notwendigkeit, an dieser katastrophalen Situation etwas zu verändern, war noch nicht erkannt. Die Schwestern brachten mit ihren Ideen und ihrer Arbeit eine neue Dimension in die Frage der Wertschätzung des menschlichen Lebens. „Die Liebe Christi drängt uns" – der religiöse und spirituelle Ansatz und Einsatz wurde von den bolivianischen Behörden nicht verstanden. Ihr Handeln, geprägt von Nächstenliebe und tätiger Solidarität, wurde teilweise belächelt oder skeptisch bewertet. Wenn auch die öffentliche Unterstützung fehlte, haben die Behörden die Arbeit der Schwestern aber nicht behindert.

Eine Heimat für zurückgelassene Kinder

„Es gab und es gibt entsetzliche Armut in Bolivien. Frauen, die in unserem Haus auf die Entbindungen vorbereitet wurden, hier ihr Kind zur Welt brachten und anschließend medizinisch betreut wurden, zahlten 50 Pesos – umgerechnet etwa fünf Euro. Es war egal, ob die Geburt gut verlief, ob ein Kaiserschnitt oder andere Versorgungen notwendig waren. Und wer dieses Geld nicht aufbringen konnte, der wurde auch nicht abgewiesen. Wir haben Hilfe geleistet, wenn sie gebraucht wurde, und nicht, wenn Bezahlung gesichert war", erläutert Schwester Edith das über Jahrzehnte erfolgreiche Konzept des Hauses, das von der bedürftigen Bevölkerung nur zu gerne angenommen wurde und den bis heute guten Ruf der Casa de Maternidad begründete.

Es geschah auch, dass junge Mütter, getrieben von Armut und Verzweiflung, nach der Geburt das Haus verließen ohne ihre Neugeborenen mitzunehmen, in der Hoffnung, dass den Kleinsten dort bessere Überlebenschancen gesichert seien. Manche setzten aus dem gleichen Grund ihren Nachwuchs auf der Schwelle der Geburtsklinik aus. Die Josefsschwestern enttäuschten auch hier das in sie gesetzte Vertrauen der Mütter nicht. Sie nahmen die Säuglinge und Kleinkinder bei sich auf. So entstand in Poconas, was zunächst gar nicht geplant war: ein Zuhause für Kleinkinder und damit verbunden ein weiterer großer Arbeitsbereich. „Bis zum Alter von vier Jahren behielten wir die Jungen und Mädchen in unserer Einrichtung. In dieser Zeit waren wir bemüht, Pflege- oder Adoptiveltern zu finden, wenn die Rückkehr in die eigene Familie nicht möglich war. Es gab nur wenige bolivianische Paare, die gerne Heimkinder aus Poconas adoptierten. Die Kinder der Ärmsten vom Campo waren für wohlhabende Bolivianer nicht attraktiv. Wir erhielten aber immer wieder Adoptionsanfragen aus dem Ausland, die wir an die zuständige Behörde weitergaben. Auf die Adoptionsverfahren selbst hatten wir keinen Einfluss – weder bei den bolivianischen noch bei den ebenfalls in den Prozess eingebundenen ausländischen Jugendämtern.

Unsere Absicht war, den Kindern unseres Heims eine faire Chance zu vermitteln, in einer Familie gut und menschenwürdig aufzuwachsen. Meine Frage an die Adoptionsbehörden oder das Jugendamt in Sucre: ‚Welche

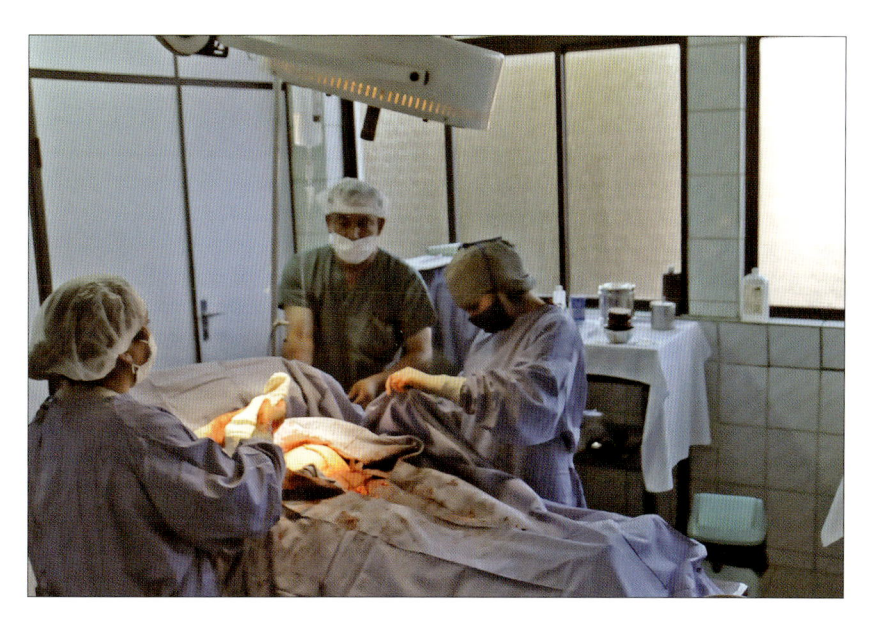

Heute modern ausgestattet: Kaiserschnitt im Operationssaal.

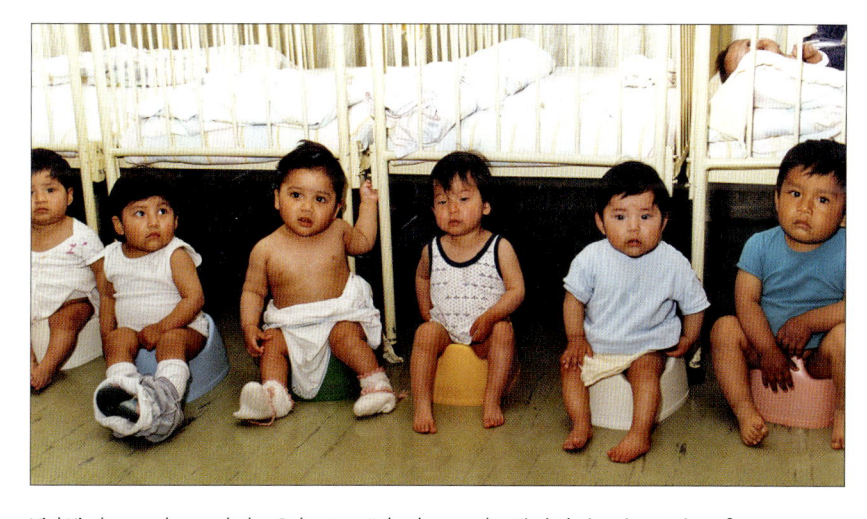

Viel Kinder werden nach der Geburt zurückgelassen: das Kinderheim nimmt sie auf.

Zukunft könnt ihr diesen Kindern in Bolivien sichern?' blieb bis heute unbeantwortet. Die Zusammenarbeit mit den staatlichen Beamten war kraftraubend, oft haben dort die Zuständigkeiten gewechselt, es gab keine Kontinuität, und wir wurden immer auch als unbequeme Ausländerinnen angesehen."

Aus eigenen Kräften haben die Josefsschwestern, der erkennbaren Not folgend, die Ambulanz, die Geburtsstation und das Heim für Kleinkinder aufgebaut. Immer das Wohl der Notleidenden und Bedürftigen im Blick. Es ist positiv zu bewerten, dass die aktuelle bolivianische Regierung die Fürsorge für diese Zielgruppe in ihr Programm aufgenommen hat. Mit den Betreibern von privaten Krankenhäusern hat sie Vereinbarungen getroffen und Standards festgeschrieben. Es gab neue Vorschriften, was die Räumlichkeiten betraf, den Einsatz von Mitarbeitern und auch was die Ausrichtung der medizinischen Eingriffe anging, im Gegenzug dazu lockte die Übernahme der Kosten des medizinischen Personals. „Wir verloren an Einfluss, mussten uns im eigenen Haus in vielen Fällen dem Diktat der Verwaltungsvorschriften beugen. Über Jahrzehnte habe ich alle meine Kraft dafür eingesetzt, Leben zu retten; anders zu handeln geht zutiefst gegen meine christliche Überzeugung", bekennt Schwester Edith.

Frischer Wind durch bolivianische Schwestern

„In jeder Gemeinschaft gibt es Probleme, Konflikte und Krisensituationen. Das ist unter Schwestern nicht anders. Die Fähigkeit, Fehler einzugestehen und zu verzeihen ist eine wesentliche Grundlage für das Zusammenleben und heilbringende Wirken. Mit unseren jungen bolivianischen Schwestern kam frischer Wind in die Arbeit, auch wenn es nicht immer leicht war. Ihr Verständnis von Verantwortung ist ein Anderes. Das Hineinwachsen in die großen Aufgaben ist ein Prozess, der noch nicht abgeschlossen ist.

Von morgens bis abends in der Verantwortung stehen, erst auf der Baustelle, später auf der Geburtshilfestation oder im Kinderheim, Arbeit von früh bis spät, Nachtschichten inbegriffen. Da braucht man große Disziplin, damit die eigene Spiritualität nicht verloren geht. Es war ungeheuer wichtig, dass wir Zeiten zum persönlichen Gebet und der Sammlung gepflegt haben. Ohne das Benennen von eigenen Ängsten, Zweifeln und Unsicherheiten in der Zwiesprache mit Gott wäre der Dienst nicht leistbar gewesen. Das Gebet schuf Momente der Ruhe, der Selbstvergewisserung und Stärkung für mich und meine Mitschwestern. Jeden Samstag trafen wir uns zu einer spirituellen Reflexion, in der wir über positive und negative Ereignisse sprachen, die uns bewegten, und ein religiöses Thema erörterten. Das Zweite Vatikanische Konzil war für uns eine große Hilfe, denn wir begannen auch ordensübergreifend spirituelle Treffen durchzuführen. Es ging teilweise um fachliche Fragen der Krankenpflege oder der Pädagogik, wir führten gemeinsame Exerzitien durch und gewannen Kraft aus dem religiösen Austausch. Viele persönliche Freundschaften entstanden, es entwickelte sich ein Klima des Vertrauens und der Offenheit", berichtet Schwester Edith.

Nach über 40 Jahren in Sucre arbeitet Schwester Edith heute wieder im Trierer Stammhaus der Josefsschwestern. Sie betreut einige ihrer pflegebedürftigen Mitschwestern und widmet jede freie Minute dem großen parkähnlichen Garten des Klosters. „Ich habe niemals gegen meine christliche Überzeugung gehandelt. Ich habe erkannt, dass ich für die vielen Veränderungen, die die Zukunft bringen wird, nicht mehr die mentale Kraft aufbringen kann. Es war meine Entscheidung, nach Deutschland ins Mutterhaus zurückzukehren."

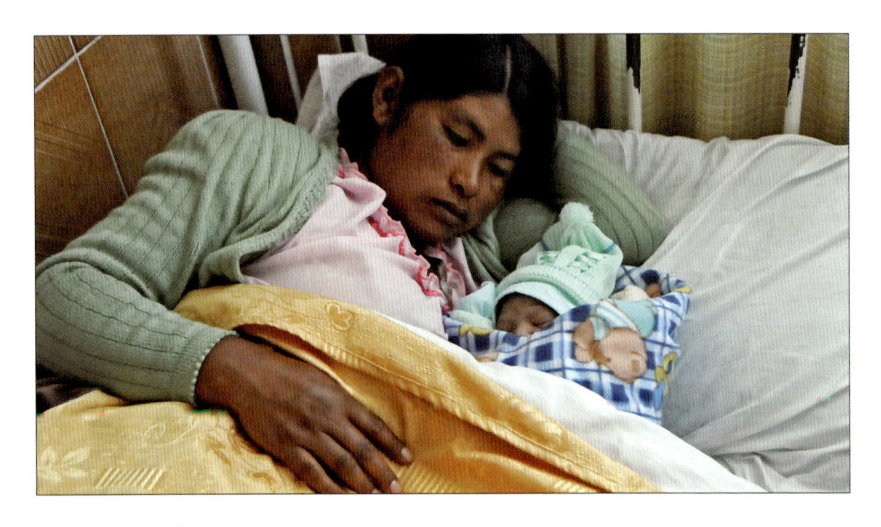

Eine Mutter mit ihrem Neugeborenen.

Schwester Edith auf der Kinderstation.

Mit knurrendem Magen im Seminar

Dr. Juan Gonzales über die Bedeutung der pastoralen Hilfe aus dem Bistum Trier

Von Ingrid Fusenig

Er wirkt zurückhaltend, fast ein wenig schüchtern. Ein bescheidener Mensch. „Bitte, bloß keine Umstände" sagt er auf die Einladung zu einer Tasse Kaffee. Im ersten Moment kaum zu glauben, dass dieser Mann „Presidente" ist. Genauer: „Presidente del Instituto Superior de Estudios Teologicos (ISET)". Das bedeutet: Pfarrer Dr. Juan de Dios Gonzales leitet als Rektor die katholische theologische Fakultät der „Universidad Catolica" in Cochabamba. Zudem war er auch langjähriger Rektor des Priesterseminars San José in Cochabamba. Und kaum geht es genau um dieses Thema, ist die anfängliche Zurückhaltung augenblicklich vorbei. Hier sitzt ein warmherziger Mensch, der viel zu erzählen hat aus den frühen Stunden der Berufungspastoral in Bolivien – ein dankbarer noch dazu.
Doch der Reihe nach: Juan Gonzales ist vielen Menschen im Bistum Trier vertraut. Ihn und Erzbischof Edmundo Abastoflor (La Paz) verbindet eine enge Freundschaft mit der Pfarrgemeinde St. Remaklus in Waldorf und dem Bolivien-Freundeskreis der Gemeinde. Beide seien bereits als Studenten finanziell von der Pfarrgemeinde unterstützt worden. „Seit 47 Jahren gibt es diese besondere Beziehung, vor allem auch zur Familie Nachtsheim", erzählt der Pfarrer. Auch jüngst, als Doris Nachtsheim ihren 70. Geburtstag feierte, habe man ihn eingeladen.

Dr. Juan Gonzales.

Diese Besuche nutzt Juan Gonzales dann gerne, um über die Partnerschaft zu sprechen. „Ja, Partnerschaft kann man heute sagen", befindet der Theologe. In den 80er Jahren habe es große Bemühungen gegeben, die Beziehung in diese Richtung zu verändern.
Er selber war „noch sehr jung, als die ersten deutschen Priester ins Land kamen und für einige Wochen mit im Seminar in Sucre lebten. Sie konnten noch kein Spanisch, sollten das lernen. Im Gegenzug kam die Idee, dass wir etwas Deutsch lernen". Juan Gonzales beschreibt die Lage so: „Die Armut war groß. Ich war Seminarist und hatte nicht genug zu essen. Ständig Hunger. Es mangelte wirklich an

Der Innenhof von ISET.

allem. Essen, Kleider, Bücher." Doch nach und nach sei deutlich geworden, was die Beziehung zum Bistum Trier bewirkt. „Es wurden so viele Hilfsgüter und Sachen geschickt. Kirchen und Pfarrhäuser wurden renoviert

oder gar neu gebaut. Nicht zuletzt das Priesterseminar wurde unterstützt." Der 19. März 1965 war ein großer Tag: Das mit Hilfe des Bistums Trier errichtete Priesterseminar „San José" in Cochabamba wurde eingeweiht.
Auch für Juan Gonzales änderte sich mit dem Beginn der Patenschafts-Bande viel. 1962 hatte „Kardinal Maurer mich nach Rom geschickt, um Theologie zu studieren". Obwohl er ein Stipendium hatte, arbeitete er in den Ferien in deutschen Fabriken, um sich zusätzlich etwas zu verdienen. Das Geld investierte er in Bücher. Zurück in Bolivien wurde er „als Kaplan zu einem deutschen Priester geschickt: Gottfried Zils. Mit ihm habe ich eineinhalb Jahre zusammengearbeitet, dann wurde ich nach Sopachuy beordert, wo der deutsche Priester Rudolf Euteneuer im Einsatz war".

Erfolgreich dem Priestermangel begegnet

Schließlich war Dr. Juan Gonzales vom Kardinal zum Verantwortlichen für die deutsche Entwicklungshilfe ernannt worden. Insbesondere als Koordinator der Hilfe, die vom BDKJ ins Land oder direkt nach Sucre kam. „Wir haben ein Team gebildet und geprüft, wie die sinnvolle Verwendung in Projekten gewährleistet sein kann. Ich kann sagen: Die Hilfe kam an."
Die nächste Station war Cochabamba, wo es das nationale Priesterseminar zu leiten galt. Gonzales: „In dieser Zeit habe ich ein bisschen den Kontakt verloren." Das änderte aber nichts daran, dass er nach 30 Jahren Partnerschaft gemeinsam mit Menschen des Bistums Trier im Team an einer Bestandsaufnahme arbeitete: Wie viele Gelder wurden für was eingesetzt? Was kam heraus? Genauso sei es darum gegangen, das Wort Partnerschaft zu beleuchten.
Wie bewertet Juan Gonzales die 50 Jahre währende Partnerschaft? Die pastorale Hilfe aus Deutschland und die Investitionen in die Ausbildung der Bolivianer seien wichtige Stützpfeiler gewesen, sagt er. Auch die Idee, Genossenschaften zu gründen sei für die Campesinos von unschätzbarem Wert gewesen. „Das war eine gute Hilfe. Alleine wäre das unmöglich gewesen", bilanziert er. Mit dem Bau von zwei großen Krankenstationen auf dem Land habe man vielen Menschen geholfen. Nicht zuletzt habe man einen Beitrag geleistet, dem Priestermangel in Bolivien zu begegnen. Die deutschen Priester in Bolivien hätten intensiv an der Berufungspastoral gearbeitet und die Berufungen gefördert.
Aus Sicht von Juan Gonzales hat die Partnerschaft sich entwickelt. Ihm ist wichtig, dass es keine Partnerschaft „von oben" ist, sondern ein brüderlicher Ansatz erkennbar ist. „Ich hoffe sehr, dass es weitergeht. Ohne die Hilfe aus Deutschland wären viele Projekte blockiert."

Papst Johannes Paul II. feiert 1988 Gottesdienst in der Kirche des Priesterseminars Cochabamba.

Dank Trierer Hilfe gibt es kaum noch Mangel an Büchern im Seminar.

Kontinuität ohne Stillstand

Marlen Dräger-Ottenbreit erlebte als Vorsitzende des BDKJ die Zeit von der Patenschaft zur Partnerschaft

Von Christel Krein

Als Vorsitzende des Bundes der Deutschen Katholischen Jugend (BDKJ) war Marlen Dräger-Ottenbreit verantwortlich für die Bolivienhilfe der Katholischen Jugend im Bistum Trier. Während ihrer sechsjährigen Amtszeit (1983–1989) konnte sie entscheidende Entwicklungen auf dem Weg der Bolivienhilfe von der Patenschaft zur Partnerschaft mitgestalten.

„Zu Beginn der 80er Jahre gewann die Partnerschaftsarbeit mit Bolivien bei den katholischen Jugendverbänden in unserem Bistum einen höheren Stellenwert. Die Zuständigkeit für die Partnerschaftsarbeit, das Bolivienreferat und die dort beschäftigten Mitarbeiter lag traditionell in der Hand des BDKJ-Diözesanseelsorgers. Im Zuge der Neustrukturierung und Demokratisierung der Partnerschaft übernahm der BDKJ-Vorstand diese Aufgabe. In die Zeit des Umbruchs fiel auch die Neubesetzung der Referentenstelle im Bolivienreferat. Erstmals wurde mit dieser Aufgabe eine Frau betraut. Eva Maria Heerde-Hinojosa hatte drei Jahre lang in Bolivien gelebt und konnte perfekt Spanisch. Das hat den Austausch mit den Partnern erleichtert, ihre Bolivienerfahrung brachte einen enormen Schub in unsere Bildungsarbeit und die Zusammenarbeit mit den Verbänden. Neben der Kleidersammlung und anderen Aktionsformen, die die finanzielle Hilfe gewährleisteten, rückten entwicklungspolitische Themen, weltwirtschaftliche Zusammenhänge und daraus resultierende Abhängigkeiten als Ursache von Unfrieden, Ungerechtigkeit und Armut stärker in den Blick. Dies hatte entscheidenden Einfluss auf die Gestaltung der Bolivienhilfe und die Zusammenarbeit mit den bolivianischen Partnern. Die Ergebnisse dieses mehrjährigen Diskussionsprozesses innerhalb des BDKJ und mit den Verantwortlichen in Bolivien führten 1985 in Sucre zur Unterzeichnung des ersten Grundlagenvertrages mit dem Comité Coordinador", erinnert sich Marlen Dräger-Ottenbreit.

Dies war auch die erste Reise nach Bolivien, die der damalige Diözesanvorstand des BDKJ (Eugen Reiter, Werner Rössel, Peter Nick und Marlen Dräger-Ottenbreit) gemeinsam antrat.

Diese Vereinbarung regelte im Wesentlichen die Grundlagen der gleichberechtigten partnerschaftlichen Zusammenarbeit, schrieb Rechte und Pflichten beider Partner fest. Die Beziehung wurde demokratischer, denn die Entscheidungen über die Förderung von Projekten, den Einsatz der finanziellen Mittel oder die Anstellung von Personal wurde in die Verantwortlichkeit der bolivianischen Freunde gelegt. Im Gegenzug verpflichteten diese sich, regelmäßig und ausführlich die Verwendung der Spendengelder nachzuweisen und über die geförderten Projekte zu berichten. Die jährlich wechselseitig stattfindenden Dienstreisen des BDKJ und der Vertreter des Comité Coordinador dienen der Reflexion, der Festlegung neuer Schwerpunkte, der Besichtigung von Projekten und vor allem dem Kennenlernen.

„Der Informationsaustausch funktionierte damals noch nicht über E-Mail, sondern über Faxe und Telefonate. Das war mühsam, langwierig und führte auch manchmal zu Missverständnissen. Es war uns wichtig, ein

Marlen Dräger-Ottenbreit.

Klima des Vertrauens zu entwickeln, es sollte von Anfang an klar sein, dass wir als ‚Geldgeber' nicht zur Kontrolle nach Bolivien reisten, sondern dass die Dienstgespräche der Vergewisserung der gemeinsamen Grundlagen und Ziele, der Bewertung und Weiterentwicklung der Zusammenarbeit dienten. Lebendige Partnerschaft braucht menschliche Begegnungen. Die im Freundschaftsvertrag festgeschriebene Verpflichtung, alle zwei Jahre Begegnungsreisen von Multiplikatoren der Partnerschaft in Deutschland und in Bolivien durchzuführen legte hierfür den Grundstein. Wir hofften, dass diese gemeinsame Idee einen Motivationsschub für die entwicklungspolitische Arbeit bringen würde. Nach nunmehr 25 Jahren sind die Begegnungsreisen im BDKJ, einzelnen Mitgliedsverbänden und auch in der Erwachsenenarbeit etabliert und haben sich als Erfolgskonzept für Bildungsarbeit und Motivation hier sowie in Bolivien bewährt", wertet die ehemalige BDKJ-Vorsitzende.

Buchprüfung in Sucre: Bolivienreferentin Heerde-Hinojosa brütet über den Zahlen.

Kleidersammlung in der Krise

„Die Bolivienkleidersammlung hatte sich über zwanzig Jahre hinweg als Jugend-Aktion mit enormer Breitenwirkung entwickelt. Tausende von Jugendlichen und jungen Erwachsenen aus allen Pfarreien des Bistums sicherten jährlich damit in hohem Maße die finanzielle Seite der Partnerschaft. Doch die bewährte Aktionsform kam Mitte der 80er Jahre in die Krise, die Verwicklungen in die Abhängigkeiten eines weltweit boomenden Wirtschaftszweiges wurden nicht nur durch die zunehmende Konkurrenz kommerzieller Kleidersammler offenbar. Die Preise am Altkleidermarkt verfielen stark, so dass trotz gestiegener Sammelmenge die erzielten Gewinne einbrachen und wir fürchten mussten, dass wir die finanziellen Zusagen gegenüber unseren Partnern nicht einhalten könnten. Andererseits gab es in den verantwortlichen Gremien des BDKJ zunehmend Diskussionen über die Auswirkung des weltweiten Gebrauchtkleiderhandels auf die Textilmärkte in den Ländern der sogenannten Dritten Welt bis hin zu der Forderung, diese Aktionsform gänzlich aufzugeben. Es wurden Arbeitsgruppen gebildet, die alternative Finanzierungsformen entwickeln sollten. Ideen waren vorhanden: die Selbstbesteuerungs-Aktion MINKHA wurde damals begründet, mehr Kleinprojekte sollten vermittelt werden, von ‚social sponsoring' war die Rede. Aber ein Ersatz, der vergleichbaren finanziellen Erfolg versprach, war trotz aller Bemühungen nicht zu finden."

Für Marlen Dräger-Ottenbreit war die Zeit mit dem BDKJ und in Bolivien die wichtigste Zeit ihrer beruflichen und persönlichen Lernerfahrungen und das „sich öffnen" für die Probleme der Einen Welt: „In vielen Gesprächen unter uns und im Austausch mit den bolivianischen Freundinnen und Freunden wurde mir immer deutlicher: Wir leben gemeinsam in der Einen Welt, die einen

Ein erfolgreicher Sack.

haben Glück, dass sie auf der reichen Seite des Äquators geboren sind, die anderen Pech, weil sie auf der anderen Seite zur Welt gekommen sind. Aber wir sitzen alle in einem Boot, und das verpflichtet uns gegeneinander, Reichtum und Armut, Wissen und Erfahrung miteinander zu teilen und voneinander zu lernen in der Hoffnung, damit zu einer besseren Welt beizutragen und etwas näher an das verheißene Reich Gottes zu kommen."

„Die Beziehungen waren reifer geworden"

Kardinal Julio Terrazas und die Entwicklung der Partnerschaft in den 80er Jahren

Von Tobias Wilhelm

Dass das anfangs patenschaftliche Verhältnis zwischen den Bistümern Trier und Sucre im Laufe der Zeit zu einer auf ganz Bolivien bezogenen echten Partnerschaft geworden ist, hat auch und gerade mit einem Mann zu tun: Julio Terrazas Sandoval. Der erste einzige gebürtige Bolivianer, der bislang zum Kardinal ernannt wurde, hatte zu Beginn der 80er Jahre als Leiter der Jugendkommission seiner Bischofskonferenz das Vorhaben unterstützt, in der Jugendarbeit die Kooperation mit dem Trierer BDKJ über Sucre hinaus auf die nationale Ebene auszuweiten. „Während vorher eine Diözese die andere quasi adoptiert hatte wie eine kleine Schwester, waren die Beziehungen nun reifer und gleichberechtigter geworden", sagt der 74-Jährige im Rückblick. Sucre sei bereit gewesen, die Partnerschaft weiterzutragen, und der Enthusiasmus sowie das sozialpolitische Engagement der Jugend beiderseits des Atlantiks hätten den Weg geebnet zu einer vertieften Zusammenarbeit. Ein 1985 abgeschlossener Vertrag der Jugendorganisationen billigte den Bolivianern mehr Eigenverantwortung zu. „Die Partnerschaft war jetzt mehr als ein Gefühl – sie hatte eine rationale und juristische Basis. Wir waren nicht mehr nur Bittsteller, sondern formulierten – wenn auch oft in einem zähen Ringen – an Zielen und einem gemeinsamen Programm."

Kardinal Julio Terrazas Sandoval.

Der gestiegene entwicklungspolitische Anspruch fiel bei Terrazas auf fruchtbaren Boden. 1982 war der Redemptorist zum Bischof von Oruro ernannt worden, einer der ärmsten Diözesen Südamerikas. Das Elend in der heruntergewirtschafteten Bergarbeiterregion hat dem Mann aus dem bürgerlichen Vallegrande, der zuvor schon wegen Protesten gegen das Banzer-Regime dreimal inhaftiert worden war, die Notwendigkeit der kirchlichen „Option für die Armen" noch drastischer vor Augen geführt. Spiritualität und Solidarität als Eckpfeiler einer kirchlichen Gemeinschaft, die auch über weite Entfernung trägt und Halt gibt – diese Akzentsetzung der Partnerschaft gilt für den Kardinal bis heute.

Vielfalt ist eine Bereicherung

Natürlich: Mentalität und Religiosität der Gläubigen in Deutschland und Bolivien sind oft grundverschieden. Aber das sieht Terrazas nicht als Problem, sondern als Chance: „Es hat sich gezeigt, dass Vielfalt eine Bereicherung ist. Wir haben uns gemeinsam auf die Suche gemacht nach Einheit und Gemeinschaft – und dabei viel voneinander gelernt. Die Partner-

Gefragter Gesprächspartner auch bei deutschen Journalisten.

Kardinal Terrazas beim Jubiläumsgottesdienst der Partnerschaft in Sucre.

schaft hat Früchte getragen und bewiesen, dass auch bei unterschiedlicher Herkunft und Voraussetzungen echte Brüderlichkeit möglich ist", erklärt der Vorsitzende der bolivianischen Bischofskonferenz.

Den Herausforderungen der Zeit stellen

Er legt Wert darauf, dass die Freundschaft zwischen der Kirche Triers und Boliviens auch nach 50 Jahren kein abgeschlossener Prozess ist: Partnerschaft müsse sich stets erneuern, wandeln, sich den Herausforderungen der Zeit stellen. „Was wir dafür brauchen, ist vor allem ein lebendiger Austausch von jungen Leuten, von Priestern und Lehrern. Und wir in Bolivien müssen uns auch bemühen, besser deutsch zu lernen, um die Kommunikation zu erleichtern."

Wird die Partnerschaft an Schwung verlieren, wenn in den kommenden Jahren im bolivianischen Episkopat ein altersbedingter Umbruch ansteht? Nein, zeigt sich der Ordensmann überzeugt. Dann werden Jüngere sich den anstehenden Aufgaben annehmen und eigene Akzente setzen.

Fragt man Terrazas, wie die größte pastorale Herausforderung für sein Heimatland aussieht, fällt immer wieder ein Wort: Neuevangelisation. „Wir müssen das Feuer und die Leidenschaft für das Wort Gottes neu entfachen und mehr in die Ausbildung von Laien investieren", betont der Mann, der seit 1991 die Erzdiözese Santa Cruz leitet. Vitale Basisgemeinden, die in Lateinamerika weit verbreitet sind, könnten dabei ein wichtiges Vorbild sein, in dem sie aus dem gemeinsamen Gebet, der Feier des Glaubens und einer in die Lebenswirklichkeit gebetteten Bibelauslegung christliche Identität stiften und daraus konkrete Handlungsinitiativen entwickeln. Eine Gemeinschaft von Gläubigen, die sich neu auf ihre Spiritualität besinnt, ohne den Kampf gegen Armut und soziale Ungleichheit zu vernachlässigen – so eine Kirche wird gebraucht. In Bolivien genauso wie in Deutschland.

Gemeinsam für eine bessere Welt

Lorenz Müller und die „wachsende Freundschaft" zu den Pfadfindern Boliviens

Von Christine Cüppers

Vor 20 Jahren hätte er nicht gedacht, dass die Partnerschaft so lange hält. Aber immer wieder werde das Feuer bei Begegnungsreisen neu entfacht. Und so kann Lorenz Müller, Diplompädagoge in der Fachstelle Jugend des Bistums Trier, als einer der „Väter" zurückblicken auf die Geschichte einer wachsenden Freundschaft: Im Interview beleuchtet er die Partnerschaft zwischen dem DPSG-Diözesanverband (Deutsche-Pfadfinderschaft St. Georg-DV) Trier und dem ASB Cochabamba (Assosacion de Scouts de Bolivia).

Herr Müller, die Bolivien-Partnerschaft auf Bistumsebene war rund 30 Jahre alt, als es zur Verbindung auf Pfadfinder-Ebene kam. Wie hat sich diese Freundschaft entwickelt, im Verband, aber auch bei Ihnen persönlich?

Lorenz Müller: Für mich persönlich liegen die Anfänge bei den Pfadfindern in Föhren. Dort kamen wir über unseren Pfarrer Reichelstein, einen der ersten Bistums-Priester in Bolivien, in Kontakt mit dem Land. Immer wieder war das Partnerland ein wichtiges Thema in der Jugendarbeit, vor allem auch auf den Ebenen der DPSG, wo sich viele Pfadfinder an

Lorenz Müller.

der Jahresaktion 1984 „Saatgut für Bolivien" beteiligten. Der Durchbruch für mich war wohl, als 1987 drei Bolivianer für zwei Wochen bei uns zu Gast waren. Zwei Jahre später nahmen sechs DPSG´ler des Diözesanverbandes an einer Begegnungsreise des BDKJ nach Sucre teil. Dabei kam es zu ersten Kontakten zwischen ASB- und DPSG-Verantwortlichen, wobei der Wunsch nach einer Partnerschaft geäußert wurde. Im November 1991 wurde schließlich der Vertrag unterzeichnet, die Partnerschaft erhielt das Motto „Wir bauen gemeinsam an einer besseren Zukunft".

Gemeinsam an einer besseren Zukunft zu bauen, ist das Ziel der Pfadfinder-Partnerschaft mit Bolivien. Was konkret kann da in der Zusammenarbeit passieren?

Müller: Auf der DPSG-Ebene ging und geht es weniger um finanzielle Hilfen, wobei wir natürlich auch an Projekten mithelfen und verschiedene Dinge mit Geld unterstützen. Aber das Geld dominiert nicht die Partnerschaft. Vielmehr stehen hier der Austausch und die gemeinsamen Themen im Vordergrund. Aus deutscher Sicht etwa bemühen wir uns darum, etwas von dem starken gesellschaftlichen Engagement unserer Freunde zu lernen und zu übernehmen. In Bolivien gibt es viele Beispiele dafür, dass sich schon recht junge Menschen ganz intensiv für Kleinere einsetzen. Und natürlich gibt es Fragen und Probleme, die in Südamerika wie bei uns ähnlich sind, wie der Mangel an Gruppenleitern.

Sie selber waren 1992 für vier Wochen in Bolivien. Wie haben sich die Beziehungen seit dieser Zeit entwickelt und verändert?

Die deutsch-bolivianische Pfadfindergruppe erkundet einen Wald im Chapare.

Müller: Die persönlichen Begegnungen, die alle vier Jahre stattfinden, legen immer wieder ganz viel Feuer in die Partnerschaft. Dabei ist es den Pfadfindern sehr wichtig, nicht nur die Folklore-Aspekte zu sehen und zu erleben. Das gemeinsame Bemühen um gerechtere Verhältnisse, also zum Beispiel um fairen Handel oder das grundsätzliche Werben für mehr Toleranz sind Ziele der Partner. Und gerade das wird deutlich, wenn die gegenseitigen Besuche stattfinden, wenn Partnerschaft klar ein Gesicht bekommt.

Besonders schön ist, dass die Partnerschaft längst nicht mehr nur auf Diözesan- und Leiter-Ebene stattfindet. Schon seit 1992 sind es einzelne Stämme, die Freundschaften schließen und so zum intensiven Austausch und Beleben beitragen.

Außerdem gibt es seit 1993 eine Freiwilligen-Stelle der DPSG Trier in Cochabamba, und 2008 kam die erste bolivianische Freiwillige zum Dienst nach Koblenz.

Diese persönlichen Begegnungen sind es, die die Partnerschaft nicht nur auf dem Papier bestehen lassen, sondern sie erfahrbar, erlebbar machen.

Gemeinsam gestaltetes Wandbild bei einer Begegnungsreise.

Diese Form von Partnerschaft hat mein Leben verändert

Eine Kirche, die plötzlich weit wird, und eine lohnende Erlasskampagne

Von Irene Tokarski

Geschäftsführerin der Kommission für Partnerschaft mit den Diözesen Trier und Hildesheim von 1996 bis 2003; Verantwortliche der Erlassjahrkampagne in Bolivien und des Foro Jubileo 2000; Vizepräsidentin der Stiftung Jubileo in La Paz; lebt seit 1996 in Bolivien: Irene Tokarski hat viele Entwicklungen der Bolivien-Partnerschaft „live und in Farbe" miterlebt. Für das Bolivien-Buch hat sie ihre Erfahrungen und Eindrücke zu Papier gebracht.

Ich kam im Oktober 1996 nach Bolivien und bin dort immer noch (wie) zum ersten Mal. Als frisch gebackene Geschäftsführerin der Partnerschaftskommission in der Bolivianischen Bischofskonferenz bewegten mich etwas gemischte Gefühle: Eigentlich hatte ich dem innerkirchlichen Milieu Adios gesagt, wollte auch von der Theologie, die ich in den 80er Jahren 13 Semester lang studiert hatte, nichts mehr wissen, war auf Distanz gegangen zur „offiziellen" Kirche... und saß nun plötzlich im siebten Stock der Bischofskonferenz in La Paz. Und dann begannen auch noch die Vorbereitungen auf das Heilige Jahr 2000!!! Mir schwante Fürchterliches! Der Anfang war auch auf andere Weise schwer: Die Paceños

Dr. Irene Tokarski.

sind ein eher verschlossenes Volk, Kontakte waren am Anfang eher rar; mein Spanisch, das ich unter Studenten in Buenos Aires gelernt hatte, taugte nur bedingt für die Bischofskonferenz; und La Paz ist eine harte und kalte Stadt, nicht nur was die Temperaturen angeht. So fühlte ich mich zunächst eher fremd und auch etwas allein gelassen. Erzbischof Edmundo Abastoflor rief in dieser Anfangszeit etwas in Erinnerung, was auch ganz meiner eigenen Auslands-

erfahrung entsprach: Mich erst mal auf das einlassen, was vor Ort gemacht wird, nichts Neues erfinden, sondern die Partnerschaft Teil werden lassen, ungeachtet dessen, was eh schon läuft... Also rein in die Vorbereitung für das Heilige Jahr...

Es begann eines Abends mit einigen Freunden in meinem Wohnzimmer und gelangte zweieinhalb Jahre später bis zu den Regierungschefs auf dem G7 Gipfel in Köln 1999: 400 000 Unterschriften sammelte die Kampagne „Erlassjahr 2000" (auf spanisch: Jubileo – Jubeljahr) in Bolivien, um einen Schuldenerlass für die ärmsten Länder der Welt zum Jahr 2000 zu erreichen.

Die Erlassjahrkampagne zog in Bolivien weite Kreise. Die schönsten Anekdoten stammen aus Tarija, wo eine kleine Gruppe von Studenten die ganze Stadt in Aufruhr versetzte. Dort hat der Stadtrat einstimmig eine Resolution zur Unterstützung der Kampagne verabschiedet, an strategischen Stellen in der Stadt Unterschriftentische aufgestellt und daneben einen Polizisten postiert. Die Leute hielten auf der Straße ihr Auto an, stiegen aus, unterschrieben, um dann weiterzufahren. Die Nachtwache am 18. Juni 1999, wo 6000 Menschen durch die Straßen von Tarija zogen, war der unbestrittene Höhepunkt. Schon für den

Nachmittag hatte die Präfektur für Schulen, die Universität und Kasernen frei gegeben, und die Soldaten standen am Abend mit Fackeln Spalier für den Protestmarsch. In La Paz haben zwei Mannschaften beim jährlichen Fußballturnier im Gefängnis das T-Shirt der Kampagne als Trikot verwendet, und bei Spielen der 1. Division (Bundesliga) liefen ganze Teams im Stadion vor laufenden Fernsehkamaras mit Transparenten „Jubileo 2000" ein.

Die Kampagne hat sich für Bolivien gelohnt: Der Gipfel in Köln hat einen Schuldenerlass gebracht, von dem in Lateinamerika nur ganz wenige Länder, darunter Bolivien, profitieren – bis heute wird in den Haushalten der Gemeinden der Anteil aus dem Schuldenerlass ausgewiesen. Nach Köln ging es darum, sicherzustellen, dass die freigewordenen Mittel auch wirklich denen zugute kommen, die sie am meisten brauchen. Dazu musste die Zivilgesellschaft an der Entscheidung, Kontrolle und Verwendung der Gelder beteiligt werden. Es ging darum, in einem Land, das Putschweltmeister ist, politisches Verantwortungsbewusstsein zu stärken oder überhaupt zu schaffen. Die Kampagne hatte schon bei der Unterschriftenaktion ein Stück Erfahrung vermittelt, dass wir nicht nur Opfer von einem Haufen korrupter Politiker sind, sondern dass jeder etwas tun kann, um diese Gesellschaft gerechter zu machen.

Die Kölner Menschenkette bei der Erlasskampagne.

Die Fundacion Jubileo setzt die politische Bildungsarbeit fort.

Beteiligung ist Option für die Armen

Das Forum Jubeljahr 2000 war bisher meine spannendste Erfahrung, was und wie Kirche sein kann: „Freude und Hoffnung, Trauer und Angst der Menschen von heute, besonders der Armen und Bedrängten aller Art sind auch Freude und Hoffnung, Trauer und Angst der Jünger und Jüngerinnen Christi. (Gaudium et Spes 1)" Beteiligung wurde für mich zu einem anderen Wort für die Option für die Armen. Und ich habe erlebt, wie Kirche eben kein kleiner, eingeschworener Kreis ist, kein Heiliger Rest, sondern weit wird, katholisch, Platz schafft, für die, die vielleicht auch nur ein kleines Stück mitgehen wollen, sich öffnet: Das ist Partnerschaft.

Was ist bis heute, zehn Jahre nach dem „Jubeljahr" geblieben? Wie gesagt, das Geld aus dem Schuldenerlass, das immer noch an die Munizipien geht; die Sozialkontrolle, die heute in zehn Artikeln der neuen Bolivianischen Verfassung verankert ist; die Stiftung Jubileo, die heute in Bolivien einen wichtigen Platz in der öffentlichen Diskussion über Armutsbekämpfung, Haushaltsanalyse und Verschuldung einnimmt; ein Buch (meine Dissertation), das ganz spannende Dinge über Bolivien und seine Kirche entdecken lässt, und ich selbst wurde bekehrt zu mehr Kirche sein, meist jenseits von Hierarchie, Klerikalismus und patriarchalen Strukturen, zutiefst radikal, dem Jesus Christus auf der Spur, der Platz schafft für Frauen, Ausgestoßene, Arme und Unbequeme. Diese Form von Partnerschaft hat mein Leben verändert, und ich weiß, dass es vielen anderen auch so geht.

Verantwortung und Vertrauen im Gepäck

Marcel Schneider und der unvergessliche Freiwilligendienst in San Ignacio de Velasco

Von Ingrid Fusenig

Die Gerüche, die Farben, die Menschen – Marcel Schneider kann sich noch ganz genau an alle Eindrücke und die „Reizüberflutung" erinnern, als er erstmals bolivianischen Boden betrat. Und das, obwohl diese erste Begegnung mit der „fremden, neuen Welt" mittlerweile elf Jahre her ist. 1999 – das Thema Schulpartnerschaften war noch frisch, die Alfred-Delp-Schule in Hargesheim und das Colegio José Rosenhammer in San Ignacio de Velasco hatten sich eben erst „gefunden", und vieles steckte noch in den Kinderschuhen.

Marcel Schneider war der erste Freiwillige, der im Zuge dieser aufkeimenden Partnerschaft nach Bolivien ging. Die Ziele: die Partner personell unterstützen und die Entwicklung der Beziehungen vorantreiben.

„Ich wollte nach dem Abitur meine Zivildienstpflicht abgelten und bewarb mich um einen Freiwilligendienst im Ausland. Mein Traumziel war Tibet", sagt Marcel Schneider. Ansprechpartner war „SoFiA e.V." (Soziale Friedensdienste im Ausland) der Sozialen Lerndienste im Bistum Trier. Dessen Vorstand hatte jedoch zunächst Uganda als Ziel ausgewählt, dann aber wegen der aktuellen Sicherheitslage und Gefahr Kanada oder Frankreich angeboten. Schneider war „keineswegs begeistert". In Gesprächen mit seinem Vater – Lehrer der Alfred-Delp-Schule – ging es

Marcel Schneider.

in dieser Zeit auch um die Partnerschaft des Bistums mit Bolivien und um die Pläne der Schule. So rückte die Möglichkeit, nach Bolivien zu gehen, ins Bewusstsein. „SoFiA" hatte keine Einwände, das Ziel stand fest.

„Es gab damals noch keinen derart aktiven Bolivienkreis an der Schule, vieles war noch in den Anfängen", erinnert Schneider sich. Zwar hatte es zum Beispiel eine Schuhputzaktion oder einen Solidaritätsmarsch gegeben, und eine Lehrerin des Colegio Rosenhammer versuchte Schülern in Hargesheim mit Erzählung und Tanz Bolivien greifbarer zu machen, aber an Marcel Schneider war das meiste davon „irgendwie ziemlich vorbeigegangen". Er sagt heute: „Ich wusste

Nicht gerade großstädtisch sind die Ortschaften in der Chiquitania.

Eine Schuhputzaktion kann eine „Einstiegsdroge" für die Bolivienpartnerschaft sein.

gar nichts über Bolivien und nach dem Abitur hatte ich so viele andere Dinge im Kopf." Mit Hilfe einer Kassette versuchte er, Spanisch zu lernen, doch die Disziplin war nicht von langer Dauer.

So gab es zunächst einmal „lehrreiche Erfahrungen, auf die Nase zu fallen, ohne Spanisch-Kenntnisse zum Beispiel das Zehnfache fürs Taxi zu bezahlen und den Ansprechpartner trotzdem nicht zu finden." Jede neue Vokabel, die er lernte, empfand er als „Geschenk gegen meine Behinderung". Doch im fremden Land lernte er schnell. „Ich hätte nie gedacht, dass man innerhalb von vier Wochen so flüssig eine andere Sprache sprechen kann. Durch diese Erfahrung hat sich für mich unser Schulsystem sehr in Frage gestellt."

Wie auch immer: „Frohgelaunt, leichten Fußes und mit einem Gefühl, mir liege die Welt zu Füßen" ging es für Marcel Schneider nach Bolivien. Für ihn und einen weiteren Freiwilligen war La Paz die erste Station, wo beide zum Spanischkurs angemeldet waren. Erwartet wurden sie an diesem Tag noch nicht. Die Deutsche Botschaft hatte geschlossen. „Wir waren verloren", sagt er. Genauso aber fasziniert und überwältigt. Die Gerüche, die trockene Bergluft, die bunten Taxis, die Architektur, das Essen, der Spaß am Handeln. Und dann diese junge blonde Frau mit den bunt bemalten Chucks – das konnte doch keine Bolivianerin sein? Richtig: eine Deutsche, die den „Gestrandeten" einen Platz in der WG anbot. Dort war es wie in einem Hafen, nach anfänglichen Kopfschmerzen durch die Höhenluft ging es den Neuankömmlingen schon bald richtig gut, auch emotional. Nach vier Wochen gab es nach einer 18-stündigen Busfahrt in Tarija das erste Freiwilligentreffen, dann ging es wieder zurück nach La Paz zum Spanisch-Lernen.

Im Niemandsland ausgespuckt

Und irgendwann war es soweit: Wieder hatte Marcel Schneider eine mehrstündige Busfahrt hinter sich, als sich San Ignacio, der Zielort, im Dunkel des Morgens auftat. Bis dato hatte er sich Bolivien nur „in Großstadtformat" vorgestellt, doch plötzlich wurde er mitten im Niemandsland ausgespuckt. „Die laden meinen Rucksack ab, und ich dachte, das ist ein Fehler." Da war nichts Asphaltiertes, nur roter Staub und Lehmhäuser. Doch drei Straßenecken weiter wohnte seine Gastfamilie, wo er herzlich begrüßt wurde.

In der Schule arbeitete er als Hausmeister oder Sekretär. Er schrieb Zeugnislisten ab, übernahm Vertretungsstunden und erzählte über Deutschland, oder assistierte im Werkunterricht. Er lehrte das Töpfern oder gab Englisch-Förderunterricht für die Schüler, die nicht zu ihren Eltern nach Hause fuhren. Trotzdem: wenig Beschäftigung (vor allem in den ersten dreimonatigen Ferien), eine Erkrankung, die Phase des Kulturschocks – „die Anfangszeit war schwierig. Ich habe mir sehr oft die Sinnfrage gestellt". Schwierig gestalteten sich auch Absprachen und Abgrenzung in der ersten Gastfamilie. Von zu Hause aus war er es gewohnt, als 19-Jähriger Entscheidungen treffen zu können. In Bolivien ist das etwas anders.

Die zweite Begegnung mit anderen Freiwilligen, der Austausch, die Gespräche stärkten und motivierten ihn neu. Er erkannte, dass man etwas verändern muss und auch kann, wenn

Deutsche Freiwillige büffeln in Sucre Spanisch.

man nicht mehr klarkommt. Für Marcel Schneider bedeutete diese Erkenntnis zum Beispiel, sich fern von Stundenplänen für ein eigenes Projekt stark zu machen. Er baute einen Ofen, in dem Schülerarbeiten aus dem Werkunterricht gebrannt werden konnten. Der Bau eines weiteren Ofens schließlich versetzte die Schule in die Lage, die neu gebauten Klassenräume mit selber produzierten Keramikfliesen auszustatten. Auch in der Leichtathletik konnte Marcel Schneider helfen, die Rosenhammer-Schüler für einen wichtigen Wettkampf fit zu machen. Es war die Zeit der vielen, kleinen persönlichen Erfolge. „Es sind viele Dinge entstanden, und ich hatte viele Freiheiten."

Natürlich kam die Zeit des Abreisens. Bolivien hatte ihm dank der Eigeninitiative „viel Erfüllung" gebracht. Erst viel später erkennt Marcel Schneider in der Reflexion selbstkritisch: „Ich habe mich mehr selbstverwirklicht als tatsächlich geholfen im Sinne von Verbesserung der Lebenssituation."

Für den heute 30-Jährigen hat sich längst der Kreis geschlossen. Engagierte er sich zunächst „nur" ehrenamtlich bei „SoFiA" im pädagogischen Team, um nachfolgenden Freiwilligen in der Vorbereitungen zur Seite zu stehen und seine Erfahrungen weiterzugeben, so ist daraus mittlerweile eine feste Anstellung als Koordinator geworden in Form einer Zwei-Drittel-Stelle.

Was er den Freiwilligen von morgen wohl mit auf den Weg gibt? Vielleicht seinen ganz persönlicher Lerneffekt aus seinem Dienst: „Es entsteht eine Verantwortung daraus, dass man sich diesen Menschen vertraut gemacht hat. Die Botschaft des Dienstes heißt: Es geht um Begegnung und Beziehungen." Es werde viel und häufig von „Partnerschaft auf Augenhöhe" gesprochen. Für Marcel Schneider ein Paradoxon: Bei Spendenkampagnen zum Beispiel verzichte man nicht auf Fotos, in denen die Bolivianer meist nur hilfsbedürftig gezeigt werden. „Es geht darum, in Bildern nicht nur die Geschichten zu erzählen, die Menschen ohnehin im Kopf haben." Genau da liegen seiner Meinung nach Bedeutung und Chance vom Freiwilligendienst: Menschen losgelöst von institutionellen Rahmenbedingungen begegnen. Der Schwerpunkt der Partnerschaft müsse eindeutig bei der Begegnung liegen.

Marcel Schneider (hinten rechts) in seinem heutigen Metier: Junge Freiwillige vor ihrem Einsatz.

„Das macht einfach Spaß und hat einen sozialen Mehrwert"

Für Bolivien: Judith Jakob ist eine begeisterte und engagierte Kleidersammlerin

Von Christine Cüppers

Judith Jakob ist 24 Jahre jung und lebt im, wie sie selber sagt, „Herzen des Saarlandes" in Wemmelsweiler im Kreis Neunkirchen. Dort gibt es schon seit Jahren aktive katholische Jugendliche, die sich besonders eifrig in der Bolivienhilfe engagieren. Die alljährlich stattfindende Bolivien-Kleidersammlung ist ein Termin, den eigentlich keiner versäumen will. Warum das so ist, verrät Judith Jakob im Interview.

Frau Jakob, seit rund elf Jahren engagieren Sie sich bei der Bolivien-Kleidersammlung. Wie ist dieser Einsatz gewachsen, und wie hat er sich entwickelt?

Judith Jakob: Zunächst war ich aktiv bei den Messdienern in unserer Pfarrei und bin einfach weiter hineingewachsen in die Jugendgruppe und Jugendarbeit. Bei der Kleidersammlung ist es immer so, dass die Kleinen, die noch nicht auf dem Lkw mitfahren können, für die Verpflegung zuständig sind. Also habe ich auch erst mal am Bahnhof mitgeholfen, den Sammlern Essen auszuteilen und Getränke zu geben. Als ich dann 16 Jahre war, durfte ich mit durch den Ort ziehen und die Tüten aufladen. Das mache ich heute noch und zwar mit großer Begeisterung!

Judith Jakob.

Über einen längeren Zeitraum bei der Sache zu bleiben, erfordert doch eine hohe Motivation. Was sind die Gründe, dass Sie sich für dieses spezielle Projekt im Rahmen der Bolivien-Partnerschaft einsetzen?

Jakob: Anfangs war die Kleidersammlung natürlich eine reine Spaßsache. Wir hatten ungeheuer viel Freude in der Gemeinschaft, sind in der Gruppe zusammen gewesen und – ja! – hatten super viel Spaß an dem, was wir gemeinsam tun. Mit der Zeit habe ich immer mehr nachgefragt und mich informiert: Was passiert bei der Kleidersammlung? Wofür wird gesammelt? Welche Projekte werden unterstützt?

Jedenfalls habe ich mit der Zeit immer mehr gelernt und erfahren über die Partnerschaft und Sinn und Organisation der Kleidersammlung. Und über die Jugendarbeit bin ich schließlich auch in den Verband, die KJG (Katholische junge Gemeinde), gekommen, wo ich seit zwei Jahren ehrenamtliche Diözesan-Leiterin bin. Auch da gibt es klarer Weise viele Berührungspunkte mit Bolivien.

Sie haben sich viel mit Bolivien beschäftigt. Bei der jüngsten Begegnungsreise hatten Sie dann die Möglichkeit, das Land vier Wochen lang zu bereisen, sich vor Ort Eindrücke zu verschaffen. Wie hat sich durch diesen Besuch Ihr Verhältnis zu Land und Leuten verändert?

Jakob: Na ja, schon vorher hatte ich Gelegenheit, Menschen aus Bolivien persönlich kennen zu lernen. Es ist ja so, dass in den Jahren, in denen im Fußball Weltmeisterschaften sind,

Auch Weihbischöfe drücken sich nicht darum, einen Lastwagen zu beladen.

Die Kleidersammlung bringt viele Jugendliche in Bewegung.

Leute aus dem Bistum nach Südamerika fliegen, und in dem EM-Jahren kommen Bolivianer zu uns. So waren auch viele Gäste in Wemmelsweiler, zu denen ich Kontakt knüpfen konnte.

Trotzdem habe ich bei der Reise erfahren, dass Bolivien und die Menschen so ganz anders sind. Das bezieht sich auf fast alle Lebensbereiche. Es ist – das muss man halt auch wissen, wenn man in das Land reist – nicht alles einfach und nur easy. Die vier Wochen waren durchaus auch anstrengend. Und wir hatten tolle Begegnungen mit vielen herzlichen und überaus offenen Menschen.

Jetzt finde ich es wichtig, von den Treffen, der Kultur und dem Leben in Bolivien zu erzählen und dazu die Bilder von der Begegnungsreise zu zeigen. So wird die Partnerschaft greifbar und lebendig für Menschen, die sich nicht aus erster Hand informieren konnten.

Wenn Sie zum Abschluss nun jungen Menschen erklären müssten, warum sie unbedingt mal bei der Bolivien-Kleidersammlung mitmachen sollten, was würden Sie da sagen?

Jakob: Also zunächst würde ich jedem raten, allein wegen des Spaßfaktors dabei zu sein. Und ich finde es grundsätzlich legitim, wenn man nur aus dem Grund bei der Kleidersammlung mitmacht. Der inhaltliche Aspekt kommt mit der Zeit von selber. Die Erkenntnis, dass die Sache eben noch den Mehrwert hat, dass sie eine soziale Aktion ist, erfährt jeder irgendwie.

An der Stelle sollte ich vielleicht doch mal klarstellen, dass viele Leute immer noch meinen, die Kleider, die wir sammeln, kämen direkt nach Bolivien. Das ist aber überhaupt nicht so! Die Sachen werden nach Holland geschafft, dort sortiert und verkauft. Der Erlös wird in nachhaltige Projekte im Partnerland gesteckt. Und insofern ist die Bolivien-Kleidersammlung eine doppelt tolle Sache!

Der mit den Menschen lebt

Vom Saarland ins Tiefland: Priester Erwin Graus arbeitet in Bolivien am Aufbau der Pfarrei San Luis mit

Von Christel Krein

Der aus Losheim im Saarland stammende Priester Erwin Graus arbeitet seit 2008 am Aufbau der neu gegründeten Pfarrei San Luis im bolivianischen Tiefland, etwa 60 Kilometer entfernt von der Großstadt Santa Cruz. Vor 15 Jahren war der Geistliche schon einmal in Bolivien tätig, damals in der Silberstadt Potosi. Von 1999 bis 2005 versah er in den Saarbrücker Pfarrgemeinden St. Mauritius und Sankt Jakob seinen priesterlichen Dienst. Erwin Graus ist derzeit der einzige aktive Priester des Bistums Trier, der im Rahmen der Partnerschaftsarbeit in Bolivien eingesetzt ist.

„Scheen, dass ihr doo seid! Geht's eich gutt?" begrüßt uns Erwin Graus in vertrautem saarländischen Dialekt. Einen Tag lang begleiten wir ihn bei der Arbeit in seiner Pfarrei San Luis und erleben hautnah, was es heißt, Priester einer Pfarrei im bolivianischen Tiefland zu sein. Sein „Dienstwagen", ein roter, für Flussdurchquerungen umgerüsteter Jeep mit Allradantrieb und Ladefläche, erinnert an ein Einsatzfahrzeug für Extremtouren: Wasserflaschen, Sonnenschutz, warme Kleidung, Werkzeug, Abschleppseil und Ersatzkanister, denn Tankstellen gibt es auf diesen Routen nicht. Und dazwischen ein kleiner schwarzer Lederkoffer, in dem Erwin Graus ein einfaches Priestergewand und die für die Eucharistiefeier benötigten sakralen Gegenstände aufbewahrt.

Nach der Landreform von 1952 zog es viele freie Bauern mit guten Kenntnissen über landwirtschaftliche Anbaumethoden in diese Region des Tieflands. Durch Rodungen bis in die Seitentäler des Rio Piraj wurde fruchtbares Ackerland geschaffen, das gute Erträge hervorbrachte. Durch Landzuteilungen der aktuellen Regierung drängen immer mehr Menschen in die Region und versuchen mit der Landwirtschaft ihr Überleben zu sichern. Doch die permanenten Rodungen haben ein fatales Nachspiel, der überwiegend sandige Boden wird anfällig für Erosion und hält den Belastungen der Regenzeiten nicht mehr stand.

Auf unserer Fahrt nach San Louis sehen wir, welche Zerstörungen die lang andauernden Regenzeiten anrichten: Brücken, Straßen und Wege werden weggeschwemmt, der Wiederaufbau ist schwierig wegen des sandigen Untergrunds. Auch die Äcker sind betroffen, denn die häufig nur 20 Zentimeter dicke fruchtbare Humusschicht wird weggeschwemmt, und zurück bleibt nur nutzloser Sandboden.

„Das ist meine Pfarrei" – Erwin Graus vor der handgemachten Karte.

Das Land drängt auf Entwicklung

Für Erwin Graus ist klar, dass nicht alle in der Landwirtschaft bleiben können. „Es gibt Alternativen, die entwickelt werden müssen: handwerkliche Berufe, Mechanisierung, landwirtschaftliche Folgeprodukte. Das ganze Land ist in Bewegung, drängt auf Entwicklung. Vieles hat sich bereits getan. Die aktuelle politische Situation ist ein schmerzhafter Prozess für alle Beteiligten, aber er wird das Land und das Volk voranbringen."

So sieht er eine seiner wesentlichen Aufgaben auch darin, die Menschen seiner Pfarrgemeinde in diesen Zeiten der Veränderungen zu stärken und zu begleiten. Die einzelnen Dorfgemeinschaften seien noch unerfahren, es gebe viel Spaltung, denn der Zuzug aus den unterschiedlichen Regionen, die verschiedenen Interessenlagen und die aktuelle Politik sorgten immer wieder für Konflikte. Es sei schwierig, Gemeinschaftssinn und solidarisches Handeln zu entwickeln. Als wir San Louis erreichen, macht Padre Erwin noch Halt an einem kleinen Laden, besorgt Lebensmittel und erzählt der Inhaberin von seinen Gästen aus Deutschland. Gleichzeitig erfährt er hier auch Neuigkeiten aus seiner Pfarrei, denn der Dorfladen ist Treffpunkt und Kommunikationsort für die Einheimischen. „Die Menschen berichten mir von ihren Problemen, Konflikten, Krankheiten, Sterbefällen oder Geburten und allen Dingen, die sie bewegen. Umgekehrt nutze ich auch den Dorfladen, um Informationen weiterzugeben."

Leben in großem Land und kleiner Kammer

Im Pfarrhaus angekommen, wird uns schnell klar: Das ist kein Pfarrhaus, wie wir es aus Deutschland kennen. Es ist ein „casa abierta" – ein offenes Haus, die Schaltzentrale der noch jungen Großpfarrei San Luis. Das Wohnzimmer ist Bibliothek und Versammlungsraum. In einer kleinen Büro-Ecke befindet sich eine Landkarte mit allen Orten, die Erwin Graus und sein Team pastoral betreuen. Auf dem überdachten Platz im Hinterhof stehen Tische und Bänke, die Platz bieten für die Arbeit der verschiedenen Gemeindegruppen, für Jugendarbeit und für kleine Feste. Küche und Bad stehen selbstverständlich allen zur Verfügung. Das private Reich von Erwin Graus ist nur eine kleine Kammer.
Einmal in der Woche trifft sich im Pfarrhaus das Consejo, das Pastoralteam, dem ein weiterer Priester, die ortsansässigen Josefsschwestern, Katechetenausbilder Hermann Stoffel und einige einheimische Katecheten angehören. Diese Gruppe plant die Gemeinde- und Jugendarbeit, die Besuchsdienste und Gottesdienste.
Ein wichtiger Aspekt in der Arbeit des Consejo ist die Firmkatechese. „Unser Ziel ist es, die Jugendlichen zu mündigen Menschen heranzubilden. Deswegen stehen neben christlichen Aspekten auch Themen wie Demokratie und der Sinn von Gewaltenteilung in einem demokratischen Staat auf unserem Lehrplan. Die Missionsarbeit muss ganzheitlich ansetzen, darf menschliche, politische und religiöse Bildung nicht trennen", erläutert er sein Konzept. Schwerpunkt bei allen Aktivitäten ist die Suche und Ausbildung von Katecheten, denn sie sind in den Augen von Erwin Graus die wichtigsten Multiplikatoren.
Erwin Graus ist nicht nur Lehrmeister, sondern auch Baumeister, denn gemeinsam mit seinen Pfarreiangehörigen erbaut er derzeit ein würdiges Gotteshaus, das die strohbedeckte Hütte, in der heute noch die Gottesdienste in San Luis gefeiert werden, ablösen soll. Für die Finanzierung erhält er Unterstützung von Hilfswerken und Pfarreien des Bistums Trier. Wichtiger für ihn ist jedoch die Identifikation der Gläubigen mit ihrer Kirche. Deswegen legt er viel Wert auf Eigenleistung und Einbindung der Einheimischen bei dem Großprojekt. „So viele Strukturen und Gremien wie nötig – so wenig wie möglich" – lautet seine Devise.

Bolivianische Kirche muss in Bewegung sein

Eine „sitzende Kirche" wie in Deutschland habe in Bolivien keine Chance. Deshalb geht es auch gleich weiter, denn es ist Samstagnachmittag, und auf dem Arbeitsplan von Graus stehen noch Gottesdienste in zwei Pfarreien. Seit zwei Jahren arbeitet der 53-jährige Saarländer in der neuen Pfarrei, wo er

Gespräch mit einem Katecheten.

Steigt auf – der Jeep wird gepackt.

Die Jugendlichen begrüßen den Padre.

Der Mütterclub zeigt stolz seine Handarbeiten.

für fast 16000 Katholiken zuständig ist, die in siebzehn Orten verstreut leben. Die teilweise in weit abgelegenen Seitentälern des Rio Piraj liegenden Dör-

Auch im kleinen Kreis lässt sich in abgelegenen Gemeinschaften Gottesdienst feiern.

fer sind selbst in der Trockenzeit nur über unwegsame Schotter- und Sandpisten zu erreichen. Die manchmal stundenlangen Fahrten sind mühsam und nicht immer ungefährlich. „Einmal im Monat besuche ich jedes Dorf und feiere mit den Menschen die Eucharistie. Es bedeutet ihnen sehr viel, dass die Kirche sie nicht vergisst", berichtet Erwin Graus.

Es beginnt bereits zu dämmern, als wir auf einer Lichtung mitten im Dschungel ankommen. „Padre, ich hatte schon Angst, dass Du heute nicht zu uns kommst!" begrüßt ihn freudig eine auf zwei Stöcken gestützte Frau. Auch die übrigen Familienmitglieder und die Nachbarn eilen herbei, um mit ihrem Padre das Wort Gottes zu teilen. Noch nie hat mir das Evangelium vom guten Hirten so viel verdeutlicht, wie an diesem Spätnachmittag im Urwald.

Nach dem Gottesdienst lässt sich Erwin Graus noch Zeit, einige persönliche Dinge mit den Leuten zu besprechen. Die Ernte, die Schule, Krankheiten, Finanzsorgen, das defekte Auto sind die Themen, die mit dem Padre erörtert werden, ehe wir wieder den Jeep besteigen und aufbrechen nach Palmira, dem letzten Ziel des Tages.

Der Gottesdienst wird ein Fest

Dort erwarten uns Schwester Adela, eine Trierer Josefschwester, Don Mauro und dessen Tochter Corina. Sie haben den ganzen Tag in der kleinen Kirche gearbeitet: Kommunionkatechese, Jugendarbeit, Sozialarbeit mit jungen Landfrauen, Gitarrenkurs und Ausbildung von Ministranten. Für sie und die Menschen in der Pfarrei bedeutet die Feier des Gottesdienstes mit ihrem Padre Abschluss und Höhepunkt einer arbeitsreichen Woche. Einige Kinder läuten begeistert die Glocke, die den Gläubigen mit blechernem Geschepper die Ankunft des Priesters mitteilt. „Es dauert noch ein wenig, bis wir mit dem Gottesdienst beginnen können, denn die Leute machen sich jetzt auf den Weg hierauf zur Kirche. Sie haben lange auf mich gewartet, jetzt warte ich gerne, bis alle da sind", erklärt uns Erwin Graus schmunzelnd, dass feste Gottesdienstzeiten nicht planbar sind. Der Gottesdienst wird ein Fest mit Musik, Gesang und Tanz. Tief in der Nacht bringt uns Erwin Graus zurück nach Santa Cruz und verabschiedet uns mit den Worten: „Scheen, dass ihr doo woart!"

Noch findet die Messe unter einem Strohdach statt ...

... aber die neue Kirche ist schon im Bau.

Ein Stück meines Herzens ist in Bolivien geblieben

Familie Reuther aus Tiefenbach und ihre Liebe zum Partnerland

Von Christine Cüppers

Ja, Ihr Herz sei voll von Bolivien, da sprudele es eben aus dem Mund. Irmtraud Reuther muss lachen über ihre Begeisterung, ihr feuriges Erzählen. Beim Thema Bolivien aber ist sie einfach nicht zu halten. Und sie steckt an mit ihrer Leidenschaft, ihrem engagierten Erzählen über die ganz persönlichen Erfahrungen einer Familienpartnerschaft zwischen dem Partnerbistum in Südamerika und dem kleinen Ort Tiefenbach im Hunsrück. Angefangen hat die im Jahr 2004, als Sohn Peter sich für den Zivildienst entschied. „Da er so sprachbegabt ist und in der Schule schon Spanisch gelernt hat, wollten wir ihn in ein Land schicken, in dem Spanisch gesprochen wird", erinnert sich die Mutter. Über Kontakte zu den Pallottinern kam Peter Reuther auf Bolivien und die Möglichkeit, in diesem Land einen Freiwilligen-Dienst zu leisten.

In einem Projekt in Tarija arbeitete der junge Mann mit Kindern, unterrichtete sie in Spanisch, einige auch in Deutsch, half in der Suppenküche und erledigte alle anfallenden Tätigkeiten. „Als Mutter wollte ich natürlich sehen, wie es meinem Kind geht, was er tut und wie er in dem fremden Land lebt", beschreibt Irmtraud Reuther die Motivation, zusammen mit Ehemann Gerd 2005 ebenfalls nach Bolivien zu reisen. Unterstützt wurde das noch dadurch, dass Irmtraud Reuther als junge Frau in der Jugendarbeit in Kontakt mit Bolivienhilfe und Kleidersammlungen gekommen war und „davon träumte, dort in der Entwicklungshilfe tätig sein zu können".

Familie Reuther hat immer eine offene Tür für Menschen aus Bolivien.

Die ersten Eindrücke? Natürlich hätten sie zuerst nur die Armut, das Elend gesehen. Die Krankenschwester schildert Bilder von abgemagerten, verlausten Kindern, von ausgehungerten Müttern mit fünf bis acht Kindern um sich herum auf dem Marktplatz, von fehlender Hygiene und keinerlei Gesundheitsversorgung.

„Ganz schnell wurde dieser Eindruck jedoch überstrahlt von dem Reich-

Kinder in Armut haben Irmtraud Reuther angerührt.

tum dieser Menschen, von der Zufriedenheit und der übergroßen Herzlichkeit. Emotional haben die Bolivianer uns so viel zu geben!", erzählt die 52-Jährige. Ihr Mann sagt es etwas drastischer: „Ich wurde nie so viel geküsst und umarmt wie in Bolivien!" Gerade diese Nähe, die Wärme und Innigkeit sind es, die sehr schnell aus Fremden Freunde werden ließen.

Kein Wunder also, dass sich das Zuhause von Reuthers bald nach dem ersten Bolivienbesuch gewissermaßen in eine Jugendherberge, in ein Gästehaus verwandelte. Verstärkt wurde das noch einmal im Jahr 2008, als Irmtraud und Gerd Reuther an der Begegnungs- und Multiplikatorenreise des Bistums teilnahmen. Immer wieder kommen bolivianische Gäste seither nach Tiefenbach. Einige schauen kurz herein, andere bleiben Tage oder Wochen. „Unser Ehe-Motto lautet seit 30 Jahren, dass wir ein offenes Haus haben, aus dem niemand hungrig oder durstig weggehen darf", betont die zweifache Mutter. Klar, dass bei der großen Liebe zum Partnerland die Menschen von dort besonders gerne aufgenommen werden und sich entsprechend wohl fühlen.

Um ihre Begeisterung weiterzugeben, Menschen für Bolivien zu faszinieren, laden Reuthers immer wieder ein, „über den eigenen Tellerrand zu gucken". Ab und an halten sie Vorträge über ihre Reisen und die Erlebnisse in Südamerika. Und zum Erntedank-Fest baut Irmtraud Reuther alljährlich eine kleine Ausstellung in ihrer Pfarrkirche auf. Kleidung und Instrumente, Bilder und Informationstafeln sollen zeigen, wie die Freunde leben, welche Gewohnheiten sie haben.

Die Begegnung mit Bolivien, mit den Menschen dort, habe sie als Menschen und als Familie geprägt, stellt Irmtraud Reuther fest. Sie hoffe sehr, 2012 zusammen mit ihrem Mann wieder an der dreiwöchigen Begegnungsreise teilnehmen und dann noch eine Woche bei Freundin Juanita und ihrer Familie in Tarija sein zu können. Denn, so schwärmt die 52-jährige: „Wer einmal in Bolivien ist, lässt ein Stück von seinem Herzen dort."

Viele Suppenküchen für Kinder werden in der Partnerschaft unterstützt.

Neugier der Kinder wecken und sie sensibilisieren

Schulpartnerschaften können begeistern

Von Christine Cüppers

Fünf Jahre lang besteht eine Schulpartnerschaft zwischen der Bischöflichen Realschule St. Matthias in Bitburg und dem „Colegio Ambrosini in Toco/Cochabamba. Betreuender Lehrer ist seit zwei Jahren Johannes Müller.

Die Schulpartnerschaft zwischen Bitburg und Bolivien kam vor allem auf Initiative der damaligen Religionslehrerin Elisabeth Winandy zustande. Was waren und sind die Ziele einer solchen Verbindung?

Johannes Müller: Damals wie heute geht es vor allem darum, junge Menschen zu sensibilisieren für die Lebens- und Schulbedingungen Gleichaltriger. Wie leben die Kinder und Jugendlichen meines Alters in Bolivien? Wie sieht Schule dort aus? Was kann ich von den südamerikanischen Schülern lernen? Solche Fragen wollen wir mit unterschiedlichen Projekten beantworten und die über 1000 Schülerinnen und Schüler an der Realschule, aber auch an der angegliederten Grund- und Hauptschule neugierig und wach machen für das Partnerland. In der Bolivien-Schulpartnerschaft geht es nämlich auch nicht um Betroffenheitspädagogik. Wir weisen nicht mit erhobenem Zeigefinger auf die Armut in dem Land hin. Vielmehr steht das Kennen lernen der anderen Kultur und der Lebensumstände an erster Stelle.

Es gab eine Bolivien-AG als Wahlfach in der Realschule. In diesem Jahr stand das Sommerfest ganz im Zeichen der Partnerschaft, und an Projekttagen geht es ebenfalls immer wieder um Bolivien. Wie lassen sich die Schüler denn für diese Sache begeistern?

Müller: Wir sprechen die jungen Leute an mit Mustern, die sie begeistern. Also zum Beispiel Bildern von dem bunten Land Bolivien, mit einem reich geschmückten bolivianischen Tannenbaum. Schnell sind die Kinder und Jugendlichen dann meist bereit, sich einzusetzen und ihre Beiträge zu leisten, wenn es etwa um das Sommerfest im

Johannes Müller.

Die Kinder interessieren sich für Bolivien.

Das Sommerfest der Schule stand ganz im Zeichen der Schulpartnerschaft.

Zeichen des Partnerlandes geht. Unser Ziel ist es, unsere Schüler bei der Lebenswirklichkeit zu fassen und ihnen zu zeigen, dass diese Realität nicht am eigenen Computer endet.

Außerdem bemühen wir uns immer wieder, kompetente Ansprechpartner einzuladen. So war Neomil Matthias, ein Lehrer von der Partnerschule, bei uns zu Gast. Samuel, ein Freiwilliger aus Bolivien, besuchte das Schulzentrum und berichtete sehr lebendig vom Leben in seinem Land. Das war ein 24-jähriger Bolivianer zum Anfassen, der den Jugendlichen ganz viel geben konnte.

Immer wieder sind kritische Stimmen zu hören, die behaupten unsere Jugend sei zu wenig begeisterungsfähig. Die Partnerschaft mit einem so weit entfernten Land wie Bolivien aufrecht zu erhalten, erfordert ja eine Menge Idealismus und Einsatz. Wie läuft das in der konkreten Schulbeziehung?

Müller: Natürlich ist Bolivien nicht alltäglich im Unterricht präsent. Aber trotzdem ist die Partnerschule, ist das Thema immer da. Etwa durch Schaukästen im Gebäude, die über einzelne Projekte informieren, oder durch das große, von Schülerinnen gestaltete Bolivien-Poster im Haus. Schulgottesdienste, Adventaktionen und Projekte zu besonderen Anlässen halten die Partnerschaft ständig lebendig. Und dank moderner Techniken gibt es E-Mail-Kontakte.

So erfahren unsere Schüler ganz grundlegend, dass Partnerschaft auch Fernstenliebe ist, das andere, weit entfernte Kulturkreise eine Bereicherung sind. Wir haben die erfreuliche Erfahrung gemacht, dass sich unsere zwölf- bis 16-jährigen Schülerinnen und Schüler informieren, begeistern und auch fordern lassen. Egal ob bei der Aufführung der „Missa Solidaridad", beim Bolivienprogramm beim Sommerfest oder bei der Gestaltung eines Textilposters – die Jugendlichen sind mit Eifer bei der Sache.

Begegnung verändert Leben

Eleutéria Sanches Llanes leitet das Zentrum für junge Landfrauen in Padilla und weiß: Engagement und Austausch bieten Chancen

Von Christel Krein

Als Eleutéria Sanches Llanes 1999 als Teilnehmerin der Begegnungsreise des Bundes der Deutschen Katholischen Jugend (BDKJ) zum ersten Mal nach Deutschland kam, hätte sie sich nicht träumen lassen, wie sehr diese vier Wochen ihr Leben verändern würden. Alle Informationen und Kontakte sog sie damals auf wie ein Schwamm, denn sie wollte so viele Eindrücke und Erfahrungen wie möglich als Multiplikatorin von dieser Reise mitnehmen und an die Gruppen und Gremien der Fundacion Treveris in Bolivien weitergeben. Sie muss ihre Arbeit als „Botschafterin der Partnerschaft" in Bolivien gut gemacht haben, ihre Bewerbung um eine Stelle für den freiwilligen sozialen Dienst wurde von der Fundacion Treviris angenommen, und Eleutéria Sanches Llanes wurde 2003 für ein ganzes Jahr nach Deutschland geschickt.

Sie arbeitete als Pflegehilfe im Altenheim in Emmelshausen. Neben der Essensausgabe und Mithilfe beim Anreichen der Mahlzeiten begleitete sie die Heimbewohner bei Spaziergängen und unterstützte das Stammpersonal bei der Gestaltung der Freizeitangebote für die Senioren. Sie erinnert sich gern an dieses Jahr in Deutschland: „Es war am Anfang schwierig, mich an das Klima zu gewöhnen, und auch Deutsch zu lernen,

Eleutéria Sanches.

war für mich nicht einfach. Meine Kollegen und die Bewohner des Altenheims und natürlich meine Gastfamilie haben mir geduldig jeden Tag etwas beigebracht. Ich habe hier auch gelernt, dass Ordnung und eine gute Organisation notwendig sind und die Arbeit sehr erleichtern."

Eine Chance für die Mädchen vom Land

Nach ihrer Rückkehr im Jahr 2004 übernahm die damals 33-jährige Bolivianerin die Leitung des Zentrums für junge Landfrauen in Padilla, das seit 1972 besteht. Unzählige Mädchen vom Land haben seither die zweijährigen Ausbildungskurse erfolgreich absolviert. Das Zentrum bietet Platz für bis zu 35 Auszubildende, wann neue Kurse beginnen, wird über das Radio verbreitet, ein auf dem Campo ganz wichtiges Informationsmedium. Die Eltern bringen ihre Töchter, damit sie hier ein traditionelles Handwerk erlernen, hauswirtschaftliche Ausbildung erfahren und sich Wissen über Ernährung und Hygiene aneignen können. Das Schulgeld ist ein symbolischer Beitrag von 1,00

Häkeln, Stricken und Sticken ...

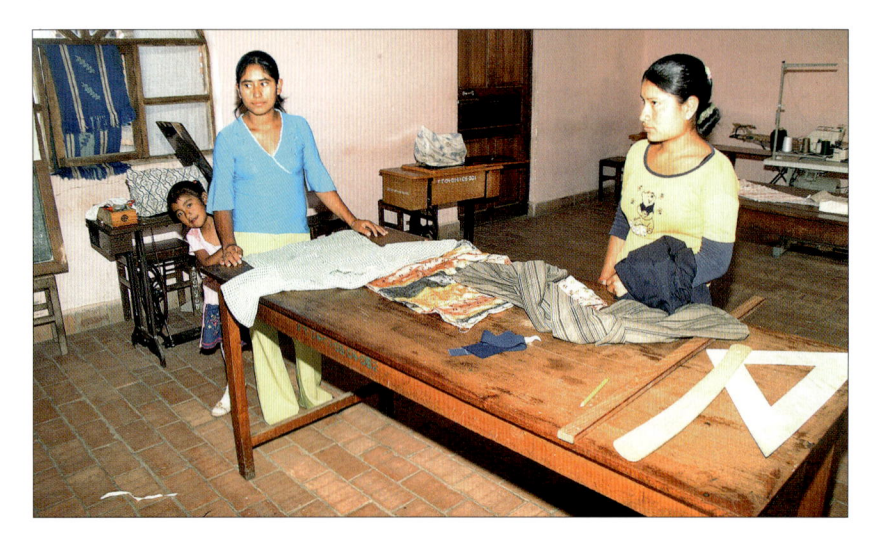

... aber auch Nähen mit und ohne Maschine wird gelernt.

Ausbilderin tätig. So bringt sie den Mädchen zum Beispiel alle Fertigkeiten des Schneiderhandwerks bei: vom Schnittentwurf bis hin zur Fertigstellung lernen sie akribisch alle Schritte.

Das Fach Gastronomie beinhaltet die Ausbildung in Kochen, Backen, Konditorei und allen damit in Zusammenhang stehenden Arbeiten. Es werden Kuchen und Kekse gebacken, die für den Eigenbedarf sind oder auch auf dem Markt verkauft werden, um so ein kleines weiteres Einkommen zu erzielen. Die Küche der Einrichtung hat inzwischen einen guten Ruf, so dass manchmal Gruppen bei Tagungen oder anderen Treffen hier ihre Verpflegung bestellen und im Essraum des Zentrums ihre Mahlzeiten einnehmen.

Die Neuen lernen von den Erfahrenen

Alle müssen jedoch sämtliche anfallenden Hausarbeiten, Garten- und Feldarbeiten erledigen oder erlernen. Alle werden in Gruppen eingeteilt, die aus erfahreneren Mädchen des zweiten Lehrjahres und aus Neulingen bestehen. So lernen die Neuen von den anderen zum Beispiel Brot zu backen und Mahlzeiten zusammenzustellen, aber auch bisher unbekannte Tätigkeiten wie Anbaumethoden in der Feld- und Gartenarbeit. Es werden Schweine und Hühner gehalten zur Produktion von Fleisch und Eiern für den Eigenbedarf.

Jeden Samstag bäckt eine Gruppe unter Anleitung von Eleutéria für das ganze Zentrum den Brotvorrat für die kommende Woche. Das ist eine Arbeit, die sehr anstrengend ist und einen ganzen Tag lang dauert.

Der Schwerpunkt liegt auf der praktischen Ausbildung. Einen hohen Stellenwert haben aber auch die Ernährungs- und Hygiene-Lehre, zu denen theoretische Unterrichtseinheiten erteilt werden, genauso wie zu Müll-

Boliviano pro Tag – etwa elf Cent –, der auch in Naturalien bezahlt werden kann.

Die Kurse sind in vier Semester eingeteilt, in den Sommer- und den Winterferien sowie an den Wochenenden müssen die Schülerinnen meist nach Hause, um dort ihre Familien in der Feld- und Hausarbeit zu unterstützen.

„Manche der Mädchen waren nur drei Jahre in der Schule, aber jede von ihnen hat irgendeine Form von Schulbildung erhalten. Die meisten von ihnen haben zunächst Schwierigkeiten, sich einzugewöhnen, haben Heimweh, kennen sich mit den Annehmlichkeiten eines Bades mit warmem Wasser oder einer Toilette mit Wasserspülung nicht aus und nehmen diese auch nur zögerlich an. Auch das Zusammenleben funktioniert nicht immer spannungsfrei", beschreibt Eleutéria Sanches Llanes. Die Leiterin des Zentrums ist darüber hinaus in den Bereichen Hauswirtschaft und Ernährung als Lehrerin, Anleiterin oder

trennung, Kompostierung und zum Thema Umweltschutz im Allgemeinen. Für die Leiterin gehören auch regelmäßige Informationen über die Partnerschaft zum festen Stundenplan. Sie macht die Landfrauen vertraut mit der Idee, den Ursprüngen, Strukturen und den verantwortlichen Personen der „Stiftung Chuquisaca – Treveris", unter deren Trägerschaft die Einrichtung geführt wird. „Es ist sehr wichtig, dass alle wissen, was diese Partnerschaft bedeutet und dass sie die Grundlage dafür ist, dass diese Chance auf gute Ausbildung hier auf dem Land besteht", erläutert sie das wöchentliche Pflichtprogramm.

Die Hilfe von Deutschland macht es möglich

Eleutéria Sanchez Llanes ist überzeugt: „Nach zwei Jahren sind aus den schüchternen Mädchen selbstbewusste junge Frauen geworden. Sie sind motiviert, das Gelernte zu Hause einzubringen und auch in Gruppen ihrer Gemeinde, in der Katechese oder in der Pfarrei Verantwortung zu übernehmen. Das alles ist möglich mit der Freundschaft und der Hilfe, die wir aus Trier erhalten."

Große Dankbarkeit und auch ein wenig Stolz sind spürbar, wenn sie davon spricht, wie sich durch das Engagement in der Partnerschaftsarbeit ihr Leben verändert hat.

„Ich bin ein Mädchen vom Campo, und für mich war das Jahr in Deutschland eine wichtige Bereicherung und Veränderung. Mir ist auch klar geworden, wie viel Einsatz Jugendliche und Erwachsene bei der Kleidersammlung und anderen Aktivitäten bringen, damit die Projekte in Bolivien ermöglicht werden. In Deutschland habe ich die Idee dieser Partnerschaft besser verstanden und ganz persönlich gespürt. Meine Erfahrungen versuche ich hier an die jungen Frauen im Zentrum weiterzugeben, damit sie verstehen, wie wichtig diese Partnerschaft ist, aus der auch dieses Zentrum entstand, in dem Sie jetzt ihre Ausbildung machen. Obwohl unsere Länder so weit voneinander entfernt sind, verbindet uns eine großartige Freundschaft."

Der Wunsch ihres Vaters sei es gewesen, dass sie Lehrerin werde, aber als älteste von acht Geschwistern musste sie schon früh im Haushalt, auf dem Feld und bei der Versorgung ihrer jüngeren Geschwister mitarbeiten. Für eine Lehrerausbildung fehlte außerdem das Geld. Nachdem Eleutéria die Leitung des Zentrums übernommen hatte, begann sie ein Fernstudium zur Lehrerausbildung, das sie inzwischen mit Erfolg abgeschlossen hat. „Das Jahr in Deutschland hat mir gezeigt, wie wichtig eine gute Ausbildung ist und mich motiviert, das mühsame Studium durchzuhalten. So bin ich doch noch Lehrerin geworden!"

Festessen ist angesagt: Es gibt frischen Fisch.

Gekocht wird auf dem offenen Feuer, wie es in den Hütten auf dem Land üblich ist.

Von außen betrachtet

Viele Menschen im Bistum Trier haben ein klares Bild im Kopf, wie die Partnerschaft mit Bolivien zu bewerten ist. „Braten im eigenen Saft" nennt man das. Doch, das wollen wir nicht und lernen hier die Außensicht kennen, formuliert von den Partnern in Hildesheim und Bolivien.

Wo Bolivien ein Begriff ist
Ein Hildesheimer Blick nach Trier

Von Dietmar Müßig

„Auch will!" Mit wenigen Worten benennen schon Kleinkinder ihre eigenen Bedürfnisse, auch wenn sie noch gar nicht in der Lage sind, ganze Sätze zu formulieren. Dies umso mehr, wenn es darum geht, sich gegenüber den älteren Geschwistern Gehör zu verschaffen. Dabei spielt Konkurrenz eine entscheidende Rolle. Schon die Kleinsten sehnen sich instinktiv nach der Zuwendung der Eltern. Und sie wissen auch ganz genau, wie sie zu gewinnen ist und wie man Mitbewerber außen vor halten kann. Doch Eifersucht und Neid sind lange nicht die einzigen Gefühle, die das Verhältnis von Geschwistern untereinander prägen. Da gibt es auch das Bedürfnis der Älteren, die Jüngeren in bestimmten Situationen zu beschützen. Oder die Lust, ihnen etwas zu zeigen oder zu erklären, was sie noch nicht kennen. Dabei spielen Begriffe eine entscheidende Rolle. „Was bedeutet eigentlich Erosion?" fragte kürzlich unsere jüngste Tochter ihre älteste Schwester. Und die erklärte ihr, wie durch Regen oder Wind die Erde in steilen Hanglagen abgetragen wird. Dabei wäre die Kleine ohne diesen Begriff möglicherweise gar nicht auf diese Tatsache aufmerksam geworden. Dass sie zum Zeitpunkt ihres Fragens noch nicht wusste, was genau unter den neuen Begriff fällt, war in diesem Fall gar kein Problem. Es war im Gegenteil der Faktor, der ihre Neugier geweckt und ihr ermöglicht hat, Neues zu lernen.

Der britische Mathematiker und Philosoph Alfred North Whitehead hat sich in seiner dritten Schaffensphase in Harvard mit der Entstehung von Religion befasst. Und mit der Rolle, die Begriffe dabei spielen. Erst wenn Menschen ihre individuellen Erfahrungen bildhaft, künstlerisch oder eben sprachlich-begrifflich zum Ausdruck bringen, so meint er, wird Kommunikation und damit Kultur möglich. „Ausdruck ist das eine grundlegende Sakrament." Wenn Tatsachen oder Erfahrungen also von Menschen auf den Begriff gebracht werden, sind sie für andere verfügbar. Wer einem neuen Begriff begegnet, kann prüfen, was für ihn darunter fällt und ob er oder sie ähnliche Erfahrungen damit machen kann wie diejenigen, die den Begriff geprägt haben. So betrachtet ist Tradition

Ein Tonkrug steht in Bolivien auf vielen Altären – Symbol der Partnerschaft.

kein Entwicklungshindernis, sondern geradezu die Voraussetzung für Fortschritt und neue Entdeckungen. In der Theologie erfüllt das Dogma diese Funktion. „Die Dogmen der Religion sind Ansätze, die in der religiösen Erfahrung der Menschheit enthüllten Wahrheiten präzise zu formulieren", fasst Whitehead zusammen . Wer sich auf Dogmen und Begriffe der Religion bezieht, kann im eigenen Leben Neues entdecken.

Das Rad musste nicht neu erfunden werden

Aber was bedeutet dies alles nun für die Feier von 50 Jahren Partnerschaft? Als jemand, der seit über zehn Jahren die weltkirchliche Arbeit in Hildesheim koordiniert, bin ich gerne bereit, von dort aus den Blick auf die Bolivienpartnerschaft im Bistum Trier zu richten. Dabei können die Gedanken des Philosophen Whitehead uns helfen, die Rolle von Begriffen

Jüngere Geschwister können auf den Erfahrungen ihrer älteren Brüder oder Schwestern aufbauen. Aber auch ältere Geschwister können von den jüngeren lernen!

und Konzepten besser zu verstehen. Die Partnerschaft mit Bolivien hat in Trier eine lange Tradition. Deshalb mussten die Bischöfe Edmundo Abastoflor, damals noch Potosí, und Dr. Josef Homeyer das Rad nicht neu erfinden, als sie am Rande der Eröffnung der Misereor-Fastenaktion 1986 in Hildesheim darüber nachdachten, in welcher Form sie künftig die Beziehung ihrer Diözesen zueinander auf eine besondere Weise gestalten wollten. Vielmehr konnten sie auf ein bewährtes Modell zurückgreifen. In Trier konnten die Hildesheimer an Informationen über das neue Partnerland kommen und in kurzer Zeit die Rahmendaten für das neue, eigene Projekt abstecken. Dabei wurden an manchen Punkten auch eigene Schwerpunkte gesetzt. So wurde die Beziehung zwischen Hildesheim und Bolivien von Anfang an ganz bewusst als Partnerschaft und nicht als Patenschaft konzipiert. Und anstatt nur zu einer Diözese in Bolivien Kontakte zu pflegen, wie es bei Trier und dem Erzbistum Sucre lange Zeit der Fall war, sollten nun von Anfang an alle Ortskirchen Boliviens in die neue Verbindung mit einbezogen werden.

Aber selbst solche Abgrenzungen beziehungsweise Profilierungen wären ohne die verfügbare Erfahrung der Trierer im Umgang mit einem anderen Land und seiner Kirche nicht möglich gewesen. Umgekehrt hat dann Trier das Hildesheimer Modell übernommen und ebenfalls Kontakte zu weiteren Orten und Diözesen in Bolivien aufgebaut. Wie im echten Leben, so zeigt sich auch hier: Jüngere Geschwister können auf den Erfahrungen ihrer älteren Brüder oder Schwestern aufbauen.

Aber auch ältere Geschwister können von den jüngeren lernen! Zumindest, wenn die erste Trotzphase überwunden ist, in der die Älteren die Exklusivität einer neuen Erfahrung oder Beziehung nicht mit „den Kleinen" teilen wollten. „Die soll mir nicht alles nachmachen!" ist in Geschwisterkreisen durchaus ein bekanntes Motto. In ähnlicher Weise scheint es auch in Trier auf der mittleren Leitungsebene zunächst durchaus Vorbehalte gegen eine Hildesheimer Beteiligung am Partnerschaftsprojekt gegeben zu haben. Und zwar trotz des grundsätzlichen Einverständnisses von Bischof Spital, das Josef Homeyer – mit Strukturen vertraut – sofort zu Beginn seiner Partnerschaftsinitiative bei seinem Amtsbruder eingeholt hatte.

Geschwister können voneinander lernen.

Aber der Kreislauf des von- und miteinander Lernens ist an dieser Stelle noch nicht zu Ende. Denn auch die Hildesheimer waren in ihrer ersten Partnerschaftseuphorie vor Übertreibungen nicht gefeit. In Abgrenzung von der großen Schwester und auf der Höhe der entwicklungspolitischen Diskussion der Zeit wollte man nun alles richtig machen. „Partnerschaft statt Patenschaft!" lautete die neue Parole. Dass der deutsche Begriff „Partnerschaft" im Spanischen kein wirkliches Pendent hatte, schien dabei niemanden zu stören. Und eine Verständigung mit den Verantwortlichen in Bolivien über den Begriff fand meines Wissens auch nicht statt. Trotzdem beanspruchte manch eine/r in Hildesheim zu dieser Zeit für sich, nun endlich die „wahre Form" von Partnerschaft zu praktizieren und blickte bisweilen mit Überheblichkeit an die Mosel, wo die Beziehung zu Bolivien angeblich nur im paternalistischen Transfer von Finanzmitteln bestand. Doch nach über 20 Jahren Kontakt zu Bolivien haben wir auch in Hildesheim begonnen, selbstkritisch zu hinterfragen, ob den hehren Begriffen von damals auch Tatsachen entsprechen. „Partnerschaft statt Patenschaft!" – was bedeutet das eigentlich konkret? Wie partnerschaftlich sind wir im Umgang mit den Menschen in Bolivien eigentlich wirklich? Und wie sieht es aus mit der praktischen Relevanz unserer „Bistumspartnerschaft" für die Pastoral in der Fläche unserer Diözese? Die schönsten Begriffe helfen nicht, wenn sie nicht mehr mit Leben und Praxis gefüllt sind oder ihre Bodenhaftung verloren haben.

Ein authentisches Bild von Bolivien vermitteln

In Trier hat die Bolivien-Partnerschaft meines Erachtens ihre Bodenhaftung immer behalten. Die Partnerschaft ist dort „ein Begriff"! Vor allem Priester aus Trier haben jahrelang in Bolivien gearbeitet. Einigen von ihnen ist das Land so sehr ans Herz gewachsen, dass sie ihren Ruhestand dort verbringen – meistens dann eher in Form eines Unruhestands. Andere pendeln hin und her. Wieder andere kehren nach dem Dienst im Partnerland in ihr Heimatbistum zurück und speisen ihre Erfahrungen, die sie in Südamerika gemacht haben, in ihre pastorale Arbeit an Saar und Mosel ein. Allen ist gemeinsam, dass sie durch E-Mails und Briefe, durch Erzählungen und Berichte den Menschen im Heimatbistum einen authentischen „Begriff" von Bolivien und den Menschen dort vermitteln. In Trier ist das Partnerland „ein Begriff"! Dazu trägt auch die Jugendarbeit ihren Anteil bei. Wer immer im Bistum Trier als katholische/r Jugendliche/r aktiv war, kennt Bolivien. Und kennt die Partnerschaft. Denn bis heute veranstaltet der BDKJ Altkleider-Sammlungen zugunsten der Jugendarbeit im Partnerland. Solche Aktionen sind per se attraktiv. Da ist etwas los! Da machen andere mit! Da kann man etwas tun! Und dadurch wird Partnerschaft im wahrsten Sinn des Wortes „handgreiflich". Etymologisch kommt „Begriff" ja von „greifen". Kleinkinder lernen, indem sie Gegenstände in die Hand nehmen oder in den Mund stecken. So fangen sie an, die sie umgebende Wirklichkeit zu „be-greifen". Jugendliche lassen sich begeistern, wenn sie Hand anlegen können. Umso mehr, wenn sie es für eine gute Sache tun. Dabei bekommen auch sie einen Begriff von dem, für das sie sich engagieren. Sie erhalten Informationen über das Leben in Bolivien und darüber, wie die Situation dort mit unserem Handeln hier zusammenhängt. Über diese bewusstseinsbildende Wirkung hinaus hat die Altkleider-Sammlung schließlich auch einen konkreten ökonomischen Mehrwert. Denn der Erlös aus dem Verkauf der gebrauchten Textilien fließt in die Partnerstiftung Fundación Chuquisaqua – Treveris und kommt damit Kindern und Jugendlichen vor allem im Departamento von Sucre zugute. Dabei spiegelt sich in dem seit einiger Zeit verwendeten Begriff der „fairWertung" wiederum ein Lernprozess wider. Macht doch die sperrige Wortschöpfung darauf aufmerksam, dass es mittlerweile nachhaltige Alternativen gibt zum Weiterverkauf von Altkleidern in die Länder des Südens, wo diese Form der „Hilfe" die lokale Textilproduktion zerstört. Gelernt im Umgang mit Geld haben aber auch die Bolivien-Engagierten im Bistum Hildesheim. Dort hat man ein neues Verständnis dafür entwickelt, dass Fundraising-Aktivitäten durchaus eine legitime Form des Engagements sein können. Denn schon die Aufforderung zum Spenden kann Menschen in Beziehung bringen. Und nicht selten motiviert sie auch zu einer vertieften inhaltlichen Auseinandersetzung mit dem, wofür man Geld geben soll. So hat das unausgesprochene Tabu aus Hildesheimer Anfangszeiten, dass „wahre Partnerschaft" nichts mit Geld zu tun haben dürfe, einer kritischen Überprüfung auf die Dauer nicht Stand gehalten.

Manche Trierer Priester blieben in Bolivien – wie Herbert Latz – oder kehrten dorthin zurück ...

... andere wie beispielsweise Ernst Theobald kehrten nach Trier zurück und vermittelten ihren Gemeinden die Partnerschaft.

Markenzeichen Altkleidersammlung.

Kooperation und gegenseitige Korrektur

Dogmen – alltägliche wie religiöse – ermöglichen zwar einerseits, eigene Erfahrungen zu machen und Neues zu entdecken. Sie entbinden aber andererseits gerade nicht davon, die tradierten Begriffe und Modelle immer wieder auf ihre Tauglichkeit und Aktualität hin zu überprüfen. „Selbst wenn … heutzutage dieselbe Behauptung aufgestellt wird, die vor tausend oder fünfzehnhundert Jahren gelten sollte, dann ist sie Einschränkungen oder Erweiterungen der Bedeutung unterworfen, die man in der früheren Epoche noch nicht sah", stellt Whitehead fest. Dahinter steht die Überzeugung, dass Begriffe zwar Zugänge zur Wirklichkeit schaffen, dass sie aber diese Wirklichkeit in ihrem Geheimnischarakter nie ganz erfassen und deshalb immer auch mit Vorsicht zu verwenden sind. In diesem Sinne haben sich die Bolivien-Engagierten in Hildesheim und Trier immer wieder gegenseitig korrigiert. In der Kooperation konnte man sich auf die Partnerschafts-Modelle des Anderen beziehen und musste unvermeidlich zu dessen Bezeichnungen Stellung nehmen. So blieben beide Seiten vor Verkrustungen des Begriffs und dem Schmoren im eigenen Saft bewahrt. Trotzdem braucht es aber den Begriff!

Denn der Begriff zwingt dazu, sich mit der von ihm bezeichneten Tatsache auseinanderzusetzen. Ob er nun Bolivienhilfe lautet, Patenschaft oder Partnerschaft – immer macht er implizit oder explizit auf die Beziehung zwischen zwei Subjekten aufmerksam. Und auf die Umstände, unter denen diese Beziehung gestaltet wird. Wenn ein kleiner Teil der Menschheit über den Großteil an materiellen und finanziellen Ressourcen verfügt und auch über die politische Macht, diese notfalls auf Kosten der anderen Seite zu verteidigen, dann muss eine Entscheidung getroffen werden. „Die lateinamerikanische Kirche hat eine Antwort auf diese Herausforderung gegeben, denn am Anfang ihres Weges steht eine Grundsatzentscheidung: die Option für die Armen." Diese ist durch Jesu Zuwendung zu den Marginalisierten und Ausgebeuteten prinzipiell legitimiert. „Entzieht sie [die Kirche] sich den Armen, und meint, eine Entscheidung nicht treffen zu müssen oder überhaupt nicht zu können, dann kostet sie diese Verweigerung einen furchtbaren Preis: sie gibt sich selber auf." In dieser Gefahr steht heute die Kirche in Deutschland. Auf die Umbrüche, in die verschärfter Säkularisierungsdruck und demographischer Wandel sie stürzen, reagiert sie mit rein internen Umstrukturierungen. Dabei geht es vor allem um den Erhalt der eigenen Institution. Auf dem postsäkularen Markt des Religiösen erscheint sie „mit Stummheit geschlagen wie Zacharias, weil sie selbst nicht mehr glaubt. Oder umgekehrt: Je mehr sie redet, desto weniger wird sie gehört, und je größer die Probleme des Glaubens sind, umso weniger hat sie zu sagen." Gerade in dieser Situation könnte es der Kirche helfen, sich klar zu machen, für wen sie eigentlich da ist. Jesus hat nicht die Kirche verkündet, sondern das Reich Gottes. Dem entsprechend sind wir als Christen nicht für die Kirche da und ist die Kirche nicht für sich selber da, sondern wir haben der göttlichen Berufung der gesamten Menschheit zu dienen. Wie viel gäbe es zu tun, würden wir als Volk Gottes aktiv mithelfen beim Aufbau einer menschenwürdigen Gesellschaft – vor unserer Haustür und weltweit! Stattdessen

Unsere Partnerschaftsgruppen halten die Verantwortung unserer Kirche für die Menschen in Bolivien und anderen Ländern des Südens wach.

trauern wir dem Vergangenen hinterher oder gefallen uns in kleinbürgerlicher Selbstzufriedenheit, welche die „Trauer und Angst der Menschen von heute, besonders der Armen und Bedrängten" gar nicht mehr wahrnimmt oder zumindest nicht als „Trauer und Angst der Jünger Christi" versteht. Doch es gibt – Gott sei Dank – noch ein paar Stachel im Fleisch: Unsere Partnerschaftsgruppen halten die Verantwortung unserer Kirche für die

Bistum Hildesheim – inzwischen ein bekannter Name in Bolivien.

Gemeinsam auf Pilgerschaft nach Sucre zur Jubiläumsfeier.

Bischof Trelle und Bischof Ackermann jubeln den Pilgern zu.

Menschen in Bolivien und anderen Ländern des Südens wach. Unermüdlich verweisen sie durch ihr Tun darauf, dass wir alle Kinder des einen Vaters sind und daher Schwestern und Brüder. In Hermandad, dem spanischen Begriff für Partnerschaft, stecken genau diese Wörter: hermana oder hermano, also „Schwester" und „Bruder"! Und machen – viel mehr als der aus dem säkularen Bereich stammende deutsche Begriff der Partnerschaft – deutlich, worum es in unserer gemeinsamen Beziehung letztendlich geht.

Als Pilger miteinander unterwegs

Damit kehren wir zu unserem Ausgangspunkt zurück. Geschwister, die miteinander aufwachsen, fordern einander beständig heraus. Gerade dadurch lernen sie voneinander. Wie wir gesehen haben, ist ihr Verhältnis dabei nie ganz spannungsfrei. Aber dafür ungemein produktiv! So hat auch uns die Partnerschaft im Laufe ihres nun fünfzigjährigen Bestehens immer wieder bereichert. Die zwischen Deutschen und Bolivianern. Aber auch die zwischen Hildesheim und Trier. Dass zwei deutsche Diözesen sich zunehmend als Schwesterkirchen wahrnehmen und zu verstehen lernen, ist eine Frucht dieser Partnerschaft. Und mitnichten selbstverständlich. Dabei kreisen diese Ortskirchen nicht nur um sich selber. Im Juli dieses Jahres haben die beiden deutschen Diözesanbischöfe Dr. Stephan Ackermann und Norbert Trelle sowie der bolivianische Kardinal Julio Terrazas in Sucre eine Partnerschaftsvereinbarung unterschrieben. Sie war zuvor in einem gemeinsamen Prozess von allen drei Partnern erarbeitet worden. Dabei wurden fünfzehn konkrete Ziele vereinbart, die wir in den nächsten Jahren miteinander erreichen wollen. Ganz oben steht die Auseinandersetzung mit den Folgen der globalen Erderwärmung. Der von uns Industrienationen verursachte Klimawandel wird die Schwestern und Brüder in Bolivien besonders hart treffen. Deshalb ist der Kampf dagegen eine gemeinsame Herausforderung auf unserer „Pilgerschaft zum Reich des Vaters". Gemäß dem Motto unserer Partnerschaft, „caminando juntos – gemeinsam unterwegs", wollen wir deshalb Gottes Schöpfung bewahren und miteinander Zukunft gestalten – so, dass alle leben können.

In unseren Herzen eingeprägt

Die Hermandad ist kein theoretisches Gerüst – Ein Beitrag aus Bolivien

Von Michael Meyer

Kaum jemand in Boliviens Landeshauptstadt, der den Platz nicht kennt: die „Plazuela Tréveris", der „Trierer Platz" in Sucre. Dort stehen eine Nachbildung des Trierer Marktkreuzes und eine Büste des Gründerbischofs der Partnerschaft, Kardinal Maurer. Während der 50-Jahrfeier im Juli 2010 wurde auf der Plaza eine weitere Gedenktafel angebracht, die den Besucher auf ein halbes Jahrzehnt Freundschaft zwischen der Trierer Kirche mit dem südamerikanischen Land hinweist. Wenn's um die Bolivienpartnerschaft geht, werden wache Zeitgenossen aber nicht nur den Trierer Platz mit einer Gedenktafel in Bolivien entdecken. Die fünf Jahrzehnte weltkirchlichen Austauschs haben tiefere Spuren hinterlassen. Die Hermandad, so wird die Partnerschaft in Bolivien mit den deutschen Bistümern Trier und Hildesheim genannt, gehört schon wie selbstverständlich zur bolivianischen Kirche. Das Beziehungsnetz ist eng und dicht.

Von Anfang an ging es nicht nur um ein Abkommen auf dem Papier oder eine reine Projektfinanzierung. Von Beginn an charakterisiert sich die Partnerschaft durch den Einsatz und das Engagement von konkreten Personen. In Bolivien heißt es deshalb immer wieder: Die Partnerschaft braucht ein Gesicht, ein Gegenüber. Die Hermandad braucht Personen, die sich mit Namen kennen und sich

Gesicht der Partnerschaft von Anfang an bis heute – Juan Vössing beim Gottesdienst mit Jugendlichen im Kinderheim Sacaba.

ansprechen lassen. Ein Rückblick in die Geschichte belegt dies: Schon zwei Jahre nach dem offiziellen Beginn der „gegenseitigen brüderlichen Hilfe", die Erzbischof José Clemente Maurer mit Bischof Mathias Wehr initiiert hat, kamen die ersten Pioniere aus Trier, um im Erzbistum Sucre zu leben und mitzuarbeiten. Ihr missionarischer Einsatz in den entlegenen Orten des Erzbistums Sucre ist in Bolivien unvergessen. Viele erinnern sich in den Gesprächen noch an Padre Leo (Schwarz) oder Padre Juan (Vössing). Weitere Personen aus Trier haben sich seit den 1960er Jahren rufen und senden lassen. Sie haben an der Freundschaftsbrücke als Garanten mitgebaut. Sicherlich ist es dieser Einsatz von so Vielen, der im Bewusstsein der bolivianischen Partner mit der Freundschaft verbunden wird. Die Hermandad ist eben kein theoretisches Gerüst, sondern lebt von Erfahrungen und Begegnungen. Waren es in der Anfangszeit vor allem Priester aus der Diözese Trier, die der Partnerschaft ihr Gesicht gegeben haben, so sind danach Fachkräfte in der Entwicklungszusammenarbeit hinzugekommen. In den letzten Jahren sind es vor allem junge Freiwillige, die ein Jahr lang in verschiedenen Projekten der bolivianischen Ortskirche mitarbeiten, und dadurch die Partnerschaft mitgestalten. In Boli-

Ehrung in Sucre: Standbild von Kardinal Maurer mit Erinnerungstafel.

gemeinsamen Weg begleitet hat. Mit ihm sind wir dahin gekommen, wo wir heute stehen, durch sein Mitwirken ist zwischen uns eine ganzheitliche, wachsende und begeisternde Partnerschaft entstanden, eine Partnerschaft, die sich unseren Herzen unauslöschlich eingeprägt hat."

Die Hermandad bereichert und belebt

Die Dynamik der wachsenden und begeisternden Partnerschaft gilt dabei nicht nur für eine Seite. Längst ist für alle Beteiligten klar, dass die Hermandad keine Einbahnstraße aus Deutschland nach Südamerika ist. Wechselseitige Begegnungsreisen gehören beispielsweise zum Herzstück der Partnerschaft. Im Jubiläumsjahr 2010 wird sich eine 30-köpfige Delegation, die sich aus Vertretern aller 18 (Erz-)Bistümer, Prälaturen und Apostolischen Vikariaten Boliviens zusammensetzt, auf den Weg nach Deutschland machen. Die Teilnehmer reisen mit der Zielsetzung, die Realität des Partnerlandes sowie der deutschen Kirche kennenzulernen. Sie werden bestehende Freundschaften zwischen Pfarreien, Gemeinden und Schulen vertiefen und neue beginnen. Auch der Austausch mit jungen Freiwilligen ist gegenseitig: Voluntarios aus Bolivien in verschiedenen Einsatzstellen der Diözese Trier prägen seit geraumer Zeit die Partnerschaft. Also: Nicht nur Trier oder Hildesheim ist in Bolivien präsent, sondern auch umgekehrt!

Der interkulturelle Austausch zwischen Menschen unterschiedlicher Kulturen und Länder ist ein Lernfeld, das die Hermandad bereichert und belebt. „Wir sind andere, vielleicht bessere Globalisierer", meint eine Teilnehmerin des letzten regionalen Partnerschaftstreffens in Tarija, im Süden Boliviens. Was sie denn damit meine: „Andere, bessere Globalisierer?" Ihrer Ansicht nach ist die Hermandad ein Modell einer menschengerechten Globalisierung, denn Hauptanliegen sind nicht wirtschaftlicher Profit oder Auseinandersetzung um billige Produktionskräfte, sondern die mitmenschliche Sorge füreinander. Das ist der Pluspunkt, darum sind wir nicht nur für die Teilnehmerin des Regionalseminars die anderen, besseren Globalisierer. Tatsächlich: Der gemeinsame Einsatz für Gerechtigkeit und Frieden steht im Vordergrund der Partnerschaft. Die Option für die Armen ist aus der Pastoral der Lateinamerikanischen Kirche seit den Konferenzen Medellín und Puebla nicht mehr wegzudenken. Das poltische Engagement zugunsten

Die Dynamik der wachsenden und begeisternden Partnerschaft gilt dabei nicht nur für eine Seite. Längst ist für alle Beteiligten klar, dass die Hermandad keine Einbahnstraße aus Deutschland nach Südamerika ist.

der Benachteiligten in der Gesellschaft gehört zu den Grundfesten der Partnerschaftsarbeit. Das sind auch kritische Anstöße aus dem Süden für das gemeinsame Handeln in der einen Welt.

Im bekannten Wort von Martin Buber „Alles wirkliche Leben ist Begegnung" lassen sich die genannten Themen des gegenseitigen Austauschs, der Solidarität und des gemeinsamen Engagements bündeln. In der Begegnung zwischen Bolivianern und Deutschen ist wirkliches Leben! In der Übersetzung ins Spanische kann das Wort Bubers zwei für die Bolivienpartnerschaft wichtige Dimensionen aufweisen: Auf der

vien ist das Engagement dieser Frauen und Männer in guter Erinnerung. Über die „Wiege" Sucre hinaus ist die Hermandad heute bekannt und wird mit Freude und Dankbarkeit gelebt. Es ist die Dankbarkeit für erfahrene und gelebte Solidarität.

Kardinal Julio Terrazas, Erzbischof von Santa Cruz de la Sierra und Vorsitzender der Bolivianischen Bischofskonferenz, schreibt in seinem Grußwort zur 50-Jahrfeier: „Mit vereinter Stimme sagen die Ortskirchen von Bolivien, Trier und Hildesheim dem Gott des Lebens und der Geschichte Dank für das Licht, die Kraft und den reichen Segen, der unseren

einen Seite steht die Dimension der Wahrhaftigkeit und der Transparenz. Im Spanischen wird diese Dimension mit „verdadero" (wirklich) widergegeben. Anstehende Konflikte zwischen den Beteiligten dürfen nicht einfach unter den Tisch gekehrt werden. Das würde der Wahrhaftigkeit („verdadero") der Begegnung widersprechen. Zu einer Begegnung von Menschen aus verschiedenen Kulturkreisen gehört nämlich auch der nüchterne Blick auf die Wirklichkeit so wie sie ist. Nicht alles gelingt in der Hermandad, was wünschenswert wäre. Der Weg der letzten 50 Jahre ist nicht immer geradlinig verlaufen. Es gab Missverständnisse, manchmal Kränkungen und immer wieder Irrtümer. Für den weiteren gemeinsamen Weg der beiden deutschen Partnerbistümer Trier und Hildesheim mit den 18 Diözesen Boliviens ist die je unterschiedliche Wirklichkeit wahrzunehmen.

An diesem Punkt kommt die zweite Übersetzungsmöglichkeit des Buber-Wortes zum Tragen: Hier übersetzen wir „wirklich" mit dem Spanischen Wort „creador". Es ist die Dimension des Schöpferischen und des Gestalterischen, des Lernens und Fortschreitens. In diesem vielfältigen Prozess und im gemeinsamen Lernen erweist sich die Partnerschaft als tragfähig und nimmt eine Form an, die schöpferisch („creador") weiterwirkt in Kirche und Gesellschaft. In den vergangenen Jahren sind so durch den „Schöpfergeist der Partnerschaft" inspirierte gemeinsame Aktionen durchgeführt worden: Musik, die Deutsche und Bolivianer zusammenführt; Gebete, die hier wie dort zweisprachig gesprochen werden und die Weltweite der Kirche erfahren lassen; das gemeinsame Sammeln von Unterschriften für einen Schuldenerlass, das in ungeahnter Weise die beiden Partnerländer sowohl in Kirche und Gesellschaft einander näher gebracht hat; der Austausch von Lehrern, die sich gegenseitig über die jeweiligen Erziehungssysteme informieren.

In der Hermandad sind beide Seiten gefragt; sie lässt sich nicht nur von einer Seite her bestimmen und entwickeln. Sie erfordert die Bereitschaft zum Dialog miteinander und eine innere Bereitschaft, sich als „lernbedürftig" zu erkennen. In diesem Sinn verstehen wir Partnerschaft weniger als einen Zustand, der einmal erreicht wurde, als vielmehr ein immer mehr zu verwirklichendes Ziel, so wie es Kardinal Julio für die Bolivianische Kirche ausdrückt: „50 Jahre – das feiern wir mit einem einzigen Wunsch: Die gemeinsame Geschichte fortzusetzen und uns gemeinsam neuen Aufgaben und Herausforderungen zu stellen. Wir wollen durch unsere Freundschaft und Achtung voreinander Zeichen setzen und dabei die Enge der eigenen Kultur und des Egoismus überwinden. Uns verbindet die Liebe zu Christus und seiner Kirche, sie lässt Stillstand und Trägheit nicht zu. Der Geist von Aparecida hat uns erfasst und macht uns zu begeisterten und begeisternden Jüngern und Missionaren: hier, jetzt und dort."

Junge Freiwillige aus Bolivien bringen in Deutschland Leben und Freude in die Partnerschaft.

Bolivien schreibt Geschichte(n)

„Geschichte in Geschichten" erfahren – darum ging es bei der Schreibwerkstatt anlässlich der 50 Jahre währenden Partnerschaft zwischen dem Bistum Trier und der Kirche Boliviens
Zu diesem Schreibprojekt hatten die Katholische Erwachsenenbildung im Bistum Trier, die Diözesanstelle Weltkirche und der Lehrstuhl für Mittlere und Neue Kirchengeschichte an der Philosophisch-Theologischen Hochschule Vallendar eingeladen. Hier nun eine kleine Auswahl der Beiträge.

Die Kinder von Chipaya

Von Robert Schagen

Wenn man auf einer Landkarte mit dem Finger ins tiefste Herz Südamerikas fährt, stößt man unweigerlich auf Bolivien, wo die von mächtigen Felsengebirge umrahmte „Eine-Millionen-Stadt" La Paz als höchster Regierungssitz der Welt hervorgehoben sein sollte. Darunter liegt Oruro, der neben Potosí vielleicht ärmste Landesteil des bolivianischen Hochlandes, dafür aber mit Abstand der lustigste, zumindest, was den Karneval betrifft.

Als Freiwilliger des Bistums Trier lebte ich ein Jahr in der Familie von Padre Tomas Valencia am Rande von Oruro, die der Ausgangspunkt für zahlreiche Reisen ins Landesinnere war. Von einer dieser Reisen, an die ich heute noch oft denke, möchte ich hier berichten.

Nach fünf Stunden Fahrt im Jeep durch die Pampa, wie man das südamerikanische Hochland nennt, sind wir, das heißt ich, Mauricio, Alex, Marco, Osman, Padre Javier Miranda, der heute in Santa Cruz lebt, Liz, Reina und Wilma, endlich in Chipaya angekommen, einem Ort, wo es kein elektrisches Licht in den Häusern gibt, geschweige denn Toiletten oder fließendes Wasser. Es ist Nacht, und die ist bitterkalt, denn wir haben Trockenzeit. Dafür ist der Sternenhimmel umso prächtiger, man kann sich kaum losreißen von diesem Anblick. Nachdem wir uns im Pfarrhaus einquartiert haben, treffen wir uns zu einer kurzen Besprechung für den morgigen Tag. Padre Javier nimmt seinen Sombrero ab, was selten genug geschieht (nur zum Beten und Waschen) und erklärt uns bei flackerndem Kerzenlicht unsere Aufgaben für den morgigen Tag. Nach der Fahrt mit dem Jeep, die über zahlreiche Schlaglöcher führte, für welche es bei uns absolut keinen Vergleich gibt, fühlen wir uns trotz später Stunde richtig „aufgerüttelt" und bereit zu neuen Taten. Die meisten von uns tragen noch die Spur eines Grinsens in ihren Gesichtern – von jener Jagd vom Jeep aus, die Javier auf offener „Straße", wenn man denn von einer Straße sprechen will, auf einen Hasen unternahm, der plötzlich vor uns auftauchte und einfach nicht einzuholen war. Als wir ihn fast erreicht hatten, verschwand er im hohen, trocken-braunen Pampagras, noch mehrere unnö-

Die Ortschaften in der Region Oruro sind meist karg und wirklich sehr kalt.

tige Haken schlagend, da wir ihm dorthin doch nicht folgen konnten.
„Wir werden versuchen, Kontakte mit den Leuten hier zu knüpfen", sagte Javier. „Wir wollen schauen, wie es ihnen geht, den Jungen und den Alten." Er unterstreicht sein Anliegen, wie er es öfter tat, mit einem Stampfen auf den Fußboden, der hier jedoch aus Lehm besteht und eine Staubwolke aufwirbelt. „Wie wär's, wenn ihr mit den Kindern spielt?", meint er, „ihr werdet sehen: Die platzen fast vor Neugier und kommen ganz bestimmt, sobald es hell wird." Dabei knistert er vielsagend mit einer Tüte Bonbons, die er unter den Arm geklemmt hat. Um sechs Uhr morgens stehen wir auf. Da die Wasserpumpe vor dem Haus, wie zu erwarten war, nicht funktioniert, schöpfen wir aus unserem in Kanistern mitgebrachten Wasservorrat in die Waschschüsseln. Während es in Chipaya nachts und frühmorgens schweinekalt ist, brennt tagsüber die Sonne. Draußen ist es nachts kaum auszuhalten, vor allem, wenn man aufs Klo muss. Ein eisiger, staubiger Wind schleicht heulend um die traditionellen und uralten Rundhäuser aus Lehmziegeln mit Strohdächern; der ideale Ort und die ideale Zeit für einen Film wie „Dracula", schießt es mir durch den Kopf, als ich wieder einmal „raus" muss. An diesem Morgen gehe ich als erster hinaus und schaue mir den prächtigen Sonnenaufgang in den Anden an sowie den noch aus der Kolonialzeit stammenden Glockenturm der alten Kirche. Geht man die staubigen Straßen von Chipaya entlang, begegnet man hin und wieder einem Lama, das gemächlich und verdutzt dreinschauend die Straße kreuzt. Heute Vormittag reinigen wir die alte und neue Kirche vor Schmutz und Staub, der, wie ich wegen der ungeheuren Mengen, die wir aus der Kirche schaffen, scherze, wohl noch aus der der Zeit der Eroberung Lateinamerikas stammt. Mittags gibt es Nudeln und Hühnerfleisch. Ich wurde von Padre Javier dazu beauftragt, das „Fleisch" zu beschaffen, wie er sagte. Nachdem er mir den Weg zu einem Haus, wo Hühner verkauft wurden, beschrieben hatte, fragte er grinsend, ob ich ein Messer bräuchte. „Nein, danke", sagte ich und hoffte, dass das Huhn bereits geschlachtet war, wenn ich es kaufte. Diese Hoffnung sollte sich erfüllen; zwar hatte das Tier keine Federn mehr, aber ansonsten war sozusagen „noch alles dran." Ich packte das Huhn in einen Beutel und schlenderte zu unserem „Basislager" zurück, Einkauf auf bolivianische Art, wo mich sogleich unsere Frauen empfingen und das Huhn in Empfang nahmen.

Mittags kommen uns, mit einiger Verspätung nach Padre Javiers gestriger Vorhersage, ein paar Kinder aus Chipaya besuchen. Die Kinder sind zunächst sehr scheu und schauen uns nur neugierig mit großen Augen von der offenen Tür aus beim Mittagessen zu. Schaut man zur Tür, verschwinden die Gesichter lachend, schaut man weg, erscheinen sie wieder. Javier erlaubt sich einen Spaß, sich hinter der Tür zu verstecken. Als eines der Kinder seinen Kopf hineinsteckt, ergreift er es, hebt es hoch und läuft, ebenso laut schreiend wie die Kinder, hinter ihnen her. So wird „Fangen" zum ersten Spiel erklärt durch das wir – neben den Bonbons natürlich – Freundschaft mit den Kindern von Chipaya schließen. Carlos, eines der älteren Kinder, erzählt mir, dass sie zu Hause zu zwölft seien. Er sei der siebte. Das ist hier kein Einzelfall, son-

Ein Lama am Straßenrand ist keine Seltenheit.

Nicht jedes Huhn ist beim Einkauf schon geschlachtet.

Jedes Dorf hat seine Banda – egal wie klein, oder wie schräg sie spielt.

dern eher die Regel. Mauricio erklärt mir, dass viele junge Leute wegen unvorhergesehener Schwangerschaften und frühzeitiger Heirat ihr Studium in Oruro abbrechen und sich dann von der Landwirtschaft ernähren müssen. Alle zusammen gehen wir zu der dem Pfarrgebäude gegenüber liegenden Schule, wo die Schüler, begleitet von Trommeln und Panflöten, in Schuluniformen ihren täglichen, paarweisen „Marsch" in ihre jeweiligen Klassen einüben. Außerdem steht am morgigen Tag der Besuch des bolivianischen Präsidenten Evo Morales, des ersten indianischen Präsidenten Boliviens, bevor, der dem „pueblo" (Dorf) Traktoren versprochen hat und per Hubschrauber einfliegen wird. Da muss geübt werden, versteht sich. Die Kleinen geben sich die Hände, die Größeren gehen nebeneinander. Rosa, ein Mädchen aus der Nachbarschaft, und ihr Freund Alex freuen sich, dass wir zuschauen.

Am nächsten Morgen kommen Soldaten zum Pfarrhaus und wollen wissen, wer wir sind und woher wir kommen. Nachdem das geklärt ist, gehen wir nach draußen, wo die Temperaturen etwa ab halb neun Uhr morgens in der Sonne erträglich werden. Schon erblicken wir große Scharen von Kindern und Jugendlichen, die ihre schöne, für Chipaya typische, dunkelbraune Kleidung mit spitzer Kapuze zum Schutz vor Kälte, Hitze und Staub tragen. Wären die Mützen der Kinder nicht dunkelbraun, würde ich sagen, dass hier das „Rotkäppchen" erfunden wurde. Die Frauen tragen ihre Babys, in bunte Tücher eingewickelt, auf dem Rücken. Bevor wir zur „Plaza", dem großen Versammlungsplatz eines jeden „pueblos", wo der Präsident erwartet wurde, gehen, schaue ich mir die Schule an. Vor der großräumigen Gebäudeanlage mit Sportplatz befindet sich eine Inschrift mit den Worten „Bildung ist, unseren Kindern ein Beispiel zu geben."

Was den Besuch des Präsidenten betrifft, so hat sich das ganze Dorf prächtig herausgeputzt. Auch viele festlich gekleidete Besucher aus den umliegenden Dörfern wie Aiparawi und Vistrullani sind gekommen. Die Schüler und Schülerinnen marschieren in einem Festumzug hinter den Musikgruppen. „La banda" – jedes Dorf besitzt eine eigene Musikgruppe oder eine Kapelle, auf die es sehr stolz ist. Wie alle Bolivianer sind die Chipayas ein sehr musikalisches Volk, das die Musik seiner Vorfahren liebt (wir hörten z. B. ständig die berühmten „Kjarka's" aus Cochabamba) und nicht nur die Musik. Traditionen werden nach wie vor groß geschrieben und sollen auch nach dem Willen des bolivianischen Präsidenten nicht einfach einem blinden Modernisierungseifer zum Opfer fallen.

Als Morales auf das festlich mit Blumen geschmückte Podium der Plaza steigt, umrahmt von den bolivianischen Nationalflaggen, verstummen auch die Trompeten der Soldaten. Zur Begrüßung hat „Evo", wie ihn die Leute hier nennen, weil er einer der ihren ist, von seinen Soldaten gleich einen der versprochenen Traktoren mitbringen lassen. Er trägt die Kleidung der Chipayas und bekommt einen Blumenkranz umgelegt. Die Menschen, jung und alt, jubeln ihm zu. Als wir Chipaya verlassen, winken uns die Kinder zum Abschied. Mögen auch alle anderen erkennen, dass wir ihre Freunde sind.

Begegnung in Bolivien

Von Mathilde Reichertz

Während unserer Reise (2003) durch Bolivien, besuchten wir in etwa 4000 Metern Höhe den Tempelbezirk der Tiwanaku-Kultur (etwa 2000 v. Chr.). Nach intensiven Erklärungen und einem Rundgang entschied ich mich, die Umgebung ein wenig eigenständig anzuschauen.

Entlang der Straße versuchten Frauen, den Besuchern kleine Nachbildungen von den historischen Figuren und Standbildern anzubieten. Ich kaufte einige der Tonfigürchen. Während ich diese in meinen Rucksack verstaute, bemerkte ich hinter mir eine Frau, die ein recht großes Kind in einem Tuch auf dem Rücken trug – wie so viele Frauen in Bolivien. Eigentlich nichts Besonderes. Ein brauner Hut, ein wenig schräg auf dem Kopf, war ein wirkungsvoller Schmuck für sie. Die schwarzen Haare hatte sie zu zwei dicken Zöpfen geflochten.

Ich versuchte, mit Gesten und Handzeichen Kontakt aufzunehmen und siehe da, das Kind im Huckepack fuchtelte mit den Armen durch die Luft, berührte dabei den Hut der Mutter, der dann im hohen Bogen durch die Luft flog und auf der Erde landete. Schnell bückte ich mich, um das gute Stück aufzuheben. Dabei konnte ich sehen, dass ein Innenfutter mit Gummizug dem Hut den notwendigen Halt gibt, damit er nicht bei jeder kleinen Kopfbewegung herunterfällt. Nun, hier hatte das Kind den „Absturz" veranlasst.

Als ich der Frau den Hut hinhielt, griff das Kind blitzschnell danach und setzte sich das „Schmuckstück der Frauen" selbst auf den Kopf. Ich fand diese getauschten Rollen so nett und bat die Mutter mit Zeichensprache um Erlaubnis, ein Foto machen zu dürfen. Ein Kopfnicken bedeutete ihre Zustimmung. Ich bin stolz auf das Bild: „Kind mit Hut".

Das Kind mit dem Hut.

Einige Schritte weiter waren Leute auf einem Feld damit beschäftigt, Kartoffeln zu ernten. Das wollte ich noch genauer sehen. Eine Frau mittleren Alters mit einem landestypischen Strohhut, der vor der Sonne schützt, nähte mit einer riesengroßen Nadel die mit Kartoffeln gefüllten Säcke zu. Drei Kinder tollten herum, und zwei junge kräftige Burschen, ebenfalls mit großen Sonnenhüten, fuhren auf Sackkarren die Ernte zu ihrem Haus, das nicht weit entfernt in den Feldern stand.

Die Frau gab mir mit Zeichen zu verstehen, dass die diesjährige Ernte zufriedenstellend ist, und sie zeigte mir als Beweis einige dicke Kartoffeln. Als ich ihr andeutete, dass ich gerne eine solche haben wollte, angelte sie die dickste aus dem Sack und reichte sie mir hin. Nein, gab ich ihr zu verstehen, ich wollte eine kleine Knolle haben. Die gab sie mir, und ich freute mich, dass ich aus dem Ursprungsland unserer Kartoffeln eine rote, gleichmäßig runde Knolle mit nach Hause nehmen konnte.

Im April wird in Bolivien geerntet, hier in Deutschland gesät. So vertraute ich mein südamerikanisches Mitbringsel meinem Gartenbeet an. Es tat sich nichts. Wahrscheinlich war

Der Tempelbezirk von Tiwanaku.

Beginnender Tourismus – die Verkaufsstände sind schon einmal da.

In Bolivien gibt es rote Kartoffeln – nur eine von unzähligen Sorten.

die Kartoffel beleidigt, dass sie sofort wieder wachsen, blühen und Frucht bringen sollte. Sie brauchte einfach Ruhe.
Es war schon bald Herbst und Erntezeit, als ich in meinem Garten rotgrüne Blätter entdeckte, die mir fremd waren. Vorsichtig hob ich die Pflanze aus der Erde und siehe da, kleine, dunkelrote Kartöffelchen hatten sich um die Mutterknolle herum gebildet. Ich fand das wunderbar. Die gesamte bolivianische Kartoffelfamilie legte ich behutsam in einen großen Blumentopf, der dann über die kalte Jahreszeit im Keller aufbewahrt wurde. Im nächsten Frühjahr kamen die Erdfrüchte wieder in den Garten. So schöne Kartoffeln, wie die Bäuerin bei Tiwanaku, habe ich aber nie ernten können.

Ein Priester in Bolivien muss fast alles können

Kaplan Schwarz als Schwerarbeiter – Bericht aus Sucre

Von Fritz-Georg Kersting

Die drei ersten Trierer Priester in Bolivien hatten engen Kontakt zur Familie Kersting. Ich begleitete das Trierer Team zum Beispiel bei der Einführung in Monteagudo und Muyupampa und erstellte für das Bistum Trier einen Film über die Arbeit der „Ayuda Catolica Treveris" („Trier-Hilfe") in den ersten Jahren von 1962 bis 1965, der aber nicht mehr auffindbar ist. In der Bistumszeitung „Paulinus" erschienen in dieser Zeit mehrere Berichte von mir zur Bolivien-Hilfe und der Arbeit der Trierer Priestergruppen und der AGEH- und DED-Freiwilligen im Erzbistum Sucre.

Dieser Bericht aus einer Tageszeitung vom 20. Dezember 1963 entstand, nachdem ich, damals Lehrer an der Deutschen Schule in Sucre, „Padre" Leo Schwarz drei Wochen begleitet hatte.

Cochem: „Aus Sucre in Bolivien erhalten wir einen Brief von Fritz Georg Kersting, der dort Lehrer am Colegio Aleman ist. Sucre liegt 350 Kilometer von Monteagudo entfernt. Kersting schreibt: ‚Schon seit der Ankunft der drei Priester aus Trier haben wir herzlichen Kontakt mit Priestern und Schwestern. In jeden Ferien bin ich zumindest für eine Woche dort (in Monteagudo), um die Arbeit der Priester kennenzulernen und ihnen vielleicht ein ganz klein wenig helfen zu können, wenn die Hilfe auch einfach im Dasein besteht. Gerade komme ich von einer

Ein Koka-Strauch – die Kultpflanze Boliviens.

Woche in Monteagudo zurück. Zeit ist keine mehr, einen längeren Bericht zu schreiben, da beiliegende Bilder noch vor Weihnachten veröffentlicht werden sollen, um die Aktion Adveniat ein wenig zu unterstützen. In Nachtarbeit haben meine Frau, mein Bruder und ich die Bilder fertig gemacht. Hoffentlich kommen sie noch rechtzeitig an.' Dann folgt der Nachstehende Bericht. Kaplan Leo Schwarz wird in Bolivien übrigens Padre Leon genannt. Kersting schreibt:

‚Gerade sind es drei Tage her, dass ich wieder in Sucre bin. Ich durfte zum dritten Mal für eine Woche bei den drei Priestern und Schwestern, die die Diözese nach hier entsandt hat, sein, mit ihnen arbeiten und sehen, wie sie leben. Gerade in diesen Tagen des Advents und des Weihnachtsfestes 1963, wo zum dritten Mal die deutschen Bischöfe zur Adveniat-Sammlung für Lateinamerika aufgerufen haben, ist es notwendig, dass sie alle einmal hören und sehen, was mit dem Geld der Diözese Trier hier geleistet wird und noch in Zukunft zu tun notwendig ist.

Die wertvollste Hilfe ist aber der persönliche Einsatz der Schwestern und der drei Priester Pastor Schmidt aus Koblenz, Kaplan Vössing aus Birkenfeld, Kaplan Schwarz aus Cochem und des Entwicklungshelfers Rudolf Graf aus Hoppstätten.

Noch etwas vorweg: Ich war gerade dabei, als aus Cochem verschiedene Briefe eintrafen, in denen der Turmbau der Kirche in Worten und Bildern beschrieben wurde, als Zeitungsausschnitte kamen, die vom Ersatz-St. Martin erzählten und von dem schönen Martinszug in Cochem-Sehl. Sie alle glauben kaum, wie viel Freude diese Briefe aus der Heimat hier bringen. Ob es Briefe von Bekannten, ehemaligen Schülern, ehemaligen Pfarrkindern sind, immer sind sie ein Stück Heimat, ein Gruß und ein Beweis, dass die Priester und Schwestern an der ‚Front' der Kirche nicht allein stehen, sondern ihre Heimat hinter sich haben. Das erleichtert die Arbeit hier, gibt Mut und Freude.

Waschtag am Fluss.

Diese Erleichterung ist so notwendig in der beinahe menschenunmöglichen Arbeit und dem persönlichen Einsatz, den alle hier zu leisten haben. Es sind so viele Aufgaben, die auf die Priester und Schwestern hier eindringen, dass ich, als zeitweiser Besucher, es kaum verstehen kann, wie sie alle es fertig bringen. Schauen sie sich nur die Bilder an:

Nicht eines dieser Fotos ist gestellt, sondern sie sind innerhalb einer Woche dort in Monteagudo entstanden aus dem täglichen Leben der Priester und Schwestern heraus. Sie zeigen, was ein Priester alles können muss. Ziel ist natürlich immer die Seelsorge, alles andere ist immer nur ein Mittel dazu. Aber was nützt es, wenn Padre Leon mit Schwestern und Jeep eine Seelsorgereise machen will und der Jeep es nicht tut! Was bleibt ihm anderes übrig, als zwei Tage an dem Jeep herumzubasteln. Da sollen abends auf der Plaza Filme, die vielleicht einmal im Jahr von der deutschen Botschaft kommen, der ganzen Gemeinde vorgeführt werden. Ausgerechnet jetzt tut das Vorführgerät es nicht.

Da kommt ein Lkw mit Gips und Kalk für den weiteren Ausbau der Pfarrkirche. Keine Leute sind da, die beim Ausladen helfen können. Alle sind zum Säen, da es endlich geregnet hat. So müssen die Priester einspringen. Es war samstags nach der Messe: Ein älterer Mann kommt, wie so oft sind die Padres für alle Kranken die letzte Hoffnung, und bittet Padre Leon (Leo Schwarz) einmal nach einer Wunde zu sehen, die er am Bein habe, schon seit 20 Jahren, seit dem Chacokrieg mit Paraguay. Als er die Hose hochzieht, ein Stück Autoschlauch losbindet und eine Schicht Blätter abkratzt, kommt ein grässliches Venengeschwür zum Vorschein. Neben dem Seelenarzt sind alle Priester gleichzeitig Ärzte des Körpers, obwohl in diesem Falle nichts zu machen war, als eine Tube Salbe, ein Paket Verbandsstoff und tröstende Worte, denn hier wird wohl selbst die Kunst eines Arztes kaum noch etwas ausrichten können.

Unterwegs auf den Giras, den Seelsorgereisen in der Pfarrei, die größer als manche deutsche Diözese ist, müssen die Padres, nur auf sich alleine angewiesen, Pfadfinder, Ärzte, Pferdekenner, Viehzüchter, Sattler, Eheberater, Hebamme, Freund und Priester sein. Eine beinahe unmögliche Aufgabe. In den größeren Orten müssen sie unbedingt auch Techniker sein, die Jeeps, Lichtmotore, Wasserpumpen, Vorführgeräte bedienen und reparieren, die Kapellen und Kirchen planen und bauen können. Und was mag es alles noch mehr geben, was sie können müssen und was ich bisher nicht gesehen habe.

Immer aber sind die Priester, Brüder der ärmsten Indios, für alle da. Bei jedem Halt ist der Jeep umringt, bilden Kinder und Erwachsene einen dichten Ring um das Pferd, kommen Menschen mit allen ihren seelischen und körperlichen Nöten zum Padrecito. Hier diese Arbeit in Monteagudo ist neben der Seelsorgeaufgabe wohl die beste Entwicklungsarbeit, die es gibt, in deren Mittelpunkt der Mensch steht, nicht die Fabrik oder das Projekt, ohne die Überheblichkeit, die so oft die Staaten haben, die den Entwicklungsländern so ‚großzügig', aber beleidigend helfen.

Und noch eins: Das Geld, das sie alle für diese Arbeit geben, bringt tausendfältige Frucht, nicht für die Sä-Leute hier, sondern für die ganze westliche Menschheit."

Ein brenzliger Tag im Chapare

Planung ist gut – Improvisation ist wichtiger

Von Christel Krein

Frohgelaunt und voller Erwartung bestiegen wir am zweiten Tag unserer Chapare-Exkursion den Bus. Gemeinsam mit unseren Pfadfinderfreunden von der „Asociacion de Scouts de Bolivia (ASB)", dem bolivianischen Pfadfinderverband von Cochabamba, wollten wir, 15 Pfadfinderinnen und Pfadfinder der Deutschen Pfadfinderschaft Sankt Georg (DPSG) im Bistum Trier, vormittags eine „planta petroleo" – eine Erdölförderfirma besichtigen. Anschließend erwartete uns in Chimore ein Gespräch mit Vertretern der Drogenbekämpfungseinheit UMOPAR, bei dem wir uns über den „lucha contra drogas" – den Kampf gegen Rauschgift und Alternativen zum weit verbreiteten Koka-Anbau informieren wollten. Die Region Chapare ist eines der größten Anbaugebiete der Koka-Pflanze in Bolivien. Die Auseinandersetzungen um die Produktion waren in der Vergangenheit immer wieder aufgeflammt, wenn die bolivianischen Regierungen zumeist auf Druck der USA Kokafelder großflächig zerstörten. Koka ist zwar nicht Kokain, dennoch sind die Blätter des unscheinbaren Strauchs der Rohstoff für die Droge. In Bolivien ist die Koka eine uralte Kultur- und Heilpflanze, die traditionell auch zur Linderung von Kälte- und Hungergefühl eingesetzt wird. Das geplante Programm versprach einen spannenden, ereignisreichen Tag.
Aber fast alles kam anders.

Eindeutig, der Bus brennt.

Jetzt hilft nur noch schieben.

Nach Besichtigung der Erdölförderung führte uns die einzige ausgebaute Straße Richtung Chimore, als es plötzlich im Bus merkwürdig zu stinken begann und kleine Flammen aus dem Motorraum herausschlugen.

Jetzt hilft wirklich nur noch zu Fuß gehen.

Wenigstens gab es dann leckeren Fisch.

Fluchtartig stürzten wir aus dem qualmenden Fahrzeug und brachten uns in einiger Entfernung in Sicherheit. Unser Fahrer war der Verzweiflung nahe, denn seine einzige Einkommensquelle, der klapprige Reisebus, drohte vor seinen Augen ein Raub der Flammen zu werden. Nach dem Motto „jeden Tag eine gute Tat!" opferten wir unseren Trinkwasservorrat, der sich im Kofferraum des Busses befand, um den Brand zu löschen und das Schlimmste zu verhindern. Einige Technik-Kenner wagten sich bald näher an den Brandherd heran und berieten, was zu tun sei, um den Bus wieder flott zu machen. Meterweise zogen sie verbranntes Kabel aus dem Innern des Motors. Diagnose der Fachleute war: Kabelbrand und verschmorte Batterie. Die Insider fachsimpelten, das sei nichts Ernsthaftes, denn eine Batterie brauche man nur zum Starten eines Motors. Ist dieser erst mal angesprungen, sei das Gefährt wieder fahrtüchtig.

Pfadfinder sind „siempre listo" – allzeit bereit und hilfsbereit. Also stellten wir uns in der mittäglichen Gluthitze zum kollektiven Schieben hinter dem Bus in Position. Doch der Motor widersetzte sich standhaft der pfadfinderischen Energie und sprang nicht an.

Es blieb also nichts anderes übrig, als zu Fuß zum nächsten Ort zu gehen und dabei den weiteren Verlauf des Tages zu überlegen.

Unterwegs legten wir in der Hütte von Dona Antonia aus Cochabamba, die seit 17 Jahren mit ihrem Mann und sechs Kindern im Chapare lebt, eine kurze Rast ein und ruhten uns ein wenig aus. Sie verkaufte uns Apfelsinen und eine Bananenstaude als Wegzehrung. Obwohl sie behauptete, dass es nicht mehr weit sei bis zum Dorf, erschien uns der Weg in der glühenden Mittagssonne endlos. Aber wir wurden für unsere Strapazen belohnt, denn das örtliche Restaurant versprach uns zum Mittagessen Surubi und Pacu, zwei köstliche Fischsorten, kalte Getränke und vor allem Schatten.

Die Zubereitung der Speisen war für uns eine Attraktion: Auf einer umgestülpten Getränkekiste schnitt eine junge Frau mit einer Säge die frisch gefangenen Fische in Stücke. In der einfach eingerichteten Küche wurde er später in siedendem Fett frittiert. Im Hof zerkleinerte eine andere Mitarbeiterin mit einem Batan, einem Mahlstein, Tomaten und Locoto und bereitete daraus die landestypische Soße „llajua" zu, die in Bolivien bei keiner Mahlzeit fehlen darf. Gestärkt von der köstlichen Mahlzeit wanderten wir zum Rio Chapare, wo wir die Frauen beim Waschen, die Kinder beim Baden und die Männer beim Fischfang beobachteten.

Bis heute wissen wir nicht, wie Ever, einer der bolivianischen Pfadfinderfreunde, es schaffte, einen Ersatzbus zu besorgen, aber plötzlich ging es weiter. Der Toyota-Bus hatte 18 Sitze, wir waren 26 Leute und alle fanden Platz darin. Manchmal scheint tatsächlich nichts unmöglich zu sein – vor allem in Bolivien.

Auf dem Rückweg nach Villa Tunari, wo sich unser Quartier befand, besorgten wir noch Lebensmittel für die abendliche Parillada, das obligatorische Grillfest. Fleisch, ein Sack Kartoffeln und Grillkohle, eine Staude Kochbananen, Tomaten, Zwiebeln, Salat und ein Berg der köstlichsten Früchte zum Nachtisch kauften wir auf dem Markt und zwängten es irgendwie noch in den übervollen Kleinbus.

Der ereignisreiche Tag endete mit einem wunderschönen Grillabend, deutschen und bolivianischen Liedern und Tänzen sowie der Gewissheit, dass Pfadfinderei jede Menge Abenteuer bietet.

Der Redemptoristenpater Albert Maisant aus Neuforweiler

Von Jürgen Kölb

Albert Maisant (geboren 1919) war der dritte und bisher letzte Priester, der aus der Pfarrei St. Medard Neuforweiler hervorgegangen ist. Die Eltern betrieben nach dem 1. Weltkrieg das Gasthaus Maisant in Neuforweiler.

Auf Grund der angegriffenen Gesundheit der Mutter verpachtete die Familie das Gasthaus und das Lebensmittelgeschäft und zog nach Saarlouis. Dort besuchte Albert bis 1929 die Volksschule und anschließend das Gymnasium. Aufgrund von Anfeindungen während der Nazi-Zeit, entschlossen sie sich 1935 ihre Siebensachen zusammenzupacken und in die Heimat der Mutter, zuerst nach Falck zu ziehen, wo sie ein Haus gekauft hatten. Von dort flohen sie nach Saulgé bei Poitiers, und kamen erst am 1. September 1940 wieder zurück nach Têterchen. Ihr Gasthaus in Neuforweiler wurde später der Gemeinde übereignet.

Auf Anraten von Pater Recteur Elmerich begab sich der Junge, der schon früh den Wunsch geäußert hatte, Priester zu werden, am 1. September 1935 ins Juvenat nach Freiburg (Schweiz). Dort verblieb er drei Jahre. 1938 wurde er eingekleidet. Auf Grund der Kriegsvorbereitungen im nahen Deutschland floh Albert im August 1939 zu seinem Onkel nach Gannat. Dort wurde er am 12. September 1939 von den Franzosen verhaftet, am 2. Dezember wieder freigelassen. Während seines Aufenthaltes

Pater Albert Maisant.

im Gefängnis begann er mit dem Studium der Philosophie. Vom 20. Mai bis 13. Juli verbrachte er eine harte, menschenunwürdige Zeit im Gefängnis von Guvs.

Am 13. Juli 1940 kehrte er nach Sousceyrac zurück. Am 14. September 1942 band er sich für immer an den Redemptoristenorden. Am 7. Mai wurde er zum Subdiakon, am 8. Mai 1944 zum Diakon geweiht.

Am 16. Juli 1944 empfing er die Priesterweihe. Bis 1952 wirkte er im Kloster Blauberg (Sarreguemines) als Volksmissionar und unternahm erste Missionsarbeiten in Frankreich. Während seiner Tätigkeit für das Kloster Blauberg sammelte Pater Maisant die Erfahrungen, die ihm für die Mission in Bolivien zugute kommen sollten. Gekennzeichnet von vielen Leiden nahm er 1952 Abschied von der Heimat. In Bolivien, seiner zukünftigen Wirkungsstätte, traf Pater Maisant, von nun an Padre Alberto genannt, 1953 ein.

In Bolivien wirkte Padre Alberto in Potosi, Nuki und Covento.

1953 musste sich Pater Maisant wegen starker Kopfschmerzen einer Operation im Krankenhaus von Cochabamba unterziehen. Während der Erholungszeit reifte in ihm der Plan, ein indianisches Kulturzentrum zu gründen.

Im Mai 1961 kam er nach achtjährigem Aufenthalt in seine Heimat zurück. Dabei suchte er auch seinen Geburtsort Neuforweiler auf. Mit brennendem Interesse lauschten die Neuforweiler seinen ausführlichen Berichten über das unterentwickelte Bolivien und dessen arme Bewohner.

Am 4. März 1962 kehrte er nach Bolivien zurück. Er nahm nun die schwere Aufgabe auf sich, den Indianern im Dorf einen Brunnen zu bauen. Bisher hatten sie sich immer geweigert, aus Furcht vor den Erdgeistern, die ihnen deshalb zürnen würden. Es gelang ihm schließlich, ihre Bedenken zu zerstreuen, und die Männer des Dorfes machten sich an die Arbeit. Am Tag Christi-Himmelfahrt erlaubte er ihnen, wegen des günstigen Wetters, am Brunnen

Gasthaus Maisant in Neuforweiler, 1940.

Konvent Blauberg in Saargemünd.

Pater Maisant mit dem Kirchenvorstand Neuforweiler, 1958.

durch den zu Boden polternden Stein in die Tiefe geschleudert und tödlich verwundet. Nach zweieinhalb Stunden erst gelang es ihnen, Pater Maisant aus dem Brunnenschacht herauszuziehen. Er sollte in das Krankenhaus in Potosi eingeliefert werden, aber er starb auf dem Weg, ohne das Bewusstsein wiedererlangt zu haben.

So war in Erfüllung gegangen, was er so oft gesagt hatte: „Ich gäbe gern mein Leben hin, um damit unseren Indianern Wasser zu beschaffen."

Erschüttert nahm man in Neuforweiler die Nachricht von Pater Maisants Tod auf. Er, der den Indianern als Priester, als Arzt und als Lehrer zur Seite gestanden hatte, war aus ihrer Mitte gerissen. Am 28. Juli 1963 wurde zu seinem Andenken auf dem Friedhof in Neuforweiler am kirchlichen Priestergrab ein Gedenkstein aufgestellt.

„Der gute Hirte gibt sein Leben"
Pater Alb. Maisant C.S.S.R.
*05.06.1919 +31.05.1962
beim Brunnenbau verunglückt in
NUKI
Indianermission Bolivien
„Wen dürste der komme zu mir
wer an mich glaubt trinke"
(Joh. 7, 32-37)

zu arbeiten. Die Männer versuchten, mit Hilfe eines über einem Dreifuß gelegten Balkens, über den ein Seil lief, den Stein hochzuziehen. Dabei musste einer der Männer den Balken mit seinem Gewicht niederdrücken. Pater Maisant kam hinzu. Er erkannte sogleich die Gefahr und übernahm diesen Posten selbst, weil er, wie er sagte, im Gegensatz zu jedem Indianer, weder Frau noch Kind habe. Als Pater Maisant mit der einen Hand den Balken losließ, um die Männer anzufeuern, wurde er

Erinnerung an Pater Albert Maisant in Nuki.

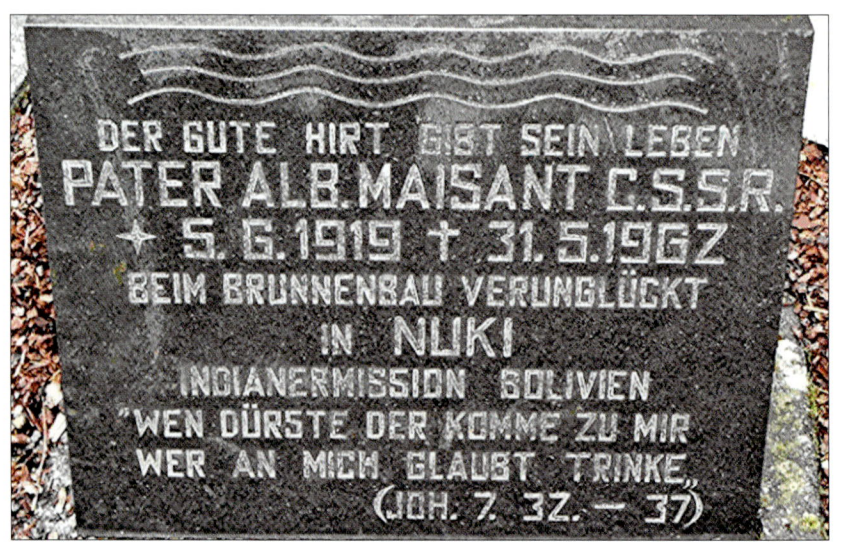

Gedenktafel für Pater Maisant am Priestergrab in Neuforweiler.

„Mein Bolivien

Von Monika Ziegler (Püttlingen)

Der Kondor die Schwingen breitet weit aus,
im Bergland der Anden, da ist er zu Haus.
Der Thron der Götter beherrscht hier das Land,
die Wiege von Aymara und Quechua hier stand.

Den Puma es heute auch noch hier gibt;
Don Paulino im Schilf am Titicacasee lebt.
Lama, Alpaka leben hier oben;
die Sonne sie brennt, in den Bergen da droben.

Der Blick schweift über ganz weites Land,
rot, braun die Erde, wie der Mensch der's bebaut.
Beschwerlich das Dasein ein Leben lang währt,
Glück allein nur der Himmel oft erst gewährt.

Doch wandere ich, durch uns fremdes Land,
die Herzen der Menschen, mir zugewandt.
Nur Liebe und Freundschaft begegnen mir hier,
als Fremde ich fühl' mich bald schon nicht mehr.

Das Kind am Wegrand, in der Hütte im Dorf,
kein Spielzeug besitzt es, doch lächelt sofort.
Die Freude am Leben bemerke ich hier,
ganz klein ich werd', Zärtlichkeit nur verspür'.

Es gibt sie wirklich, die Arbeit der Kinder,
für sie nur so möglich, ihr Dasein zu fristen.
Eine Jugend wie wir, viele nicht kennen,
Unbeschwertheit im Traum höchstens erleben.

Mit Zwölf als Minero im Bergwerk schürfen,
Schuhe putzen und wie Erwachsene schuften;
Die Familie so kann dann überleben;
das Morgen erwarten, ja ... erleben!

Die heilige Pflanze, Coca genannt, unersetzlich für viele,
sie den Hunger doch bannt.
Das Feld des Campesino, reicht oft nicht zum Leben,
die Stadt ihn ruft, denn er will ja leben.

Das Dasein der Landfrau, es ist wirklich hart,
wie zu biblischen Zeiten, ins Dorf sie verbannt.
Waschtag hier ist, unten am Fluss,
an offenem Feuer sie kocht, doch oft ... nicht genug!

Alte Frauen die Spindel in welker Hand,
umarmen mich freudig, als wären wir verwandt.
Harte Arbeit am Webstuhl viele noch leisten,
ein paar Pesos dazu, sind oft nur Verheißung.

Es gibt jedoch Menschen, die anderen helfen,
zu den Armen sie gehen, den Kranken, Geächt'en;
dass Kinder essen und lernen mögen,
dass Frauen die Würde bewahren können.

*Dafür sorgen die „Engel" vom Heiligen Josef,
nichts zu schwer, nichts zu weit, im Lande da oben.
Mit Liebe und Güte den Menschen begegnen,
ein Herz für andere, das ist ihr Leben.*

*Mit leuchtenden Augen Babys wiegen,
den Alten Kraft geben zu weiterem Leben;
der Jugend zum Start in das Leben verhelfen,
dem Paar auf dem Campo von Jesus erzählen.*

*Mit Freude die Arbeit, ihren Dienst sie stets tun;
die Botschaft des Glaubens verbreiten, nicht ruh'n.
Der Funke springt über, ich weiß es genau,
für andere leben, der Traum dieser Frau'n.*

*Doch es ist kein Traum, sondern Realität,
ein Beispiel für andere, gegeben hier wird.
Darum dank' ich von Herzen, dass ich sie kenn'
und kein Kontinent Menschen und Herzen kann trennen.*

*Bolivien, das Land am Ende der Welt,
von der Armut der Menschen, nicht nur es erzählt.
Ich liebe dies Land, die andere Welt
und die Menschen, die dort leben,
in unserer einen… einzigen …Welt.*

(In Sopachuy und La Paz entworfen im September 2006;
fertiggestellt in Püttlingen im März 2009)

Ein Fest in Bolivien

Anlässlich des Jubiläums 50 Jahre Partnerschaft zwischen dem Bistum Trier und Bolivien hat Bischof Dr. Stephan Ackermann mit einer Delegation erstmals das Partnerland in Südamerika besucht. Neben offiziellen Terminen, wie dem Unterzeichnen der Partnerschaftsvereinbarung am 11. Juli 2010 in Sucre, blieb aber auch Zeit, ins Land „einzutauchen", Projekte zu besuchen und Gespräche zu führen.

Segen über ganz Bolivien

Ein Sternmarsch in den Anden, ein Vertrag und viel Lebensfreude in der stärkenden Herberge

Von Eva-Maria Werner

Eine ganze Weile schon werden wir auf der kurvenreichen Schotterstraße zwischen Aiquile und Sucre durchgerüttelt. Eine Unterhaltung ist nur schreiend möglich. Trotzdem ist die Fahrt herrlich: Das Abendlicht taucht die Landschaft in rötliche Farben, der Blick schweift hinunter ins Tal und auf die Berge. Gerade passieren wir eine Ortschaft mit dem lustigen Namen „Chuqui Chuqui" als Musik zu uns durchdringt. Wir fahren weiter und werden am Ortsausgang überrascht – von einer „Banda". Etwa 20 Jungs, ausgerüstet mit Trompeten und Trommeln, spielen auf: laut, flott und begeisternd. Uns hält nichts mehr im Auto. Wir sehen, dass vom Dorf herauf junge Pilger mit Plakaten ziehen. Neugierige Bewohner säumen den Straßenrand, winken ihnen zu und fragen sich, was das wohl zu bedeuten hat.

Wir freuen uns, die jungen Menschen wiederzusehen, die Bischof Ackermann am Morgen in Aiquile ausgesandt hat. Sie sind, wie 800 weitere, Teilnehmer der ersten Sternwallfahrt Boliviens. Aus Aiquile, Potosi und Padilla haben sie sich aufgemacht, um nach Sucre zu pilgern, wo am 11. Juli ein historisches Ereignis stattfinden soll: die Unterzeichung der Partnerschaftsvereinbarung zwischen den deutschen Bistümern Trier und Hildesheim mit der Kirche in Bolivien. Hier, beim Zwischenstopp in Chuqui, Chuqui, ist von Müdigkeit der Pilger nichts zu spüren. Sie stürmen die letzten Meter auf die Banda zu, und als sie sehen, dass Bischof

Auf dem Jeep durchgeschüttelt.

Überraschende Begrüßung durch eine „Banda".

Ackermann ebenfalls vor Ort ist, rufen sie ihm ihr „Willkommen" zu. Der Bischof und seine Begleiter werden spontan zu einem Tanz auf der Straße aufgefordert. „Unglaublich, diese Lebendigkeit und Lebensfreude", heißt es später bei der Weiterfahrt. Die Herzlichkeit unserer bolivianischen Gastgeber beeindruckt uns schon seit Beginn unserer Reise.

Wallfahrt und ein fröhliches Fest

Am nächsten Tag stoßen wir unterwegs wieder auf die Pilger. Diesmal gehen wir ein Stück mit. Die Sonne scheint vom wolkenlosen blauen Himmel, die Stimmung ist ausgelassen, aber auch konzentriert. Es wird gebetet, vor allem aber gesungen. Mehr und mehr Menschen schließen sich zum Zug zusammen. Es sind Pilgerstäbe zu sehen mit den Plaketten der einzelnen Diözesen. In Sucre werden die Sternwallfahrer mit einem fröhlichen Fest empfangen. Hier zeigt sich auf einmal deutlich, wie stark das Beziehungsnetz in den letzten Jahrzehnten der Partnerschaft gewachsen ist: Ehemalige deutsche und bolivianische Freiwillige treffen sich wieder, Weihbischof Leo Schwarz und der Trierer Bistumspriester Erwin Graus, die seit Jahren in Bolivien leben und wirken, haben sich unter die Feiernden gemischt. Es sind auch viele Gäste aus dem Bistum Trier vor Ort: Teilnehmer einer Begegnungsreise, Sänger des Projektchores „Mehr als ein Lied", die BDKJ-Vorsitzenden Kerstin Wesely und Frank Kettern.

In Sucre unterzeichnen Bischof Stephan Ackermann, Bischof Norbert Trelle von Hildesheim und Kardinal Julio Terrazas die Partnerschaftsvereinbarung. Sie umfasst eine theologische Begründung der Partnerschaft, wirft einen Blick in die Geschichte und setzt Ziele für die kommenden Jahre. Auf einer „Zukunftskonferenz", die im Oktober 2009 mit Delegationen der drei Partnerkirchen stattfand, waren 15 Ziele zur Fortschreibung der Partnerschaft bis 2020 erarbeitet worden – etwa: die Kommunikation verbessern, Sprachkompetenzen fördern, die Spiritualität der Gemeinschaft zwischen den Partnern stärken, Projekte zur Armutsbekämpfung weiterführen sowie neue initiieren. Ausdrücklich ist erwähnt, Kindern und Jugendlichen in der Partnerschaftsarbeit besondere Aufmerksamkeit zukommen zu lassen. Eine Steuerungsgruppe bestehend aus Yalila Casanova und Teresa Rosaza (Bolivianische Bischofskonferenz), Rolf-Michael Schulze und Dietmar Müßig (Bolivienkommission Hildesheim) sowie

Auch Bischof Ackermann pilgert mit.

Die Trierer Delegation in Bolivien.

Direkter Kontakt mit den Menschen.

Apostolischen Nuntiatur in La Paz, nimmt er sich auch Zeit, sich mit Projektpartnern und Freiwilligen auszutauschen oder über den quirligen Markt sowie die Zaubergasse in La Paz zu schlendern. Das Gespräch mit den jungen Frauen und Männern, die als Freiwillige für ein gutes Jahr in Kindergärten, Schulen und anderen sozialen Einrichtungen überall in Bolivien arbeiten, beeindruckt den Bischof. „Ich kann Ihnen versichern, sie haben mich als Lobbyisten und Botschafter gewonnen", sagt er. Und mit Blick auf die gerade unterzeichnete Partnerschaftsvereinbarung: „Es ist besonders wichtig, dass wir die Freiwilligendienste stärken und fördern. Der direkte Kontakt, der dabei zwischen Menschen in Deutschland und Bolivien entsteht, ist sehr wichtig."

Und noch eine Rede.

Martin Lörsch und Ludwig Kuhn (Bistum Trier) hatte den Prozess begleitet. Bischof Ackermann sagt bei der Unterzeichnung, die Vereinbarung sei nicht nur eine Vergewisserung des aktuellen Stands der Partnerschaft, sondern auch – angesichts des schwierigen Verhältnisses von Staat und Kirche in Bolivien – ein Zeichen, „dass wir an der Seite der Kirche Boliviens stehen". Er vergleicht die Tage in Bolivien mit dem Aufenthalt in einer Herberge, in der man Stärkung erfahre für den weiteren Weg. Nachdem er die Partnerschaftsvereinbarung unterzeichnet hat, ruft er den Menschen auf dem Festplatz zu: „Gottes Segen über ganz Bolivien."

Bischof Stephan Ackermann hat auf seiner ersten, zehntägigen Reise durch Bolivien viele offizielle Termine. Überall, wo er auftaucht, wird er um eine „palabrita" (kleine Rede) gebeten. Doch neben der Teilnahme am Nationaltreffen des Diözesanklerus in Cochabamba, dem Empfang im Rathaus von Sucre, wo er als Ehrengast der Stadt ausgezeichnet wurde, der Teilnahme am Treffen des Ständigen Rates der Bolivianischen Bischofskonferenz oder dem Empfang in der

Nicht von den Problemen des Landes ablenken

Der Bischof erlebt Bolivien während seiner Reise als „Land voller Kontraste". „Die große Diskrepanz zwischen Arm und Reich und die sehr einfachen Lebensbedingungen sind die Punkte, die mich am meisten beschäftigen. Ich frage mich, wie eine Gesellschaft das auf Dauer aushalten kann." Umso bemerkenswerter sei die Haltung der Bevölkerung: „Mich beeindruckt, wie sehr die Menschen das Leben als Geschenk selbst unter prekären Bedingungen sehen können. Welche Freude es ihnen macht, dass sie das Leben haben, das Leben teilen können. Hier können wir wirklich etwas von ihnen lernen. Die Kirche Boliviens bringt in die Partnerschaft vor allem immaterielle Werte ein: Hoffnung und Lebensmut." So sehr die Tage im Partnerland von Feierlichkeiten und Freude bestimmt sind, sie vermögen nicht – und das ist auch gut so – von den großen Problemen des Landes abzulenken.

Die beiden Bundestagsabgeordneten Bernhard Kaster und Patrick Schnieder (beide CDU), die auf Einladung des Bischofs anlässlich des Partnerschaftsjubiläums nach Bolivien gekommen sind, berichten nach ihren Gesprächen mit Regierungsvertretern und Oppositionspolitikern: „Wir müssen uns Sorgen machen um die politische Situation vor Ort. Die Opposition wird prinzipiell als staatsfeindlich wahrgenommen, bis dahin, dass ihre Parlamentarier oder Bürgermeister mit Strafverfahren überzogen werden, um sie aus dem Verkehr zu ziehen. Kritischen Stimmen aus der Wirtschaft ergeht es nicht anders. Bedenklich ist auch, dass die Unabhängigkeit der Justiz nicht mehr gewährleistet scheint. Lynchjustiz wird offenbar von offizieller Seite gebilligt." Vor diesem Hintergrund erscheint den beiden Abgeordneten das Bild, das in deutschen Medien von Bolivien gezeichnet wird, häufig zu romantisch. „Wir müssen benennen, was nicht sein kann", sagt Kaster. „Die indigene Bevölkerung, die in der Vergangenheit stark benachteiligt war, stärker zu beteiligen, ist sicher gut. Doch Präsident Morales ist jetzt dabei, alle anderen Bevölkerungsgruppen auszugrenzen. Als ich den

Außenminister fragte, ob er denn nicht eine Politik für alle machen wolle, ist er ausgewichen. Ebenso bei der Frage, wie er sich denn die Zusammenarbeit mit der Kirche in Zukunft vorstelle. Seine Frage: ‚Welche Kirche meinen sie denn?' ist doch sehr bezeichnend in einem Land, in dem etwa 80 Prozent katholisch sind und in dem die katholische Kirche sehr engagiert im Gesundheits- und Erziehungsbereich ist."

Lobbyarbeit und Bildungsarbeit

Angesichts dieser schwierigen Lage im Land hält die Delegation um Bischof Ackermann die Arbeit der Stiftung „Jubileo" für umso wichtiger. Bei einem Besuch der Stiftung, die Analysen der politischen, wirtschaftlichen und sozialen Situation des Landes macht und ihre Ergebnisse und Daten politischen Verantwortungsträgern und über die Presse allen Bürgern zur Verfügung stellt, erläuterte der Stiftungsdirektor Juan Carlos Nunez seine Ziele. „Ein Riesenproblem in Bolivien ist unsere desinformierte Gesellschaft. Unser langfristiges Ziel ist es deshalb, möglichst viele Bürger mit gut verständlichen Informationen zu versorgen und am politischen Leben teilhaben zu lassen." Die Stiftung, die im Zuge der Schuldenerlassjahrkampagne gegründet wurde, genießt in Bolivien eine große Glaubwürdigkeit. „Es ist wichtig, im Umbruchsprozess, den das Land gerade erlebt, die Bürger stärker in das politische Leben einzubeziehen, Lobbyarbeit in die Regierung und Bildungsarbeit in die Gesellschaft zu betreiben", sagte Ackermann. Die Stiftung wird als Jubiläumsprojekt vom Bistum Trier finanziell unterstützt.

Im Gottesdienst wird das Jubiläum gefeiert.

Ein Vertrag auf die Zukunft wird unterschrieben.

Zehn Tage Bolivien: Land und Leute kennen lernen, Gottesdienste feiern, spannende und nachdenkliche Gespräche führen, in dünner Luft auf über 4000 Metern in El Alto an die eigenen – körperlichen – Grenzen stoßen, herzliche Gastfreundschaft genießen und unbekannte Köstlichkeiten auf der Zunge spüren. Es bleiben jede Menge Eindrücke und Erlebnisse. Und das Gefühl, in der Fremde ein Stück Heimat gefunden zu haben. Bischof Ackermann drückt es beim Abschlussgottesdienst in der Kathedrale von La Paz so aus: „Wir fliegen morgen wieder nach Hause. Und ich sage aus vollem Herzen: Wir fahren von daheim nach daheim."

Feiern mit Perspektive

Im Bistum Trier genauso wie in Bolivien: „50 Jahre Bolivienpartnerschaft 1960–2010" war ein guter Anlass, fröhlich zu feiern. Aber auch sich neu zu positionieren und zu überlegen, wie die Partnerschaft inhaltlich weitergeht.

Nur das Mobil war nicht immer mobil

Das Jubiläumsjahr: Versuch einer ersten Bilanz

Von Bruno Sonnen

So ein Jubiläumsjahr will gestaltet werden und entwickelt natürlich darüber hinaus seine ganz eigene Dynamik. Das war auch beim Bistumsprojekt „50 Jahre Bolivienpartnerschaft 1960–2010" nicht anders.

Wenn an dieser Stelle nun versucht werden soll, eine erste und vorläufige Bilanz des Jubiläumsjahres zu ziehen, so muss diese sich natürlich zuallererst an den „grundlegenden Anliegen in der Ausrichtung der Jubiläumsvorhaben" orientieren und das Geschehen zwischen Ende September 2009 und Anfang Oktober 2010 nach diesen Gesichtspunkten bewerten und einordnen. Als Grundanliegen wurden benannt:
- die Beteiligung in der Bolivienpartnerschaft im Bistum zu intensivieren,
- Innovationen anzustoßen,
- neue Zielgruppen anzusprechen,
- nachhaltige Ergebnisse etwa im Perspektivprozess zu erreichen.

Das zweite Kriterium der Beurteilung liefern die im Vorfeld gesetzten fünf Themenakzente: „Bildung schaffen", „Schöpfung bewahren", „Dialog und gesellschaftliche Beteiligung ermöglichen", „Wirtschaft fair gestalten" und „Christliche Spiritualität leben".

Soviel vorneweg: Es war tatsächlich ein Jahr voller Aktionen und Aktivitäten, Feste und Feiern, Veranstaltungen und Initiativen. Die zentralen seien an dieser Stelle genannt: Auftakt am 26./27. September 2009 in Santa Cruz, Auftakt am 4. Oktober 2009 in Trier, Heilig-Rock-Tage 2010 im Zeichen der Bolivienpartnerschaft, Besuch einer Bistumsdelegation mit Bischof Dr. Stephan Ackermann an der Spitze im Juli 2010 in Bolivien; die Delegation nimmt ebenso wie drei weitere Gruppen aus dem Bistum Trier, die in diesem Juli nach Bolivien reisen, an den zentralen Feierlichkeiten zum Jubiläum in Sucre teil. Dort unterzeichnen Bischof Stephan Ackermann, Kardinal Julio Terrazas und der Hildesheimer Bischof Norbert Trelle einen neuen Partnerschaftsvertrag. Schlussakkord am 3. Oktober in Trier.

Hervorzuheben sind ohne Zweifel die Heilig-Rock-Tage 2010; das nach der Heilig-Rock-Wallfahrt 1996 etablierte jährliche Bistumsfest stand in diesem Jahr ganz im Zeichen der Bolivienpartnerschaft. Das Aktionszelt, das in der Zeit zwischen dem 16. und 25. April auf dem Trierer Hauptmarkt stand, sorgte mit einer bunten Programmmischung aus Gespräch, Information, Musik und kreativen Angeboten dafür, dass die Bolivienpartnerschaft des Bistums auch der nichtkirchlichen Öffentlichkeit näher gebracht wurde.

Richtig fahrbereit erst auf der Zielgeraden: das Bolivienmobil.

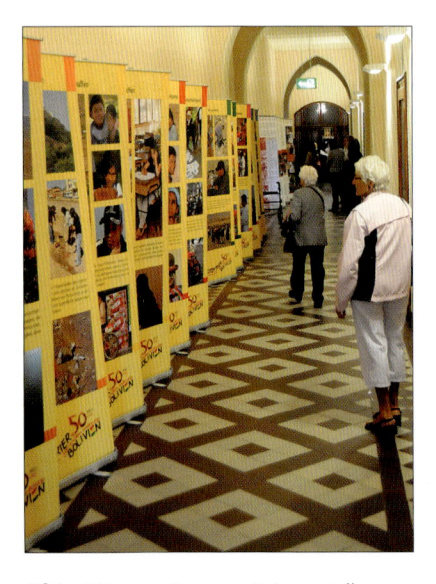

Oft im Bistum unterwegs: Fotoausstellung zu den Themen des Jubiläumsjahrs.

Wie Wirtschaft heute tickt

Ein anderer wesentlicher Aspekt: Wenn sich wie bei den Heilig-Rock-Tagen 2010 zahlreiche Kindergartengruppen in der Vorbereitung zu

Hause und während des Bistumsfestes selbst mit Bolivien, seinen Menschen und der Partnerschaft beschäftigen, kann der Nachhaltigkeitsfaktor sicher recht hoch angesetzt werden. Ob dies beim „Paulinus"-Forum, einer Diskussionsveranstaltung in Zusammenarbeit mit der Katholischen Arbeitnehmerbewegung des Bistums am Vorabend der Eröffnung der Heilig-Rock-Tage auch der Fall war, steht auf einem anderen Blatt. Sicher ist, dass vor allem der Auftritt des Präsidenten des Bundesverbandes Groß- und Außenhandel, Anton F. Börner, den Besuchern eindrücklich vor Augen führte, wie Wirtschaft heute „tickt".

Anlässlich der Heilig-Rock-Tage präsentierte das Dom- und Diözesanmuseum erstmals zeitgenössische bolivianische Kunst. Mit der viel beachteten, über mehrere Monate gezeigten Ausstellung wurde die Partnerschaftsbrücke damit durch einen neuen kulturellen Baustein gestärkt.

Ein unvergessliches Erlebnis für alle, die daran teilgenommen haben, waren auch die zentralen Feierlichkeiten im Juli 2010 in Sucre: die Sternwallfahrt der Jugend, das ausgelassene Fest auf der Plaza Treveris in Sucre, der wunderschön gestaltete Gottesdienst in der Kathedrale, die feierliche Unterzeichnung der Partnerschaftsvereinbarung, das alles wurde zu einem großartigen Fest des gemeinsamen Glaubens über alle sprachlichen, kulturellen, sozialen oder politischen Grenzen hinweg.

Auftakt in Trier: Partner treffen sich.

Journalisten aus dem Bistum besuchen Bolivien und berichten in ihren Medien.

Neues Bild von Bolivien gewonnen

Sehr positiv zu bewerten ist auch die Reise nach Bolivien, die das Bistum im November 2009 erstmals für eine Gruppe von Journalisten organisierte. Sie gab den Vertretern der verschiedenen Medien im Einzugsgebiet des Bistums Trier Gelegenheit, sich selbst vor Ort einen Eindruck von Bolivien und der Partnerschaftsarbeit zu machen. Nicht nur ihre Veröffentlichungen unmittelbar im Anschluss an die Reise, sondern vielmehr auch das unmittelbare Erleben vor Ort haben dazu geführt, dass bei den Teilnehmern der Reise Bolivien ein ganz neues und eben lebendiges Gesicht erhalten hat, wie sie selbst hervorhoben.

Zu den Trierer Gruppen, die im Juli in Bolivien unterwegs waren, gehörte auch der Bistumsprojektchor „Mehr als ein Lied". Er hatte vor dem Hintergrund der Barockmusik aus der Zeit der Jesuitenreduktionen in Bolivien ein Chorprogramm zusammengestellt und baute auf seiner kleinen Tournee durch Bolivien neue musikalische Brücken.

Was es in großer Zahl vor Ort und das ganze Jahr über gab: Schulfeste im Zeichen Boliviens, Pfarrfeste, die als Bolivienfest gestaltet waren, Solidaritätsessen, -märsche und -aktionen, Konzerte, Workshops, Aktionstage. Hier erwiesen sich die von der Diözesanstelle Weltkirche und den zuständigen „Teilprojektgruppen" erstellten und immer wieder abgerufenen Medien und Materialien als sehr hilfreich. Zu nennen ist hier vor allem die große für das Jubiläumsjahr produzierte neue Fotoausstellung. Wichtiger als alle Medien ist aber der Mensch: Die jungen bolivianischen Freiwilligen, die in der Regel für ein Jahr in verschiedenen Einrichtungen an zahlreichen Orten des Bistums mitarbeiten, spielten gerade auch bei den Veranstaltungen vor Ort immer wieder eine zentrale Rolle als Botschafter ihres Landes. Das gilt auch für die beiden in der Seelsorge des Bistums mitarbeitenden bolivianischen Priester Sergio Fernandez (Mettlach) und Salvador Terrazas (Langenfeld).

Diese oft mit viel Liebe, Engagement, Kreativität und Herzblut von Ehrenamtlichen vor Ort initiierten Aktivitäten vor Ort haben mit Sicherheit dafür gesorgt, dass auch bei vielen Gläubigen in den Gemeinden die Bolivienpartnerschaft jenseits der jährlichen Kleidersammlung neu ins Bewusstsein gerückt ist.

Gut besucht: Ausstellung im Dommuseum von bolivianischen Künstlern.

Pilgerstäbe wandern durch die Dekanate.

Dass gegen Ende des Jubiläumsjahres die ein oder andere Veranstaltung mangels Teilnehmer auch abgesagt werden musste, mag an einer gewissen Ermüdung gelegen haben, die am Ende eines Jahres voller Bolivienaktivitäten natürlicherweise eintritt. Dass es auch Aktionsideen und -angebote gab, die auf weniger Resonanz stießen als erhofft, darf ebenfalls nicht verschwiegen werden. So hielt sich etwa die Teilnehmerzahl beim Jugend- und Schulwettbewerb ebenso wie bei einem Schreibwettbewerb rund um das Thema Bolivienpartnerschaft in überschaubarem Rahmen. Hier ist eine kritische Ursachenanalyse sicherlich Teil einer sorgfältigen Aufarbeitung des Jubiläumsjahres.

Heiße Zeiten für Gerechtigkeit

Erinnert werden muss an einige wichtige Einzelveranstaltungen zu den oben genannten Themenakzenten. Zu nennen ist hier etwa die Studientagung „Heiße Zeiten: Klimawandel und Gerechtigkeit. Anfragen und Herausforderungen in Bolivien und in Deutschland". Veranstaltet von Misereor, dem Katholischen Deutschen Frauenbund und der Katholischen Akademie Trier, brachte das fachlich gut besetzte Symposium am 18./19. März 2010 in Trier eine Fülle von interessanten Informationen, Erkenntnissen und Anregungen, die es verdienen, weiter bearbeitet zu werden.

Dem Themenakzent „Spiritualität leben" kann das Dialogforum zugeordnet werden, bei dem es am 27. August in Trier um die Frage ging, wie heute Mission zu verstehen und zu leben ist. Teilnehmer waren dabei unter anderen der live zugeschaltete Erzbischof von La Paz, Edmundo Abastoflor und Bischof Ackermann. Dabei wurde deutlich, dass die Seelsorge der Kirche Boliviens auch wichtige Anregungen für die pastoralen

Fragestellungen hierzulande liefern kann – Partnerschaft auf Augenhöhe also.

Diese und einige andere ähnliche Veranstaltungen bieten Anknüpfungspunkte zur inhaltlichen Weiterarbeit.

Was war noch? Die Pilgerstäbe als ein zentrales Symbol der Partnerschaft und des gemeinsamen Weges wurden gut angenommen. Probleme bereitete das „Bolivien-Mobil", ein Original-Bus aus Bolivien, der eigens für das Jubiläumsjahr ins Bistum geholt worden war. Wenn er fuhr und wo er stand, da war er ein Blickfang und sorgte für Aufmerksamkeit. Dass das weniger häufig als erhofft der Fall war, dafür sorgten seine zahlreichen Werkstattbesuche. Gespannt waren die Initiatoren, wie die „Aktion Silberberg" aufgenommen würde. Mit dem Symbol des „Cerro Rico", des reichen Berges von Potosí kreativ umzugehen und aus einem Berg der Ausbeutung einen Berg der Solidarität zu machen, war die Idee. Sie zündete immerhin an verschiedenen Orten im Bistum, doch es hätten mehr sein können. Da steckte mehr drin.

Beteiligung intensivieren, innovativ sein, neue Zielgruppen erreichen, Nachhaltigkeit sichern: Diese Grundanliegen des Jubiläumsjahres wurden in unterschiedlicher Intensität bearbeitet. Entsprechend differenziert muss die Bewertung ausfallen.

Laufend Gutes für Bolivien tun

Auf eine Initiative sei an dieser Stelle besonders hingewiesen, und zwar den 25-Stundenlauf rund um den Trierer Dom am 3./4. September. Eingeteilt in 50 halbe Stunden, waren Einzelpersonen wie Gruppen eingeladen, sich jeweils mindestens eine halbe Stunde lang auf einen 918 Meter langen Parcours rund um den Dom zu begeben und durch eine Startgebühr einen Obolus für die Projekte der Bolivien-

Zahlreiche Diskussionsforen beschäftigten sich mit den Themen der Partnerschaft.

Ort des Gesprächs und der Begegnung: das „Bolivienzelt" bei den Heilig-Rock-Tagen.

Mit moderner Technik um den Globus: Skypen mit Erzbischof Abastoflor.

partnerschaft zu leisten. Die Aktion des Dekanats Trier und des Netzwerks Weltkirche im Dekanat verzeichnete mit 1001 Startern nicht nur eine hervorragende Beteiligung, sondern war auch eine ziemlich perfekte Umsetzung der Grundanliegen des Projekts Jubiläumsjahr: Die Aktion war höchst innovativ, es kann davon ausgegangen werden, dass es so etwas in dieser Form in der langen Geschichte der Stadt Trier noch nicht gegeben hat. Mit den zahlreichen verschiedenen Gruppen, die an den Start gingen – genannt sei hier stellvertretend für viel andere das Team des Trierer Silvesterlaufs, das rund um die Uhr aktiv war – wurden Menschen erreicht, die nicht zum kirchlichen Kernpublikum zählen, die einfach von der Idee angetan waren und sich deshalb „in den Dienst der guten Sache" stellten. Die hervorragende und reibungslose Zusammenarbeit mit den zuständigen städtischen Stellen stärkte das Vertrauensverhältnis zwischen Kommune und Kirche und sorgte für ein Ausrufezeichen im Veranstaltungskalender der Stadt. Und dass es schon erste Überlegungen über wie auch immer geartete Veranstaltungen ähnlicher Art in der Zukunft gibt, steht dafür, dass der 25-Stundenlauf nachhaltige Wirkung haben könnte.

Was bleibt, ist der Blick nach vorn.

Hier wurde mit der Partnerschaftsvereinbarung ein Dokument erarbeitet, das perspektivisch in der Tat eine hervorragende Grundlage für die Partnerschaftsarbeit der nächsten Jahre bietet. Die Vereinbarung liefert nicht nur einen Kurzabriss der Geschichte der Partnerschaft, begründet sie theologisch und beschreibt ihre Struktur und Organe. Sie benennt darüber hinaus unter dem Stichwort „Perspektivprozess" auch die Ziele der nächsten zehn Jahre. Drei Delegationen aus Bolivien, Hildesheim und Trier haben in der Zukunftskonferenz vom 8. bis 11. Oktober 2009 die Grundlage dafür erarbeitet. Mit der Arbeitsform Zukunftskonferenz und mit der Beteiligung der drei Partner wurde Neuland betreten. Für die Umsetzung wurden konkrete Schritte zur Erreichung dieser Ziele entwickelt. Das reicht von ganz „banalen" Maßnahmen, aber eigentlich unverzichtbaren „nach innen" wie die Förderung der Sprachkompetenz über die Mitwirkung an auch nichtkirchlichen Eine-Welt-Netzwerken und -Kampagnen bis hin zur Festlegung der Aufgabe der Schöpfungsverantwortung als einen Schwerpunkt für die Partnerschaftsarbeit 2011/2012 mit entsprechenden Maßnahmen.

Ein Trierer Projektchor singt in Bolivien.

Im Laufschritt rund um den Dom für die gute Sache.

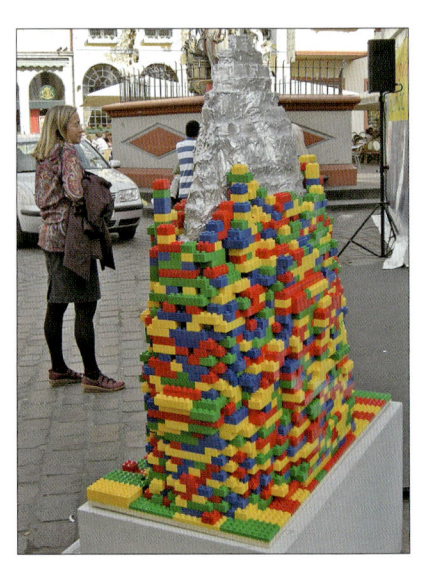

Ein Silberberg, der Spenden bringt.

Autorinnen und Autoren

Werner Bühler, Pastoralreferent i.R., Wittlich
Christine Cüppers, Freie Journalistin
Ingrid Fusenig, Freie Journalistin
Petra Hauprich-Wenner, Referentin des Katholischen Deutschen Frauenbundes (KDFB), Diözesanverband Trier
Christel Krein, Mitarbeiterin der Bistumszeitung „Paulinus"
Ludwig Kuhn, Geschäftsführer der Diözesanstelle Weltkirche im Bistum Trier
Monsignore Dr. Martin Lörsch, Abteilungsleiter im Bischöflichen Generalvikariat Trier, Zentralbereich Territoriale und Kategoriale Seelsorge
Michael Meyer, Geschäftsführer der Partnerschaftskommission der Bolivianischen Bischofskonferenz in La Paz
Dietmar Müßig, Leiter der Diözesanstelle Weltkirche im Bistum Hildesheim
Anja Peters, ehrenamtliche Referentin des Fachbereichs „Internationale Gerechtigkeit" der DPSG Trier
Dr. Ulrich Graf von Plettenberg, Pfarrer
Prälat Werner Rössel, Bischofsvikar für weltkirchliche Aufgaben
Prof. Dr. Joachim Schmiedl, Philosophisch-Theologische Hochschule, Vallendar
Bruno Sonnen, Chefredakteur der Bistumszeitung „Paulinus"
Schwester Remigia Ternes CSsJ, Generaloberin der Josefsschwestern in Trier
Dr. Irene Tokarski, Vizepräsidentin der Stiftung Jubileo in La Paz
Gertrud Thielen, Mitarbeiterin im Weltladen der Aktion 3 % Föhren
Dr. Alfons Waschbüsch, ehemaliger Leiter der Bischöflichen Pressestelle in Koblenz
Eva-Maria Werner, Redakteurin der Bistumszeitung „Paulinus"
Tobias Wilhelm, Redakteur der Bistumszeitung „Paulinus"
Evelyn Zimmer, Bildungsreferentin beim Bund der Deutschen Katholischen Jugend (BDKJ), Diözesanstelle Trier

Die Beiträge, die wir aus der Schreibwerkstatt ausgewählt haben, sind von:
Fritz-Georg Kersting, Simmerath; **Jürgen Kölb,** Saarlouis; **Christel Krein,** Aach; **Mathilde Reichertz** (†), Mürlenbach; **Robert Schagen,** Kümbdchen; **Monika Ziegler,** Püttlingen;
Redaktion: Ingrid Fusenig, Freie Journalistin
Layout: Eugen Reiter, Redakteur der Bistumszeitung „Paulinus"; **Ute Koenen,** Technische Redakteurin der Bistumszeitung „Paulinus"

Foto-Nachweis

Dieter Ackermann, Seite 91; **Aktion 3 % Föhren,** Seiten 50, 75, 76; **Archiv „Paulinus",** Seiten 38, 40, 42, 43, 46, 48, 49, 51, 53, 108, 113, 129; **Bistum Trier,** Seiten 8, 92, 111; **Brigitte Bettscheider,** Seite 160; **Werner Bühler,** Seiten 17, 18; **BDKJ,** Seiten 20, 21, 22, 23, 24, 102, 105, 112; **Caritas,** Seite 50; **DPSG,** Seiten 78, 79, 80; **Ingrid Fusenig,** Seiten 99, 109; **Gereon Helmes,** Seite 110; **Josefsschwestern Trier,** Seiten 45, 96; **Christel Krein,** Seiten 21, 106, 121, 122, 123, 143, 144; **Ludwig Kuhn,** Seiten 25, 26, 28, 132; **Martin Lörsch,** Seite 33; **Michael Merten,** Seite 162; **Michael Meyer,** Seite 129; **Privat,** Seiten 101, 117, 119, 120, 145, 146; **Mathilde Reichertz,** Seite 139; **Eugen Reiter,** Seiten 7, 12, 13, 14, 15, 16, 18, 20, 21, 22, 26, 27, 31, 32, 34, 39, 43, 44, 46, 47, 51, 52, 54, 55, 56, 57, 58, 62, 63, 64, 65, 66, 67, 68, 69, 72, 73, 74, 77, 81, 82, 83, 84, 85, 86, 87, 90, 92, 93, 95, 97, 98, 99, 100, 102, 103, 107, 108, 109, 110, 114, 115, 116, 118, 126, 127, 128, 131, 132, 133, 136, 137, 138, 139, 140, 141, 142, 147, 148, 149, 158, 159, 160, 161, 162; **Bruno Sonnen,** Seiten, 9, 13, 30, 104, 154, 162; **Josef Tietzen,** Seite 94; **Eva-Maria Werner,** Titelbild, Seiten 35, 130, 152, 153, 154, 155, 161.

Die Zukunft

Grundlagen für die Arbeit der nächsten Jahre: die Partnerschaftsvereinbarung. Sie wurde am 11. Juli in Sucre von Bischof Stephan Ackermann, Kardinal Julio Terrazas und dem Hildesheimer Bischof Norbert Trelle unterzeichnet.
Das komplette Dokument hier im Anhang zum Nachlesen.

LINEAMIENTOS DE LA HERMANDAD

ENTRE LA IGLESIA BOLIVIANA Y LAS DIÓCESIS DE
HILDESHEIM Y TRÉVERIS

PLASMAR CAMINOS DE ESPERANZA

PARTNERSCHAFTSVEREINBARUNG

ZWISCHEN DER KIRCHE BOLIVIENS UND DEN DIÖZESEN
HILDESHEIM UND TRIER

WEGE DER HOFFNUNG GESTALTEN

Preámbulo & Historia

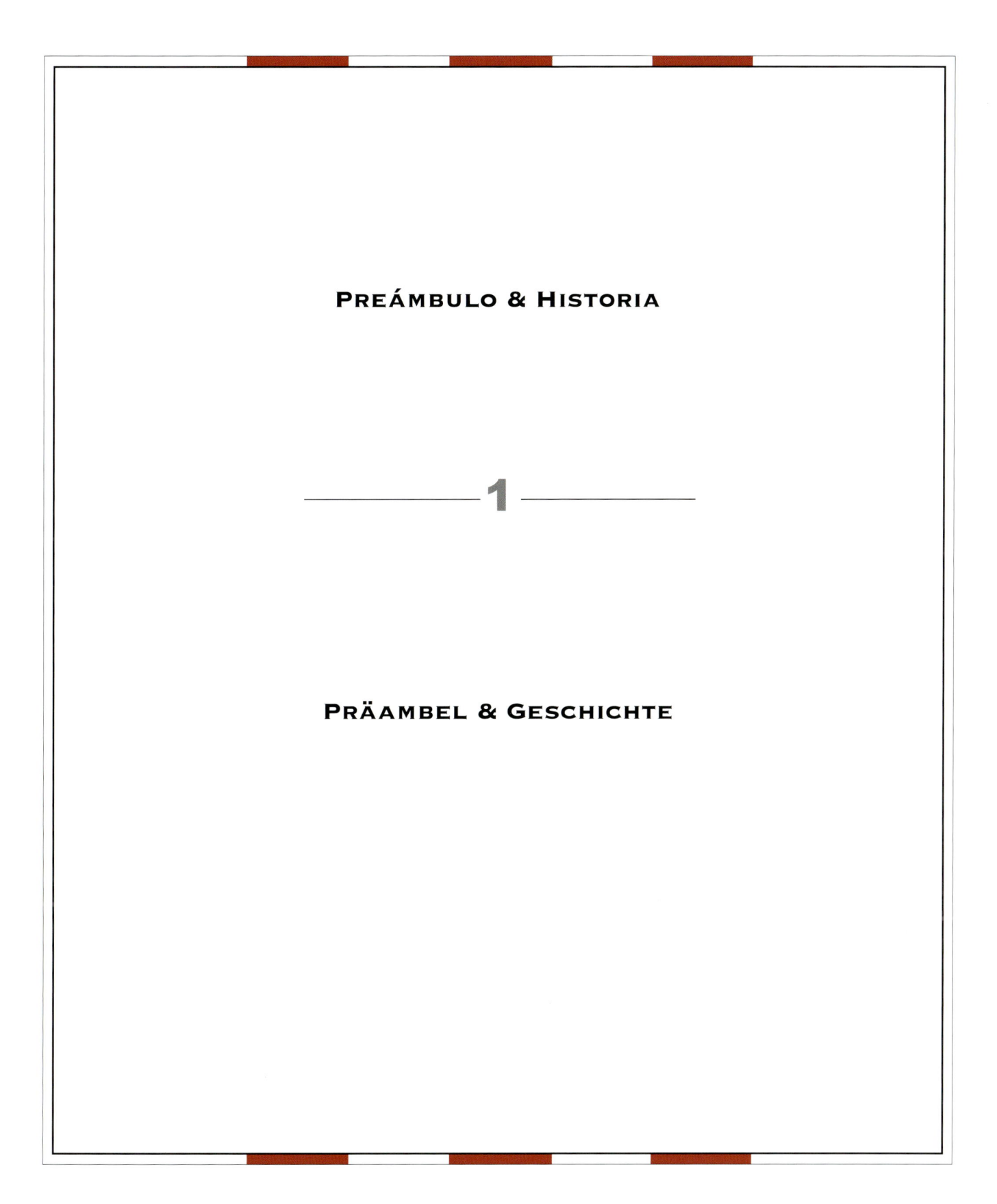

1

Präambel & Geschichte

CAMINANDO JUNTOS

GEMEINSAM UNTERWEGS

PREÁMBULO & HISTORIA – PRÄAMBEL & GESCHICHTE

La Hermandad surgió como respuesta de fe al misterio del amor del Padre que se derrama en nosotros a través del Espíritu que Jesús nos da, para que tengamos "un solo corazón y una sola alma" (Hech 4,32). La Hermandad busca concretar este proyecto del Padre en el encuentro de niños, jóvenes, hombres y mujeres, en las relaciones interpersonales y en las acciones solidarias que favorezcan la construcción de un mundo más justo. El desafío pendiente es profundizar el encuentro, de modo que se haga carne en bolivianos y alemanes la igual dignidad de todos, como hijos e hijas de un mismo Padre.

En el año 2010 se cumplen 50 años de la Hermandad entre las Iglesias de la Diócesis de Tréveris/Alemania y la Arquidiócesis de Sucre/Bolivia. En el transcurso de los años esta Hermandad se amplió, gracias a la incorporación de la Diócesis de Hildesheim/Alemania y para afirmar más aún su presencia en toda la Iglesia que peregrina en Bolivia.

Los 50 años transcurridos testimonian iniciativas y esfuerzos realizados para profundizar las relaciones entre las tres Iglesias locales. Tiempo en el que se buscó superar barreras culturales, idiomáticas y geográficas, posibilitando el aprendizaje de nuevas formas de trabajo a partir de acciones concretas en cuanto a necesidades básicas, formación integral e integradora y el desafío de caminar hacia un trabajo conjunto que intenta solucionar temas globales comunes.

Die Partnerschaft entstand als Antwort des Glaubens auf das Geheimnis der Liebe des Vaters. Diese durchströmt uns durch den Heiligen Geist, den Jesus uns schenkt, damit wir "ein Herz und eine Seele sind" (Apg 4,32). Die Partnerschaft versucht dieses Projekt des Vaters zu verwirklichen in der Begegnung von Kindern, Jugendlichen, Frauen und Männern, die persönlich und durch gemeinsames solidarisches Handeln miteinander verbunden sind im Aufbau einer gerechteren Welt. Es bleibt eine große Herausforderung, diese Begegnungen zu vertiefen auf eine Weise, dass in Bolivianern wie Deutschen das Bewusstsein immer stärker wird: es ist unsere gemeinsame Würde Töchter und Söhne desselben Vaters zu sein.

Im Jahr 2010 kann nun die Partnerschaft zwischen der Diözese Trier/Deutschland und der Erzdiözese Sucre/Bolivien auf 50 Jahre Bestehen zurückblicken. Im Lauf der Jahre hat diese Partnerschaft einen größeren Rahmen bekommen, auf der einen Seite dadurch, dass die Diözese Hildesheim/Deutschland eine Partnerschaft begann, auf der anderen Seite dadurch, dass die Partnerschaft auf die gesamte Kirche Boliviens ausgeweitet wurde.

Diese 50 Jahre geben Zeugnis von Initiativen und gemeinsamen Anstrengungen, die Partnerschaft zwischen den drei Ortskirchen immer mehr zu vertiefen. Es waren Jahre, in denen man kulturelle, sprachliche und geografische Hindernisse zu überwinden suchte. So wurde es möglich, neue Formen des Arbeitens zu erlernen: man ging aus von konkreten Aktionen, die an Grundbedürfnisse orientiert waren, bemühte sich um integrale und integrierende Bildung und stellte sich der Herausforderung, einen Weg zu finden zu einem gemeinsamen Arbeiten an der Lösung von allgemeinen globalen Fragen.

Los primeros pasos de la relación entre Bolivia y Alemania tienen el sello de los pioneros Cardenal José Clemente Maurer (1900-1990), misionero redentorista, Arzobispo de Sucre y de Mons. Matthías Wehr (1892-1966), Obispo de Tréveris, quienes se pusieron en contacto el año 1955, iniciando de ese modo el proceso de acercamiento entre ambas Iglesias, que se concretó el año 1960 con la carta que Mons. Wehr escribió a Mons. Maurer aceptando su pedido, y más aún con el envío, el año 1962, de tres sacerdotes, cuatro religiosas y un laico a Sucre -Bolivia.

Desde 1960 se realizaron acciones importantes en la diócesis de Tréveris (la colecta, la recolección de ropa usada, entre otras) para recaudar fondos y apoyar las obras en la Arquidiócesis de Sucre. En los años 70 empezó a formarse la idea de un cambio del padrinazgo hacia una Hermandad, especialmente en el trabajo de apoyo de la BDKJ. Se formaron estructuras de responsabilidad propia en Bolivia y la discusión sobre política de desarrollo empezó. Desde principios de los años ochenta el apoyo de la Juventud Católica de la Diócesis de Tréveris comenzó a extenderse también por encima de la Arquidiócesis de Sucre a la Pastoral Juvenil Vocacional a nivel nacional. El año 1987 la diócesis de Hildesheim – gracias a la iniciativa de su obispo Dr. Josef Homeyer (1929 - 2010) – ofreció la Hermandad a toda la Iglesia Boliviana, sumándose, en 1990, de manera formal Tréveris, no obstante, en los hechos, desde los inicios su apoyo había llegado a todas las jurisdicciones.

A fines de los años 80 se percibe un nuevo giro: Las preocupaciones, además de lo eclesial/pastoral, siguiendo las pautas de las Conferencias Generales del Episcopado Latinoamericano de Medellín y Puebla, y los desafíos lanzados desde el mundo en lo económico, social y político, llevaron a que el

Die ersten Schritte in dieser Beziehung zwischen Bolivien und Deutschland sind geprägt durch die Pioniere Kardinal Clemens Maurer (1900-1990), Redemptorist, Erzbischof von Sucre, und Bischof Matthias Wehr, Bischof von Trier. 1955 nahmen sie Kontakt miteinander auf und begannen so den Prozess der Annäherung zwischen beiden Kirchen. Konkret wurde die Partnerschaft im Jahr 1962 durch die Entsendung von drei Priestern, vier Ordensschwestern und einem Laien von Trier nach Bolivien.

Seit 1960 begann man in der Diözese Trier, wichtige Aktionen zu starten (die Kollekte, die Kleidersammlung u.a.), durch die Geld zur Unterstützung der Arbeit der Erzdiözese Sucre gesammelt wurden. In den 70er Jahren gewann der Gedanke des Wechsels von Patenschaft hin zur Partnerschaft insbesondere in der Unterstützungsarbeit des BDKJ erste Konturen. Es bildeten sich eigenverantwortliche Strukturen in Bolivien und die entwicklungspolitische Diskussion kam in Gang. Anfang der 80er Jahre dehnte sich die Unterstützung der katholischen Jugend des Bistums Trier über die Erzdiözese Sucre hinaus auf die nationale kirchliche Jugendarbeit aus. 1987 begann die Diözese Hildesheim – dank der Initiative von Bischof Dr. Josef Homeyer (1929 - 2010) – ihre Partnerschaft mit allen Bistümern der bolivianischen Kirche. Offiziell weitete auch die Diözese Trier wneig später (1990) ihre Partnerschaft auf ganz Bolivien aus, wenn auch schon vorher die Hilfe in andere Diözesen gelangt war.

Ende der 80er Jahre nahm die Partnerschaft eine neue Richtung. Die Texte von Medellín und Puebla führten dazu, dass über den rein kirchlich/pastoralen Raum hinaus gedacht wurde. Die weltweiten Herausforderungen auf wirtschaftlichem, sozialem und politischem Gebiet

año 1998 se lance la Campaña Jubileo 2000 con la recolección de firmas para la condonación de la deuda.

La campaña Jubileo 2000 entre la Iglesia católica de Bolivia y la de Alemania, se sumó a la Campaña Mundial con participación de instituciones e iglesias hermanas. Comenzó la recolección de firmas para la condonación de la deuda externa, se realizó el Foro Nacional Jubileo 2000 "Construyendo un desarrollo humano para todos".

En la década del 2000, la Hermandad se estructura, se profundizan las relaciones y el conocimiento mutuo entre bolivianos y alemanes, se amplía el voluntariado, los viajes de amistad que posibilitan el encuentro interpersonal, la interculturalidad, los contactos directos (parroquias, colegios, grupos…). Se caracteriza, además, por las campañas en torno a temas de interés común, que tienden a concienciar a bolivianos y alemanes: Comercio justo, tierra, agua, cultura de paz, medio ambiente… Así como por el fomento a la formación e integración de los participantes en la Hermandad.

veranlassten 1998 die Bolivianische Kirche und die deutschen Partnerdiözesen zur Aktion "Jubiläum 2000" aufzurufen.

Diese Aktion "Jubiläum 2000" zwischen der bolivianischen Kirche und in Deutschland wurde Teil einer weltweiten Kampagne mit Beteiligung von Institutionen und Schwesterkirchen. Man begann Unterschriften zu sammeln zur Unterstützung eines weltweiten Schuldenerlasses. In Bolivien wurde das Nationale Forum Jubiläum 2000 "Eine menschliche Entwicklung für alle gestalten" durchgeführt.

Im Jahrzehnt nach 2000 gewann die Partnerschaft neue Strukturen. Die Beziehungen und das gegenseitige Kennenlernen zwischen Bolivianern und Deutschen wurden vertieft. Die Freiwilligenarbeit und die gegenseitigen Begegnungsreisen wurden ausgeweitet. So wurden interpersonale Begegnung, Interkulturalität und Direktkontakte (Pfarreien, Schulen, Gruppen…) ermöglicht. Außerdem gewann die Partnerschaft ein neues Profil durch auf gemeinsame Themen bezogene Aktionen, die zu einer Bewusstseinsbildung bei Bolivianern und Deutschen beitragen sollten: Gerechter Handel, Landbesitz, Wasser, Kultur des Friedens, Umweltfragen…Gleichzeitig gehörte zu diesem Profil ein Schwerpunkt in der Weiterbildung und Integration der an der Partnerschaft Beteiligten.

Nuestra realidad hoy

Ante un mundo globalizado, en el que la pobreza, las desigualdades, la falta de oportunidades, el deterioro del medio ambiente y la alteración de valores dañan la dignidad de las personas, llevándolas a la desorientación y a la pérdida de sentido de vida. La crisis financiera mundial, con repercusión en los grupos más vulnerables nos reta a trabajar por los más pobres, buscando superar estructuras económicas injustas a nivel mundial, a generar transparencia y participación.

La secularización propia de la modernidad y acentuada en la posmodernidad, provoca la búsqueda de una identidad de cristianos comprometidos, que como discípulos misioneros, constructores del Reino promueven un mundo más justo.

Los jóvenes y los niños como presente y futuro de la Hermandad, requieren atención especial para que asuman un rol protagónico, construyan nuevas relaciones y contribuyan a la construcción de un mundo mejor.

Unser Wirklichkeit heute

Angesichts einer immer mehr globalisierten Welt gefährden Armut, Ungleichheit, das Fehlen von Möglichkeiten, die zunehmende Umweltzerstörung und der Wertewandel die persönliche Würde und führen zu Desorientierung und dem Verlust von Lebenssinn. Die weltweite Finanzkrise, die ihre Auswirkungen auf die Schwächsten hat, fordert uns heraus, für die Ärmsten zu arbeiten, indem wir die weltweiten ungerechten wirtschaftlichen Strukturen zu überwinden suchen und Transparenz und Beteiligungsmöglichkeiten schaffen.

Die der Moderne eigene Säkularisierung, die in der Postmoderne noch stärker in Erscheinung tritt, verlangt die Suche nach einer Identität von Christen, die sich verpflichten, sowohl als Jünger Christus nach zu folgen als auch mit zu bauen am Reich Gottes, das eine gerechtere Welt zum Ziel hat.

Kinder und Jugendlichen prägen Gegenwart und Zukunft der Partnerschaft. Sie verlangen eine besondere Aufmerksamkeit, damit sie ihre Protagonistenrolle wahrnehmen, neue Beziehung knüpfen und beitragen können zum Aufbau einer gerechteren Welt.

TEOLOGÍA & ESPIRITUALIDAD

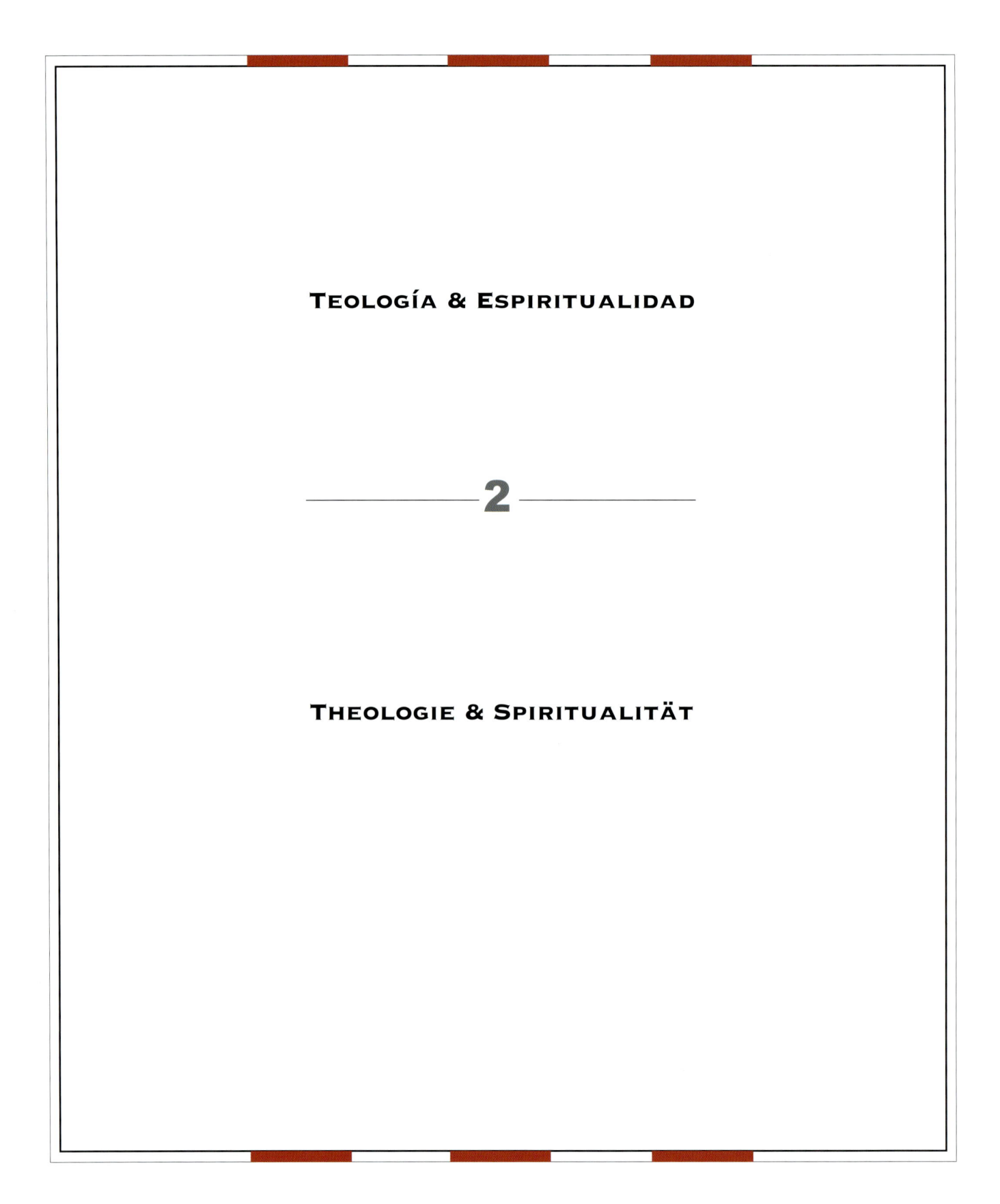

2

THEOLOGIE & SPIRITUALITÄT

El fundamento de nuestra Hermandad es la fe común en este Dios, quien nos ha hablado a través de Jesucristo. Es Él quien ha revelado que Dios es nuestro Padre y por lo tanto somos amigos (Jn 15,15), somos hermanos con una misma dignidad "que recibimos también como la tarea que debemos proteger, cultivar y promover" (Doc. de Aparecida 104).

En la oración del Padre Nuestro profesamos a este Dios, quien nos hace hermanas y hermanos. Ante Él somos iguales, independientemente de raza, color, género o nación como nos recuerda Pablo: "Todos son uno en Cristo Jesús" (Gal 3,28;). De esta manera, nos sentimos llamados y comprometidos a compartir el gozo y la esperanza, la angustia y la tristeza, no solamente con nosotros sino con todos los hombres de nuestro tiempo, sobre todo con los pobres y afligidos.

Como Iglesias que peregrinamos en diferentes partes de nuestro "Un Mundo" estamos unidas en el esfuerzo común por el Reino de Dios y su justicia. Como Israel nos auto-comprendemos como pueblo de Dios que está en el camino, colaborando a que Él reine en este mundo. Nos reunimos en su nombre y festejamos cada uno en su lugar, pero también juntos en la eucaristía como fiesta de la liberación. La acción de gracias conjunta hacia el Padre que nos amó primero, nos lleva a nuestra misión: "Ser discípulos y misioneros de Jesucristo para que nuestros pueblos, en él tengan vida, nos lleva a asumir evangélicamente y desde la perspectiva del Reino las tareas prioritarias que contribuyen a la dignificación de todo ser humano y a trabajar junto con los demás ciudadanos e instituciones en bien del ser humano" (Doc. de Aparecida 384).

Fundament unserer Partnerschaft ist der gemeinsame Glaube an den Gott, der in Jesus Christus zu uns gesprochen hat. Jesus Christus hat offenbart, dass Gott unser Vater ist: Deshalb sind wir Freunde (Joh 15,15), sind wir Geschwister mit derselben Würde. "Diese Würde begreifen wir zugleich als Aufgabe, die wir zu wahren, zu pflegen und zu fördern haben" (Schlussdokument von Aparecida, 80).

Im gemeinsamen Gebet des Vater Unser bekennen wir uns zu diesem Gott, der uns zu Schwestern und Brüdern macht. Vor ihm sind wir gleich, unabhängig von Rasse, Hautfarbe, Geschlecht oder Volkszugehörigkeit, wie uns Paulus erinnert: "Alle seid Ihr "Einer" in Christus Jesus" (Gal 3,28). So fühlen wir uns gerufen und verpflichten uns, Freude und Hoffnung, Sorgen und Ängste nicht nur miteinander, sondern mit den Menschen unserer Zeit, vor allem den Armen und Unterdrückten zu teilen.

Als Kirchen, die ihren Ort in unterschiedlichen Teilen unserer Einen Welt haben, fühlen wir uns miteinander verbunden durch das gemeinsame Bemühen um das Reich Gottes und seine Gerechtigkeit. Wie Israel verstehen wir uns als das Volk Gottes, das unterwegs ist, um Gottes Herrschaft in dieser Welt den Weg zu bereiten. Wir sammeln uns in seinem Namen und feiern jede und jeder an ihrem/seinem Ort, aber auch miteinander die Eucharistie als das Fest der Befreiung. Der gemeinsame Dank an den Vater, der uns zuerst geliebt hat, führt uns aber auch zu unserer Sendung: "Jünger und Missionare Jesu Christ zu sein, damit unsere Völker in ihm das Leben haben, drängt uns im Geist des Evangeliums und im Blick auf das Gottesreich, vorrangig dafür einzutreten, dass jedes Menschen Würde anerkannt wird und das alle Bürgerinnen und Bürger sowie alle Institutionen zum Wohl des Menschen zusammenarbeiten (Schlussdokument von Aparecida, 384).

A partir de esta realidad, entendemos que no solamente somos responsables entre nosotros, sino también de los hombres y del mundo en el que vivimos. Somos criaturas de Dios y su creación se nos ha confiado, desde el hombre necesitado hasta la naturaleza que nos nutre y nos cuida.

Concientes de nuestras debilidades y fracasos tomamos en serio la exigencia de conversión, tratando de fortalecernos mutuamente en nuestra fe, esperanza y amor. Esto nos ayuda a amarnos y a respetar la historia y cultura propias de nuestros hermanos y hermanas.

Compartimos el Pan de la Palabra de Dios como aliento y alimento para cada uno de nosotros, pero también como don del que hacemos participar a otros. La oración conjunta, y la que es para nosotros, es tan importante como la preocupación por los hombres, "por los rostros sufrientes de nuestros hermanos pues son el rostro sufriente de Cristo que nos llama a servirlo en ellos." (Aparecida 389).

Esto nos lleva a combinar resistencia con sumisión, contemplación con actuación, mística con política. Las diferentes formas con las cuales vivimos nuestra espiritualidad las experimentamos como enriquecimiento, que nos abre mutuamente los ojos y nos compromete en la construcción de "un mundo" de solidaridad y de justicia.

Daraus erwächst auch unser Selbstverständnis, dass wir nicht nur füreinander verantwortlich sind, sondern für die Menschen und die Welt, in der wir leben. Gottes Geschöpfe sind wir und seine Schöpfung ist uns anvertraut, vom Not leidenden Mitmenschen bis zu der Natur, die uns schützt und nährt.

Im Wissen um unsere eigene Schwäche und unser Versagen nehmen wir das Wort von der ständigen Umkehr ernst und versuchen, uns gegenseitig in unserem Glauben, unserer Hoffnung und unserer Liebe zu stärken. Das hilft uns, im gegenseitigen Respekt und gegenseitiger Liebe auch die Ehrfurcht vor der jeweils anderen Geschichte und Kultur unserer Schwestern und Brüder zu bewahren.

Wir teilen das Wort Gottes miteinander als Zuspruch und Nahrung für jeden einzelnen von uns, aber auch als Gabe, an der wir andere teilhaben lassen. Das miteinander und füreinander Beten ist uns genauso wichtig wie die Sorge um die Menschen, denn "in ihnen begegnet uns das Leidensantlitz Christi, der uns auffordert, ihm in ihnen zu dienen." (Schlussdokument von Aparecida, 218).

Dies führt uns auch dazu, dass wir Widerstand und Ergebung, Kontemplation und Handeln, Mystik und Politik miteinander verbinden. Die unterschiedlichen Formen, in der wir unsere Spiritualität leben, erfahren wir als Bereicherung, die uns gegenseitig die Augen öffnet und uns verpflichtet zum Aufbau der Einen Welt von Solidarität und Gerechtigkeit.

Organización & estructuras

— 3 —

Organisation & Strukturen

TRÉVERIS	TRIER

A) Estructura actual

La Hermandad con Bolivia es un campo de trabajo de la Oficina Diocesana de la Iglesia Universal de la Diócesis de Tréveris. Su director es el Vicario Episcopal para Tareas de Iglesia Universal. El Secretario Ejecutivo tiene la responsabilidad de las tareas operacionales.

La Oficina Diocesana coordina el trabajo de Hermandad en la Diócesis, coopera con los demás responsables de la Hermandad, como son la Juventud Católica (BDKJ), los Scouts y la Comunidad de las Hermanas de San José de Tréveris.

La Oficina Diocesana mantiene el contacto y fomenta el trabajo de los grupos comprometidos, multiplicadores, comunidades y colegios hermanados.

B) Formas de los procesos de decisión en todos los niveles.

Las cuestiones de principio y los proyectos importantes se consultan y deciden en la "Leitungskonferenz" (Conferencia de los Sr. Directores del Obispado). La planificación para cada año y las cuestiones del trabajo regular se aclaran a nivel de la Oficina Diocesana de Iglesia Universal.

Los temas y proyectos para los que son co-responsables la Iglesia de Bolivia y la Diócesis de Hildesheim, se planifican y se realizan en cooperación con los responsables de la Comisión de Hermandad de la Conferencia Episcopal de Bolivia y la Oficina Diocesana de Tareas de Iglesia Universal de la Diócesis de Hildesheim. Los temas de base se presentan a los Obispos para su consulta y aprobación.

A) Aktuelle Struktur

Die Bolivienpartnerschaft ist ein Aufgabenbereich der Diözesanstelle Weltkirche des Bistums Trier. Die Diözesanstelle wird vom Bischofsvikar für weltkirchliche Aufgaben geleitet. Die operativen Aufgaben werden durch den Geschäftsführer der Diözesanstelle verantwortet.

Die Diözesanstelle koordiniert die Partnerschaftsarbeit im Bistum, sie kooperiert mit den eigenständigen Trägern in der Partnerschaft, der Bolivienpartnerschaft der Kath. Jugend in Verantwortung des BDKJ, mit der DPSG und der Gemeinschaft der Josefsschwestern.

Die Diözesanstelle hält Kontakt und fördert die Arbeit von Boliviengruppen, Multiplikatoren, Partnergemeinden und Partnerschulen.

B) Wege der Entscheidungsfindung auf allen Ebenen.

Grundsatzfragen und herausragende Vorhaben werden in der Leitungskonferenz des Bischöflichen Generalvikariats beraten und entschieden. Die Jahresplanung und Fragen der regulären Arbeit werden in der Diözesanstelle geklärt.

Themen und Vorhaben, die mit der Bolivianischen Kirche und der Diözese Hildesheim gemeinsam getragen werden, werden in Kooperation mit den Verantwortlichen der Partnerschaftskommission der bolivianischen Bischofskonferenz und der Diözesanstelle Weltkirche des Bistums Hildesheim geplant und durchgeführt. Grundsätzliche Themen werden den Bischöfen zur Beratung und Entscheidung vorgelegt.

HILDESHEIM

A) Estructura actual

La Comisión de Hermandad está conformada por 15 miembros nombrados por el Obispo de la Diócesis, cada tres años. El Obispo es un miembro vitalicio y está a cargo de la Comisión. Según sus reglamentos, la Comisión elige a un presidente o presidenta y una Mesa Directiva. Los miembros deben representar en cierta forma los diferentes actores de la Hermandad en la Diócesis de Hildesheim: de las parroquias o grupos que tienen contactos directos, del Consejo Diocesano de Presbíteros, del Consejo Diocesano de Laicos, de la BDKJ … Existe un Secretario Ejecutivo, integrante del departamento Pastoral del Obispado de Hildesheim.

En la Comisión se forman subcomisiones, entre éstas, la de finanzas es estable, las otras responden a acciones concretas. Por otra parte existe una asociación que dirige la Fundación "Justitia et Participatio" que está ligada con la Fundación Jubileo.

Cada dos años, alternando, se lleva acabo un "Día de la Hermandad" con Bolivia con la participación, además, de otros grupos diocesanos y un "Encuentro de Hermandad" con participación de grupos diocesanos invitados.

B) Formas de los procesos de decisión en todos los niveles.

A nivel diocesano, la subcomisión de finanzas toma las decisiones en asuntos financieros. La Comisión lo hace para todas las otras acciones.
Sobre las finanzas de la Fundación "Justitia et Participatio" decide la asociación respectiva.

HILDESHEIM

A) Aktuelle Struktur

Die Bolivienkommission besteht aus 15 Mitgliedern, die vom Bischof für 3 Jahre ernannt werden. Der Bischof ist geborenes Mitglied und verantwortlicher Präsident der Kommission. Entsprechend der Satzung wählt die Kommission eine/n Vorsitzende/n und einen Vorstand. Die Mitglieder sollen auf irgendeine Weise die verschiedenen Akteure der Partnerschaft im Bistum Hildesheim repräsentieren: Gemeinden oder Gruppen mit Direktkontakten, Priesterrat, Diözesanrat der Katholiken, BDKJ...Es gibt einen Geschäftsführer, der Mitglied der Hauptabteilung Pastoral im Generalvikariat ist.

Die Kommission bildet Ausschüsse. Fest installiert ist der Finanzausschuss, die anderen bilden sich entsprechend den geplanten Aktionen. Daneben gibt es den Beirat der Stiftung "Justitia et participatio", die eng verbunden ist mit der Fundación Jubileo.

Alle zwei Jahre im Wechsel finden ein Bolivientag, mit einer Beteiligung über die Gruppen des Bistums hinaus, und ein Partnerschaftstreffen statt, bei dem alle diözesanen Gruppen eingeladen sind.

B) Wege der Entscheidungsfindung auf allen Ebenen.

Auf Diözesanebene trifft der Finanzausschuss die Entscheidungen in finanziellen Fragen. Die Bolivienkommission trifft die Entscheidungen in allen anderen Fragen.

BOLIVIA

A) Estructura actual

Actualmente, la Hermandad esta dirigida por:

- El Obispo Presidente de la Conferencia Episcopal, dos Obispos Vocales.
- La Comisión de Hermandad tiene un Secretario Ejecutivo.
- El Consejo Consultivo (3 representantes regionales, uno de la Pastoral Juvenil Vocacional, de la Pastoral-Social, uno del Clero diocesano, un representante de los voluntarios bolivianos).
- 18 delegados, uno por cada jurisdicción de Hermandad local.

B) Formas de los procesos de decisión en todos los niveles.

La Conferencia Episcopal Boliviana toma la decisión sobre el trabajo de la Hermandad en Asamblea General. A nivel de Comisión de Hermandad, el Consejo Consultivo sugiere o recomienda y es la Comisión Episcopal junto al Secretario Ejecutivo quienes toman decisiones.

A nivel de Iglesia local, cada Obispo en coordinación con el Delegado sugiere acciones concretas junto a la Hermandad local.

BOLIVIEN

A) Aktuelle Struktur

Zurzeit wird die Partnerschaft geleitet durch:

- den Vorsitzenden der Bischofskonferenz, zwei Bischöfe als Sprecher
- den Geschäftsführer der Partnerschaftskommission,
- den Beirat. Der Consejo Consultivo besteht aus 3 Vertretern der Regionen, je einem Vertreter der Jugendpastoral, der Sozialpastoral, des Diözesanklerus und der Freiwilligen.
- 18 Partnerschaftsbeauftragte, je einer pro Diözese.

B) Wege der Entscheidungsfindung auf allen Ebenen.

Die Bolivianische Bischofskonferenz trifft Entscheidungen für die Partnerschaft in der Vollversammlung. Auf der Ebene der Partnerschaftskommission gibt der Beirat Empfehlungen oder Ratschläge. Die bischöfliche Kommission trifft zusammen mit dem Geschäftsführer die Entscheidungen.

Auf lokaler Ebene ist es der jeweilige Ortsbischof, der zusammen mit dem Partnerschaftsbeauftragten konkrete Vorschläge macht.

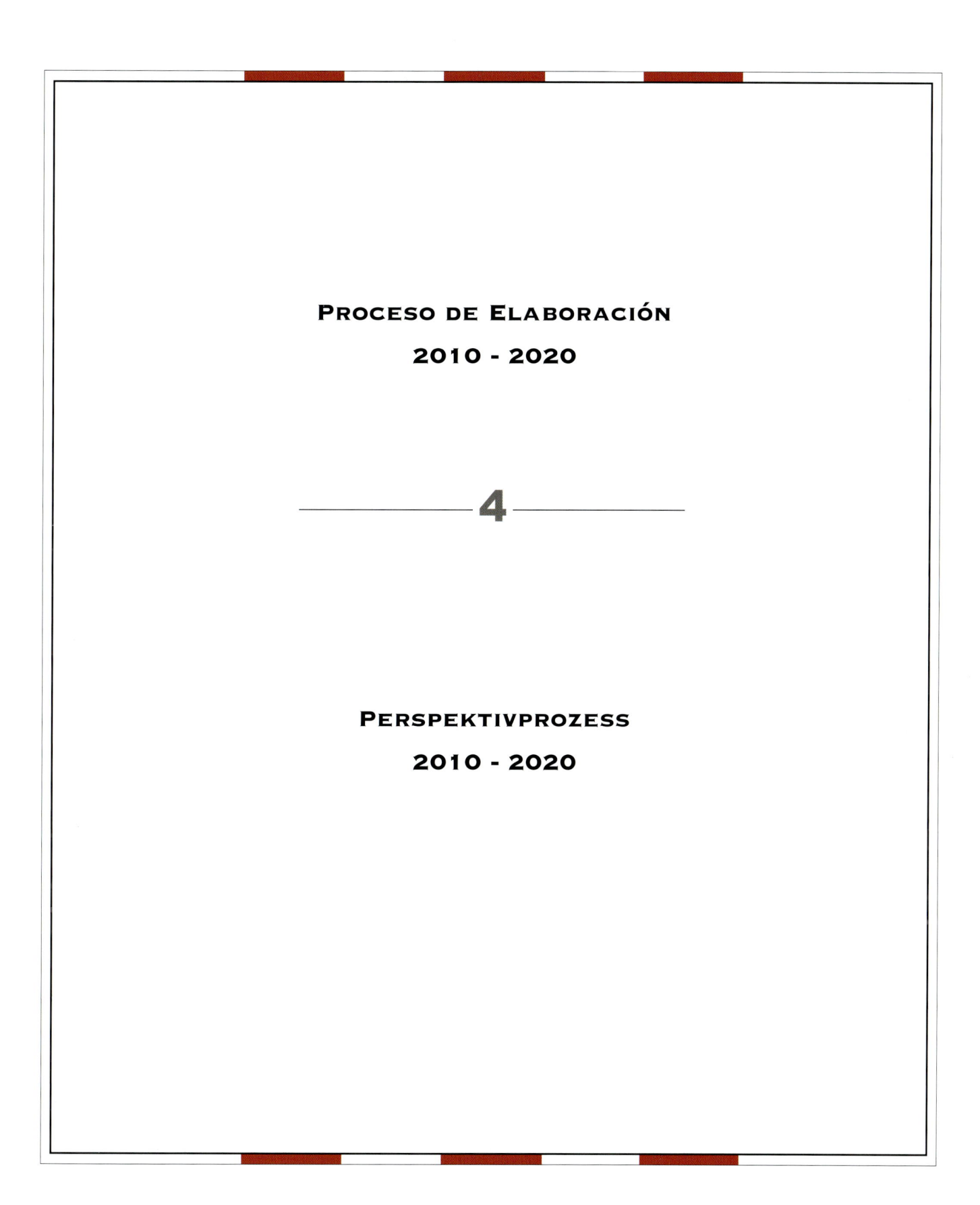

Proceso de Elaboración

2010 - 2020

---- 4 ----

Perspektivprozess

2010 - 2020

Entre el tiempo de la Celebración de los 20 Años de la Hermandad de la Diócesis de Hildesheim con Bolivia y la Celebración de los 50 Años de la Hermandad de la Diócesis de Tréveris con Bolivia, se ha realizado de 2007 a 2010 un proceso conjunto de elaboración de los lineamientos para los años 2010 - 2020. El punto culminante fue la Conferencia del Futuro que tuvo lugar en octubre 2009 con tres delegaciones, una de cada Iglesia Hermana. Allí se elaboraron 15 metas para continuar la Hermandad hasta el año 2020. Estas metas están repartidas según las preocupaciones centrales de la Hermandad. (5. Metas)

En las deliberaciones que siguieron, se eligieron cuatro metas como prioritarias para el trabajo de Hermandad de los años 2010 – 2013 y se han elaborado medidas comunes para su realización. Las propuestas y medidas elaboradas en diversas consultas se fijarán en la documentación del proceso de perspectiva.

Für die Zeit zwischen dem Jubiläum 20 Jahre Partnerschaft Diözese Hildesheim – Bolivien und dem 50 jährigen Jubiläum der Partnerschaft Bistum Trier – Bolivien wurde von 2007 bis 2010 ein gemeinsamer Perspektivprozess 2010 - 2020 durchgeführt. Höhepunkt war die Zukunftskonferenz vom bis Oktober 2009 mit Delegationen der drei Partnerkirchen. Hier wurden 15 Ziele für die Fortschreibung der Partnerschaft bis 2020 erarbeitet. Sie sind nach zentralen Anliegen der Partnerschaft gegliedert worden. (5. Ziele)

In den nachfolgenden Beratungen wurden vier Ziele als prioritäre Anliegen für die Partnerschaftsarbeit der Jahre 2010 - 2013 ausgewählt, für deren Umsetzung gemeinsame Maßnahmen erarbeitet wurden. Die in den verschiedenen Beratungen erarbeiteten Vorschläge, Maßnahmen zur Umsetzung der Ziele werden in der Dokumentation des Perspektivprozesses festgehalten.

METAS

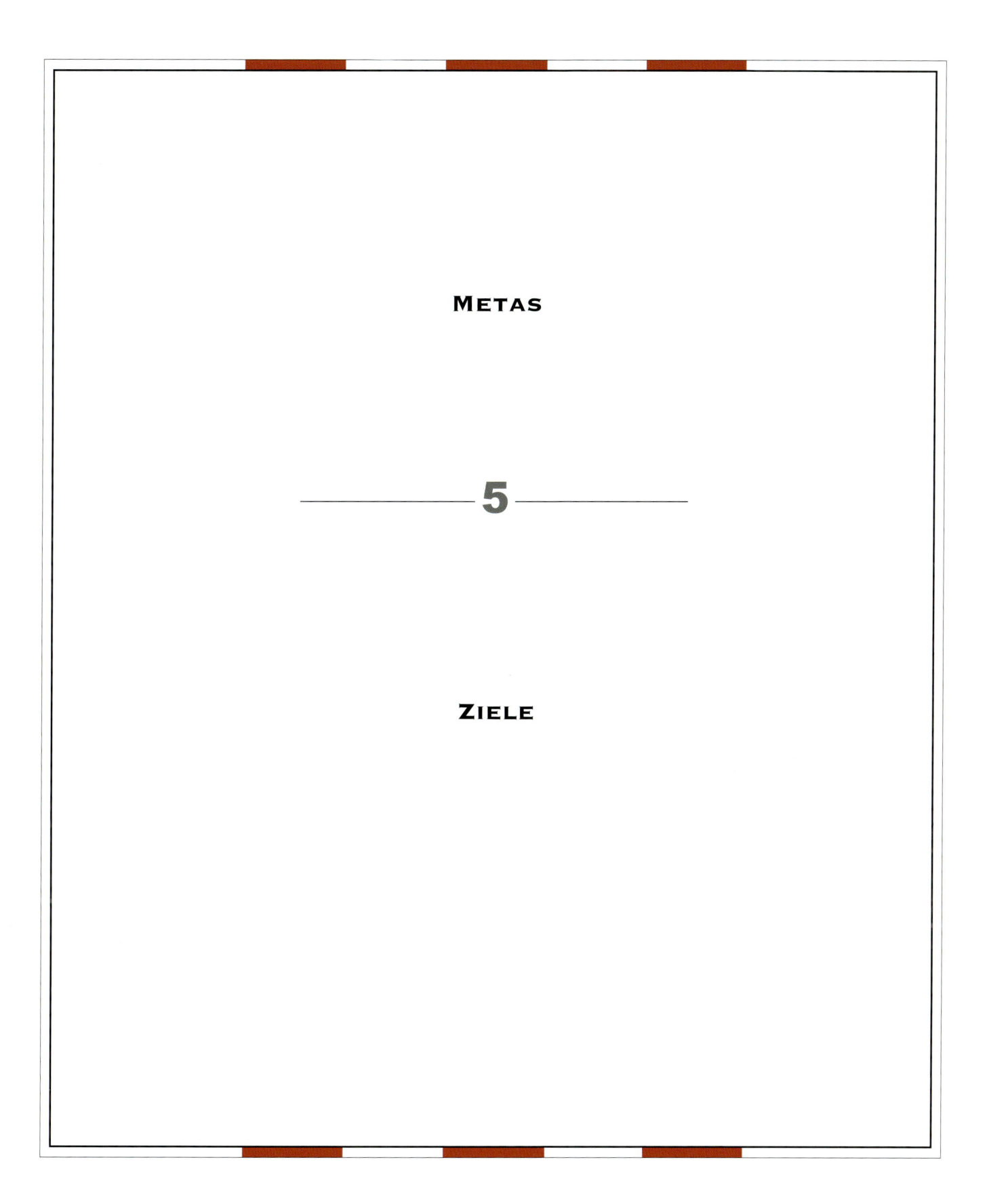

---- **5** ----

ZIELE

METAS - ZIELE

Fortalecer una espiritualidad de comunión entre la Iglesia boliviana y alemana que se concrete en nuestra vida y nuestras acciones.

(1) Abrimos espacios de intercambio y diálogo para fortalecer la vivencia común de nuestra espiritualidad en la Hermandad.

(2) Reforzamos lo que tenemos en común: el logo, la oración y los encuentros entre Bolivia-Tréveris-Hildesheim.

(3) Buscamos formas de compartir e intercambiar experiencias pastorales para enriquecernos en nuestros procesos locales respectivos.

(4) Realizamos el servicio de voluntariado en un concepto conjunto a nivel espiritual, pedagógico y de la Hermandad.

(5) Ofrecemos una variedad de posibilidades para que los voluntarios se integren activamente en decisiones y acciones de la Hermandad, durante su voluntariado y después de volver a su país.

(6) Temas y objetivos de la Hermandad que trasciendan a la sociedad.

(7) Promover el idioma (español y alemán) en ambas partes

(8) Acompañamos y apoyamos contactos directos que ya existen.

(9) Mejoramos la comunicación dentro de la Hermandad y entre los actores al usar de una manera mejor los medios modernos como teleconferencias, internet, etc.

Stärkung einer Spiritualität der Gemeinschaft zwischen der bolivianischen und deutschen Kirche, die sich konkretisiert in unserem Leben und unserem Handeln.

(1) Wir eröffnen Räume des Austausches und Dialogs, um das gemeinsame Leben unserer Spiritualität in unserer Partnerschaft zu stärken.

(2) Gemeinsamkeiten mehr stärken: Logo, gemeinsames Gebet, (Dreier-)Treffen.

(3) Wir suchen Wege, wie wir pastorale Erfahrungen teilen und austauschen können, um uns in unseren jeweiligen lokalen Prozessen zu bereichern.

(4) Gegenseitige Freiwilligendienste finden statt und haben ein gemeinsames Konzept mit spirituellen, pädagogischen und partnerschaftlichen Inhalten.

(5) Wir bieten vielfältige Möglichkeiten an, dass die Freiwilligen sich aktiv an Entscheidungen und Aktivitäten der Partnerschaft einbinden, während ihres Einsatzes und nachdem sie in ihre Heimat zurückgekehrt sind.

(6) Themen und Anliegen der Partnerschaft mehr in säkulare Öffentlichkeit tragen.

(7) Sprachkompetenz fördern (in Deutsch und Spanisch).

(8) Wir begleiten und unterstützen Direktkontakte, die schon bestehen.

(9) Wir verbessern die Kommunikation zwischen den Partner in der Partnerschaft indem wir die neuen Medien optimal nutzen wie z.B. Tele-Konferenzen, Internet, usw.

(10) Mejorar el diálogo de la Hermandad a nivel interno de los protagonistas y de manera recíproca.

Impulsar acciones conjuntas que lleven a la construcción de "un solo mundo".

(11) Participación en redes de "Un solo Mundo" y campañas también fuera de la Iglesia.

(12) Fortalecemos proyectos existentes e iniciamos proyectos nuevos de lucha contra la pobreza.

(13) Ante el proceso de la globalización nos comprometemos a: protección de la creación/ medio ambiente, estructuras económicas justas a nivel mundial, transparencia y participación política dentro de la Hermandad y en los diferentes niveles políticos.

Favorecer el rol protagónico de los niños y jóvenes en el caminar de la Hermandad entre Bolivia y Alemania (Tréveris y Hildesheim).

(14) Abrimos nuevas puertas para más niños y jóvenes ofreciéndoles un rol protagónico dentro de la Hermandad.

(15) Damos una atención especial a los niños y jóvenes que están dentro de la Hermandad.

(10) Verbesserung des Dialoges innerhalb der Partner selbst und mit den Partnern.

Gemeinsame Aktionen auf den Weg bringen, die zum Aufbauen der Einen Welt beitragen.

(11) Mitwirkung in Eine-Welt-Netzwerken und Kampagnen, auch nicht-kirchlichen.

(12) Wir stärken bestehende und initiieren neue Projekte zur Armutsbekämpfung.

(13) Angesichts der Globalisierung setzen wir uns ein für: Bewahrung der Schöpfung, gerechte Wirtschaftsstrukturen weltweit, Transparenz und politische Partizipation innerhalb der Partnerschaft und auf den politischen Ebenen.

Mehr Räume schaffen im Inneren unserer Lokalkirchen und in der Partnerschaft zwischen Bolivien und Deutschland (Trier und Hildesheim).

(14) Wir öffnen neue Türen für mehr Kinder und Jugendliche und schaffen ihnen Räumen, die Partnerschaft kreativ mitzugestalten.

(15) Wir schenken den Kindern und Jugendlichen in der Partnerschaft unsere besondere Aufmerksamkeit.

Aplicación & Evaluación de las metas

6

Umsetzung & Überprüfung der Ziele

6.1. Metas priorizadas para los años 2010 a 2013
En los tres próximos años los siguientes objetivos/metas tienen prioridad:

6.1.1. (8) Acompañamos y apoyamos contactos directos que ya existen.

6.1.2. (9) Mejoramos la comunicación dentro de la Hermandad y entre los actores al usar de una manera mejor los medios modernos

6.1.3. (13) Ante el proceso de la globalización nos comprometemos a: proteger la creación/medio ambiente, las estructuras económicas justas a nivel mundial, la transparencia y participación política dentro de la Hermandad y en los diferentes niveles políticos.

6.1.4. (14) Abrimos nuevas puertas para más niños y jóvenes ofreciéndoles un rol protagónico dentro de la Hermandad.

6.2. Medidas

6.2.1 Medidas comunes para las cuatro metas escogidas para ser priorizadas.
Para los metas escogidas para ser priorizadas en los años 2010 a 2013, se eligen:

para (8): Acompañamos y apoyamos contactos que ya existen:

- Se elaborarán e introducirán criterios de calidad para los contactos directos.
- Cada "partner" pone a disposición recursos personales para el apoyo de contactos directos en las Oficinas responsables para la Hermandad.

para (9): Mejoramos la comunicación dentro de la Hermandad y entre los actores al usar de una manera mejor los medios modernos

6.1. Ziele mit Priorität für die Jahre 2010-2013
In den nächsten drei Jahren sollen die folgenden Ziele mit Priorität angegangen werden:

6.1.1 (8) Wir begleiten und unterstützen Direktkontakte, die schon bestehen.

6.1.2 (9) Wir verbessern die Kommunikation zwischen den Akteuren in der Partnerschaft indem wir die neuen Medien optimal nutzen.

6.1.3 (13) Angesichts der Globalisierung setzen wir uns ein für: Bewahrung der Schöpfung, gerechte Wirtschaftsstrukturen weltweit, Transparenz und politische Partizipation innerhalb der Partnerschaft und auf den politischen Ebenen.

6.1.4 (14) Wir öffnen neue Türen für mehr Kinder und Jugendliche und schaffen ihnen Räumen, die Partnerschaft kreativ mit zu gestalten.

6.2. Maßnahmen

6.2.1 Gemeinsame Maßnahmen zu den vier als prioritär ausgewählten Zielen.
Als gemeinsame Maßnahmen, die in den Jahren 2010 bis 2013 umgesetzt werden sollen, werden ausgewählt:

zu (8): Wir begleiten und unterstützen Direktkontakte, die schon bestehen:

- Es werden Kriterien als Qualitätsmerkmale für Direktkontakte erarbeitet und eingeführt.
- Jeder Partner stellt personelle Ressourcen für die Unterstützung der Direktkontakte in den Partnerschaftsstellen bereit.

zu (9): Wir verbessern die Kommunikation zwischen den Partner in der Partnerschaft indem wir die neuen Medien optimal nutzen:

- Se creará y atenderá una página web común de la Hermandad para ser utilizada y de forma interactiva.

para (13): Ante el proceso de la globalización nos comprometemos a: proteger la creación/medio ambiente, las estructuras económicas justas a nivel mundial, la transparencia y participación política dentro de la Hermandad y en los diferentes niveles políticos.
- Como tema principal del trabajo de Hermandad en los años 2011/2012 se elige la tarea de la responsabilidad para la creación.
- Antes de terminar el primer semestre de 2011 se habrá elaborado un tema que se puede utilizar en una campaña y luego realizarlo.
- Con relación a ese tema se llevarán a cabo dos programas de intercambio ("Exposure"), uno en Bolivia y otro en Alemania.

para (14): Abrimos nuevas puertas para más niños y jóvenes, ofreciéndoles un rol protagónico dentro de la Hermandad:

- Se animará a los jóvenes a ser protagonistas de la Hermandad. Se pondrán a disposición recursos para las iniciativas de jóvenes.
- En este programa participarán las asociaciones de la juventud y los ex-voluntarios.
- Para los profesores y maestros, especialmente de religión, se realizarán seminarios de introducción a la Hermandad y se elaborarán materiales que podrán ser utilizados en clase.

6.2.2. Las medidas de los "partners" para lograr las metas/objetivos se desarrollarán y ejecutarán de manera transparente.

- Es wird eine gemeinsame interaktiv zu nutzende Website der Partnerschaft aufgebaut und betreut.

zu (13): Angesichts der Globalisierung setzen wir uns ein für: Bewahrung der Schöpfung, gerechte Wirtschaftsstrukturen weltweit, Transparenz und politische Partizipation innerhalb der Partnerschaft und auf den politischen Ebenen:

- Als Schwerpunkt der Partnerschaftsarbeit 2011/2012 wird die Aufgabe der Schöpfungsverantwortung ausgewählt.
- Bis Sommer 2011 wird ein kampagnenfähiges Anliegen erarbeitet und im Weiteren umgesetzt.
- Zum Arbeitsschwerpunkt werden je ein Exposure-Programm in Bolivien und in Deutschland durchgeführt.

zu (14): Wir öffnen neue Türen für mehr Kinder und Jugendliche und schaffen ihnen Räume, die Partnerschaft kreativ mit zu gestalten:

- Jugendliche werden angeregt, die Rolle von Protagonisten der Partnerschaft zu übernehmen. Für die Durchführung von Initiativen der Jugendlichen werden Ressourcen zur Verfügung gestellt.
- Hierbei werden die Jugendverbände sowie Freiwillige und zurückgekehrte Freiwillige beteiligt.
- Für Lehrer, insbesondere Religionslehrer werden Einführungsveranstaltungen zur Partnerschaft durchgeführt und Anregungen für den Unterricht erarbeitet.

6.2.2 Maßnahmen einzelner Partner zur Umsetzung eines der Ziele sollen transparent entwickelt und durchgeführt werden.

6.3. Coordinación

Se nombrará a un equipo común de coordinación. Este equipo estará constituido por los secretarios ejecutivos de las Oficinas de Hermandad y un delegado. Cada año se alternan los "partners" para que asuma siempre uno de los tres la responsabilidad global.

6.4. Evaluación

Anualmente se evalúan las medidas escogidas por el equipo coordinador. Se elabora un informe sobre los advances de la aplicación. Todos los involucrados en la Hermandad serán informados sobre los resultados.

Después de tres años se llevará a cabo una evaluación de la aplicación de los objetivos (metas de la Hermandad). Según las posibilidades se realizará una reunión conjunta de delegados de los tres partners. En esta ocasión también se acuerda las medidas siguientes parar los próximos tres años.

6.3. Koordination

Es wird ein gemeinsames Koordinierungsteam beauftragt. Es wird gebildet aus den jeweiligen Geschäftsführenden der Partnerschaftsstellen und je einem weiteren Delegierten. Jeweils für ein Jahr übernimmt ein Partner die Gesamtverantwortung.

6.4. Auswertung

Jährlich werden die vereinbarten Maßnahmen durch das Koordinierungsteam überprüft. Es wird ein Bericht über die Fortschritte in der Zielerreichung erarbeitet. Die in der Partnerschaft Engagierten werden informiert.

Nach drei Jahren wird eine Auswertung zur Erreichung der Ziele, insbesondere der vier als prioritär ausgewählten Ziele durchgeführt.
Die Auswertung findet unter Beteiligung von Delegierten aller drei Partner statt. Bei dieser Gelegenheit werden auch Ziele und Maßnahmen für die nächsten drei Jahre erarbeitet.

Sucre, 11.07.2010 – en ocasión de la Celebración de los 50 años de la Hermandad

Dr. Stephan Ackermann
Bischof von Trier

Julio Cardenal Terrazas S. CSsR
Arzobispo de Santa Cruz de la Sierra
Presidente de la Conferencia Episcopal Boliviana

Norbert Trelle
Bischof von Hildesheim

Seguirá la firma de los Obispos Titulares de las Jurisdicciones Eclesiásticas Bolivianas